晋诤

解读晋王朝那些决定国运民生的话语

戚速 著

当代世界出版社
THE CONTEMPORARY WORLD PRESS

图书在版编目（CIP）数据

晋诤：解读晋王朝那些决定国运民生的话语 / 戚速著. —北京：当代世界出版社，2018.2
ISBN 978-7-5090-1332-8

Ⅰ.①晋… Ⅱ.①戚… Ⅲ.①中国历史—魏晋南北朝时代—通俗读物 Ⅳ.①K235.09

中国版本图书馆CIP数据核字（2018）第017384号

书　　名	晋诤：解读晋王朝那些决定国运民生的话语
出版发行	当代世界出版社
地　　址	北京市复兴路4号（100860）
网　　址	http://www.worldpress.org.cn
编务电话	（010）83908456
发行电话	（010）83908409
	（010）83908455
	（010）83908377
	（010）83908423（邮购）
	（010）83908410（传真）
经　　销	全国新华书店
印　　刷	北京盛彩捷印刷有限公司
开　　本	710毫米×1000毫米　1/16
印　　张	18
字　　数	220千字
版　　次	2018年2月第1版
印　　次	2018年2月第1次
书　　号	ISBN 978-7-5090-1332-8
定　　价	46.00元

如发现印装质量问题，请与承印厂联系调换。
版权所有，翻印必究；未经许可，不得转载！

写在前面的话一

提起晋朝，很多人会说司马懿、司马昭、司马师，当然，对也不对。他们确实与晋朝关系密切，可是他们又都不是晋朝人。提起晋朝，又有人会说匈奴、鲜卑、羌笛、胡曲。同样，是也不是。这些人虽然生活在晋朝，可是他们却在晋朝以外建立了自己的政治文化圈系。

混乱、破碎、隔绝、厮杀……晋朝的历史是纷杂的，也是陌生的。很多人或许对晋朝的印象并不深刻，秦、隋两朝国祚很短，但给后人留下的印象却远比晋朝深刻得多。

晋朝因何而亡？"八王之乱""五胡乱华"，还是统治集团的集体腐化？因为迷茫，所以执着于探索。

《晋鉴》中，我们追寻着统治者的足迹，揭开晋朝帝位传承中的故事。晋武帝的奢靡腐化、晋惠帝的痴傻不智、晋康帝的英年早逝……也许，权力失控是晋朝衰亡的原因。这或许是《晋鉴》一书给人留下最深刻的印象吧！读完，我们也许未必会记住晋朝存在了多少位皇帝，但至少记住了皇权的动荡，王朝的命运恰恰伴随着皇权更替的动荡而行将就木。

《晋风》中，我们跟随着名士的风流，从庙堂之君转到了江湖之民，从社会百态中了解这个王朝究竟发生了什么。王衍的空谈误国、王敦的跋扈弄权、庾亮的小人得志……也许，风气的变质才是晋朝衰亡的原因。这或许是《晋风》一书给人留下的最深刻的印象吧！读完，我们也许不再倾慕魏晋名士那种吟啸山河的超然心态，因为对国家的没落他们负有不可推卸的责任。

如今，我们捧起《晋诤》，去感受王朝面临的巨大危机时，那一次次振聋发聩的仗义执言。在"众人皆醉"的浑噩状态下，总会有那么一两句铿锵有力的声音来道破世间的污浊和堕落。位卑未敢忘忧国，人微言轻还要说。可遗憾的是，面对忠言，晋王朝却选择了一而再、再而三地置若罔闻。取灭之道，固如是也。

明轩公子

写在前面的话二

都说历史有厚重感，从这些决定晋王朝国运民生的话语上我们就可以充分感受到。

一语兴邦，一言败国。要怎么看待谏言，要怎么听取谏言才有效，这成为历朝历代掌政者的一道考验题。

古人云："惟木从绳则正，后从谏则圣。""太宗之德，以能屈己从谏尔。"在我看来，谏言是一种财富，批评是一种促进。谏言连着百姓，连着真正的民情国情，也是国家走向政治昌明社会进步的必须。掌政者有没有闻过则喜的胸怀，兼听则明的态度，有没有闻过则改、从善如流的勇气，直接关系到事业的成败。一个真正的政治家并不需要亦真亦幻的"假语村言"，也不会去欣赏那种"女娲炼石已荒唐，又向荒唐演大荒"的晦涩隐语，他更希望听到的是反映民生疾苦无须粉饰的真言真语，更希望感受到的是具有健全人格的公众充分传递的真知灼见。

隋炀帝对待谏言的故事成为笑话，他曾经公开说过，我不喜欢别人提出批评的意见，那些地位高还想借此批评我来博取清名的家伙，我是很看不惯的。至于地位低的人批评我，我虽然可以稍微原谅，但最后也不会放过他。

《旧五代史》记载了一个血淋淋的教训，朱温的儿子朱友贞算是一个有才情的人，他哥哥谋弑篡位之后，他听从谏言联络军阀，交通藩镇，收买朝中大臣，缜密细致，滴水不漏，尤其是他争取到大军阀杨师厚的支持，可以说是高明非凡。但仍然是同一个人，朱友贞在取得帝位之后不足百日，竟然糊涂到听取谋臣赵严等人的建议，自断臂膀，废黜魏博六州节度使，结果引来藩镇叛乱。以藩镇立国的后梁从此陷入不间断的军事纷争，仅仅十余年，朱友贞身死国灭，就连头颅也被后唐庄宗刷上油漆，带回太原，藏在太庙里。

信言不美，美言不信。要不要说真话，敢不敢说真话，这是摆在人们面前的一道千古难题。

很多年以来，导致社会上假话横行、真话难行的原因，归根结底就是说真话的舆论环境受到了"权力场"和"金钱场"的影响，其中以严重的"权力辐射"最为突出。为保住个人利益，假话在官场早已成了求官、谋官、升官的护身符。

但即便如此，说真话的人还是层出不穷。因为他们知道，所有谎言的背后都只有一个后果，那就是国运的衰败；所有假话的背后都只有一个真实，那就是百姓的劫难。于是他们不顾得罪权贵，不顾牺牲自己的政治前途甚至身家性命，仗义执言，为民请命，为国呼吁。说大了，这才是中国的脊梁，说小了，这就是人性的本真。

历朝历代那么多的诤臣，他们都在践行一个既浅显又深刻的道理：假话与昏庸最近，与奸佞最近，与腐败最近，而真话与百姓最近，与良知最近，与真理最近！

西晋的王豹说了真话，被司马皇亲在闹市区乱鞭打死，下场令人唏嘘。现实远比劝谏的结果要复杂，后果远比人们的情怀要残酷。对此，民国时期的蔡东藩为王豹鸣冤："逆耳忠言反受诛，臣心原可告无辜。临刑尚订是头约，犹是当年伍大夫。"王豹的心路历程，何尝不是在展现我们的人格、人性，以及自身价值观能否得到坚守这个命题？

这一切答案，都在这本让人读后不禁掩卷长思的《晋诤》里。

一、太康盛世：再好的做法不坚持，终归等于零 / 001

二、你可以成为人人的楷模，但没办法使人人成为你 / 006

三、庾峻：不要热衷仕途，才会云淡风轻 / 010

四、子欲养亲不待，《陈情表》背后的悲情和煽情 / 014

五、忠和孝的抉择：晋朝"以孝治天下"的悖论 / 018

六、晋朝版的达康书记：为何如此爱惜自己的羽毛，不惜以沉碑传名？ / 022

七、智商没问题，让人着急的是你的情商 / 026

八、一千年前就有人认为，公平正义可能会迟到，但从不缺席 / 031

九、破坏规则的最终必被规则所破坏 / 035

十、劝谏不过是一场权力游戏 / 040

十一、不能让刚正不阿的人既流汗又流泪 / 044

十二、担当不了身前事，难免身后被差评 / 048

十三、重温千年前的古训：只有公，然后可以正天下 / 052

十四、傅咸"污卮"朋友圈的警示 / 056

十五、繁荣泡沫下的醒世警言：奢侈之费，甚于天灾 / 060

十六、在这个势利的世界里，但愿做一个不势利的人 / 064

十七、贾南风，有怎样的家风就有怎样的你 / 068

十八、谁说了真话，谁就要付出代价 / 072

目录

十九、怎样判断一个人有无依正道而行 / 076

二十、拿一个弱女子做文章算什么男人 / 081

二十一、拿什么来拯救我的西晋王朝 / 085

二十二、君主喜欢作秀，大臣劝谏不成，百姓只有哭的份 / 089

二十三、任何一个靠丛林法则生存的都不是好时代 / 093

二十四、战乱中有世外桃源：人们的幸福感爆棚的原因居然是这个 / 097

二十五、天人感应，那些让皇帝都感到毛骨悚然的谏言 / 101

二十六、西晋覆亡之际的士大夫 / 105

二十七、国灭前还想谋求高官厚禄，强烈私欲活活拖垮西晋王朝 / 110

二十八、不为君王唱赞歌，只为苍生说人话 / 115

二十九、倡导高薪养廉下的东晋为何还处处是贪官 / 120

三十、人是为活着本身而活着的 / 124

三十一、活出自己的同时还活出道德来，真是帅呆了酷毙了 / 128

三十二、敬畏自然，然后才能敬畏生命 / 133

三十三、千年前虞预奏章仍是今天的一面镜子 / 137

三十四、效仿东晋陶侃做一个知进知退的高人 / 141

三十五、人如果不要脸，真是天下无敌 / 145

三十六、善于把复杂问题简单化，才是大智慧 / 149

三十七、你的上司能不能遇上如你一样好的部下 / 154

三十八、专制铁幕下：我虐你千百遍，你待我如初恋 / 158

三十九、没有情怀，政治都是苟且 / 162

四十、希望在对手的沦落里抬高身价 / 166

四十一、让寒族的人冒出来朝廷才有希望 / 171

四十二、桓温迁都：一场挂羊头卖狗肉的闹剧 / 175

四十三、没有人愿意雪中送炭，你唯一的办法就是自救 / 180

四十四、这个女人不简单，用三次糊涂换回一世的清明 / 184

四十五、低调做人，始终保持生命里的一份恬淡 / 188

四十六、不听劝谏，一个快速崛起的帝国转眼就烟消云散 / 192

四十七、道德沦陷，后凉政权在一夜之间崩溃 / 197

四十八、谢石的劝谏：唯读书和事业不能辜负 / 202

四十九、淝水英雄谢玄心中的痛：今我来思，雨雪霏霏 / 206

五十、因迁腐得罪了顶级权贵，看他是怎么生存下来的 / 212

五十一、恶人当道的后果连鬼也要怨恨三分 / 217

五十二、追求权力到底是对还是错 / 221

五十三、东晋灭亡的征兆：酒色天下、朝纲混乱 / 226

五十四、不是那么好玩的，走得太近是一场灾难 / 230

五十五、谢灵运为何会被"生活不只是苟且，还有诗和远方"所误导 / 235

五十六、做人可以不聪明，但不能太聪明 / 240

五十七、老实人的大智慧大境界，二十七年未晋升，没喊一声委屈 / 245

五十八、一代能臣之死：就在那一念之间 / 252

五十九、狂人王僧达：跑官要官不成，却死在自己的毒舌之下 / 257

六十、无须观望别人，自己就是风景 / 262

六十一、笑死了，看皇帝是怎么为腐败辩解的 / 267

参考文献 / 273

一、太康盛世：再好的做法不坚持，终归等于零

晋武帝司马炎登基的第一天去"探策"，就是抽签占卜这个王朝到底能传几代，数字愈大就表示王朝寿命愈长，很不幸，居然只抽到小得不能再小的"一"！晋武帝很不高兴，群臣也吓得脸色发白，没人敢说话。裴楷却依照王弼的《老子注》从容解释说："天得到一就清明，地得到一就安宁，侯王得到一就能做天下的中心。"晋武帝听后很高兴，顿时释然了，群臣也都赞叹佩服裴楷。裴楷的这篇急就章竟然还能引经据典，的确有技术含量，当得上是巧言敏对了。

没多久，司马炎就忧心忡忡，他发现新政权有不少潜在的危机，一是老百姓对司马氏家族在改朝换代之际屠杀异己的行径有心理障碍；二是东吴和胡夷势力不断制造麻烦，天下仍未一统，加上自然灾害等因素，使司马炎不得不考虑如何从历史和传统中获得政权合法性的依据，以稳定人心，增强新政权的内聚力。

于是他向朝廷智囊团征求意见。这个智囊团成员不是他的心腹何曾、卫瓘和贾充等元老级人物，而是向全国"举贤良方正直言之士"临时征选过来的。

泰始四年（公元268年），来自沛国谯县（今安徽亳州）的夏侯湛等十七人成为第一批成员。也不知是准备不足，还是献策水平不尽如人意，抑或是别的什么原因，这次智囊团发挥的作用并不明显。十七人中，史书记载仅存夏侯湛的对策"民之初生，未有上下之序、长幼之纪，穴居野处，慢愒游而苟作"等寥寥几句。其他人的姓名及对策均不见记载。

晋诤：解读晋王朝那些决定国运民生的话语

司马炎不甘心，在三年后的泰始七年（公元271年），又连续两次诏天下举贤良直言之士，重新组织智囊团，开展集中问政。太保何曾推荐的阮种、太守文立推荐的邵诜都被选中，此外还有刘伶、索靖等才华横溢的青年才俊。其中以邵诜最为突出，他写的对策《泰始七年举贤良对策》被列为第一。

既然是问政，那自然是围绕皇帝所关心的问题。

据《晋书》记载，自泰始初年到泰始七年间的灾害很多，地震、水患等灾害以及各种异象频频出现，的确不常见，老百姓的恐慌和社会的不稳定让司马炎也不知如何是好。

皇上，不用怕，这是"自然理也"，"固非天之必害于人"。邵诜认为，灾异是自然变化，如果积极应对，就不会有大的祸患；但如果"法度之不当"和"人物之失所"，那么灾异的确要导致百姓对政权的负面评价，进而影响到国家的安危。

同时，邵诜提出对策，对付自然灾害要充分发挥官府的作用，"宜勤人事而已"。官府要有粮食储备，"故古者三十年耕必有十年之储，尧、汤遭之而人不困，有备故也"；官府要注意根据各地区的具体情况，调节赋税徭役征发，以均其劳苦。"自顷风雨虽颇不时，考之万国，或境土相接，而丰约不同；或顷亩相连，而成败异流，固非天之必害于人，人实不能均其劳苦"；有关部门要恪尽职守，重农劝农，如果"有司惰职而不劝，百姓殆业而咎时，非所以定人志，致丰年也"。

新政权在治国之道上要实行王道还是霸道，司马炎也在纠结。要"王道"不要霸道，邵诜和阮种几乎异口同声。邵诜的建议是"圣王之化先礼乐"；阮种也认为"宜师踪往代，袭迹三五，矫世更俗，以从人望。令率士迁义，下知所适，播醇美之化，杜邪枉之路，斯诚群黎之所欣想盛德而幸望休风也"。结果，司马炎在听取建议后，就开始重视尊孔活动、加强太学建设、完善经典和礼制。

司马炎还非常关心教化的问题，他目睹了汉魏以来教化陵迟导致人心涣散的现状。对于如何修教化，司马炎同样有困惑。

郤诜一针见血地认为导致教化之不兴、进而王道不行的主要原因是选官用人存在弊端。他揭露了当"求爵"之风盛行，其原因是"今之官者，父兄营之，亲戚助之，有人事则通，无人事则塞，安得不求爵乎"！求爵造成的恶果在于"争竞"，"争竞则朋党，朋党则诬调，诬调则臧否失实，真伪相冒，主听用惑，奸之所会也"。对于此，郤诜提出对策，这就是"使之静"，即抑制"争竞"之风，选择心静之人为官。"静则贞固，贞固则正直，正直则信让，信让则推贤"。

大凡新王朝建立，都要有制度创设，因为它蕴含着新王朝的价值取向，也是其治道的内容和保障。对此，作为政治经验相对缺乏的新王朝首任皇帝，司马炎有他的困惑：对以往的制度是因循还是革新？制度当从繁还是就简？

郤诜从西晋初建的现实来看，提出了自己的看法，不管是因循还是革新，不管是从繁还是就简，都应该从实际出发。从郤诜对策被列为高第这一结果来看，司马炎也是赞成郤诜的意见的。于是他在前朝基础上制定了《晋礼》和《泰始历》；又沿袭并创新汉魏以来的三省制，使其基本上取代了汉代的三公九卿制。这些对汉魏制度或因或革，或繁或简，或损或益的情形背后，都蕴含着司马炎在听取意见后对制度设计的思考。

当然，智囊团里也有一些另类的声音。史载竹林七贤之一的刘伶在泰始七年也提出对策，"盛言无为之化"，提倡无为而治。因不合时宜，"时辈皆以高第得调，伶独以无用罢"。看来刘伶只会喝酒、作诗，治国的策略实在有些拿不出手。毕竟哲学理论和治国理念还是有很大的不同，司马炎对流行于时的"贵无论"并不感兴趣，也就听听是了。

司马炎积极采纳智囊团的意见建议，同时跟他们的关系相处很融洽。当郤诜升官至雍州刺史，司马炎在东堂相送，问郤诜："卿自以为何如？"郤诜对道："臣举贤良对策，为天下第一，犹桂林之一枝，昆山之片玉。"意思是说："我就像月宫里的一段桂枝，昆仑山上的一块宝玉。"侍中认为郤诜过于狂妄，奏免他的官职，司马炎笑着说："吾与之戏耳，不足怪也。"

虽然与中国历史上其他王朝的开国皇帝相比，司马炎十分缺乏政治经验，然而由于"留心政道"，"容纳谠正"，才使得他很快赢得了人心，稳住了天下。

除了智囊团，司马炎还重用大臣皇甫陶、傅玄两人为谏官，督促他自己和文武百官落实有关工作任务。司马炎与皇甫陶商量国事，皇甫陶敢于直言，有一次竟与司马炎在朝廷上争得面红耳赤。散骑常侍郑徽见状，想讨好皇帝，便上表说皇甫陶竟敢与皇帝顶撞，目无圣上，请求治其罪。没想到郑徽拍马却拍到了马蹄上，司马炎厌恶地说，忠直之言，唯恐听不到，怎能以皇甫陶敢于直言而治其罪呢？结果不但没治皇甫陶的罪，反倒把郑徽的官职给免了。

不耻下问、广开言路、集思广益，在司马炎和智囊团、谏官的共同努力下，西晋初年的社会经济得到了较快的恢复和发展，民和俗静，家给人足，牛马遍野，余粮委田，出现了社会民生富庶、人民安居乐业、四海平一、天下康宁的升平景象。这就是史称的"太康盛世"。

但好景不长，一方面是司马炎有意在回避矛盾，当郤诜敏锐地认识到吏治恶化及其严重后果，并提出了有针对性的解决问题的对策时，司马炎因"其所服乘皆先代功臣之胤，非其子孙，则其曾玄"，即使认同郤诜的对策，亦不能"直绳御下"，有效地抑制当时选官上的弊端，导致吏治恶化愈演愈烈。

另一方面，司马炎在平吴以后，日子越来越幸福，生活越来越安逸、

一、太康盛世：再好的做法不坚持，终归等于零

上下越来越和谐，他"遂怠于政术"，不再重视智囊团的作用，甚至有人提批评意见时也大多爱理不理，对一些潜在的隐患都无动于衷，任其泛滥成灾。

再好的做法如不坚持，终归等于零。晋惠帝司马衷即位后，智囊团成员之一的索靖有先见远量，他预知天下将要大乱，便指着洛阳皇宫门前的铜塑骆驼感叹说："大概以后会在荆棘中看到你吧！"

政治危机最终在司马炎去世以后剧烈爆发，并以"河洛为墟，戎羯称制，二帝失尊，山陵无所"的惨状，结束了西晋的统治。诗曰："靡不有初，鲜克有终。"晋初的经验与教训确实值得后人深思和记取。

二、你可以成为人人的楷模，
　　但没办法使人人成为你

前回说到晋朝有个好的开端，就是太康盛世。其实西晋开国之初暮气沉沉、世风堕落。一位叫刘寔的官员敏锐地觉察到歌舞升平之下的汹涌暗流。

魏晋之际，社会上流行一股风气，因世人多热衷趋走钻谋，清廉谦逊之风衰。因为决定读书人命运的九品中正制度实行比较久了，选举权力渐归于有关曹司，州郡无权自行辟任掾属。唐人沈既济曾经说过："物盈则亏，法久则弊。"意思是一种制度实行时间久了，其弊端必然会慢慢暴露出来，九品中正制自然也不能例外。读书人为功名富贵，找关系，拜山头，乃至不择手段，跻身仕途。

世风渐坏，世人共睹！西晋重臣刘寔有感于此，同时加上他对官员选拔制度有独到的见解，深有感触地写了一到奏疏，这就是著名的《崇让论》，以矫风正俗，认为"推让之风息，争竞之心生"，主张应"以让贤举能为先务"。就当时的历史环境而言，刘寔所论确有针砭时弊之效，但想以一"让"解百难，未免有些过于自信了。

为了阐述这个观点，他特地介绍了《韩非子·内储说左上》的南郭先生，然后指出，"推贤之风不立，滥举之法不改，则南郭先生之徒盈于朝矣。才高守道之士日退，驰走有势之门日多矣。虽国有典刑，弗能禁矣。"意思是，如果没有确立良好的推荐制度，旧有的滥举之法又不改掉，时间长了，南郭先生之类的人充满朝廷，有才华有道德的人日渐减少，走后门

二、你可以成为人人的楷模，但没办法使人人成为你

的现象越来越多。

那么该怎么做？他在奏疏里提到：人臣初除，各思推贤能而让之矣，让之文付主者掌之。三司有缺，择三司所让最多者而用之。此为一公缺，三公已豫选之矣。且主选之吏，不必任公而选三公，不如令三公自共选一公为详也。四征缺，择四征所让最多者而用之，此为一征缺，四征已豫选之矣，必详于停缺而令主者选四征也。尚书缺，择尚书所让最多者而用之，此为八尚书共选一尚书，详于临缺令主者选八尚书也。郡守缺，择众郡所让最多者而用之，详于任主者令选百郡守也。

这大段的文字什么意思呢？就是说，当你第一次被授予官职的时候，都应考虑推让贤人，然后你把让贤的章表交给人事部门保管。三司有缺位，就选择被三司推让最多的那个人加以任命。尚书缺位，选择被尚书推让最多的人任职，这比缺位后由主选者临时选定的人更加准确可靠。郡守缺位，选择被众郡推让最多的人任职，比主选者选择的郡守更准确可靠。一句话，就是让推让次数最多的人担任重要职位。

当然这样做的好处是十分明显的，《崇让论》是这样描述：

世有相争之风则毁誉混杂，优劣不分，难得推让。世有相让之风，则贤智者显著，才能大小会依次而列，是不会混淆的。此时，那些能推让修身的人，被别人推让的机会就会多，即是他甘心守贫贱，也是不可能的。那些奔走钻谋的人要想别人推让于他，就像倒退走路而想前进一样。如能这样，不管智者愚者都会知道要进身仕途，非严于修身律己是没有途径的。

按照这种逻辑，人人都用不着费心经营，任凭众人评议，则天下就会自然形成良好风气。不须教诲而风俗淳化，崇高的美德就会日渐显著。让贤可以达到这样的效果，怎能不大力倡导实行呢！

刘寔上奏疏的出发点应是好的。政治之本，在于用人；用人之要，在于选举。中国隋唐科举之前，两汉有乡举里选，魏晋有九品中正。当国家

强盛、朝政清明之时，乡举里选比较有可行性。当国家衰败、朝政腐败之日，随着门阀士族兴起，遂成"上品无寒门，下品无士族"。

刘寔的人品也是没有二话的。他知识广博、通晓古今，自身品德清洁，行为没有瑕玷。郡中访察孝廉，州里推举秀才，他都不去。年少时贫穷，拄着棍子徒步行走，每逢到了休息的地方，不打扰主人，柴水一类事情都自己料理。等到地位名望通达显赫，常崇尚俭约朴素，不追求华丽。虽然处于荣耀受宠的地位，但在居住上没有府第宅院，所得到的俸禄，用于赡养帮助亲属故旧。

刘寔看人看事也看得很准。景元四年（公元263年），钟会、邓艾讨伐蜀国时，有客人问刘寔说："两位将领能平定蜀国吗？"刘寔说："必定能击破蜀国，然而都回不来了。"客人问其中的缘故，他笑着不说，结局正如刘寔所说的那样。

但是，他没想到，道德文章是成不了治国条文的。你可以成为人人的楷模，但没办法使人人成为你。

他提倡大家都不要去争，也不要去抢职位，而是互相推让。他认为，如果贤者愚者都知让，百姓耳目就成了国家耳目。人情相争则总想毁谤比自己强的人，人情相让则会推荐比自己强的。

"让"的目的是让"贤者"脱颖而出，而"贤者"的评判标准则是被让最多者为贤。这种情况，只有在完全竞争、信息透明的市场中才有可能发生。否则即有套利机会，所谓"让"只会成为每一个体的套利工具，又怎谈得上选贤使能？

从道德概念出发，设定政治目标，亦即当成为解决方法，是中国传统政治一大弊。道德概念，用作风俗教化则可，用作理国之本，则未免欠缺了。只有制度和环境约束，才能作为施政的现实基础。他所论中，必须市场自身有发现机能，能够采集市场中所有信息，且正确处理，才有望通过

二、你可以成为人人的楷模，但没办法使人人成为你

"让"发现贤者的目的。

没有相当的制度约束与政治环境配套，一味"崇让"，其结果必然是令人流于矫揉造作，粉饰虚伪。魏晋清谈之风，或许也是对汲汲仕途的一种反动。然而矫枉过正，乃至留下清谈误国之名。东晋时期，为官实干的卞壶因为乐广之子乐谟和庾珉之子庾怡多次虚假推让而愤怒不已，上书认为人臣不应以私废公。刘寔所论，史上颇有声名，但其崇让之说最多仅可为权宜之计，而不可为常法。其实在那时，就是有法律典规在，也难于禁止腐败现象的产生，何况只是在道德层面，根本不具备可操作性。

有人说，历史的遗憾在于，由于惯性力量，某一阶段的权宜之计很容易让人认为具有较强的生命力，让人难以冲破既有窠臼，来迎接新的事物。此言不虚。

有趣的是，也许是崇让论起的作用，等到刘寔九十岁的时候，走路已摇摇欲坠，命在旦夕。即位后的晋怀帝又授给太尉之职，刘寔说自己年老，坚意辞让，晋怀帝认为他是谦虚，没答应。最后还是左丞刘坦替他解了围，给皇帝上奏说：刘寔频频上表，辞让之意诚恳。臣以为古之养老，不以事烦扰为优待，不以授官为尊重，我认为应听从刘寔所坚持的意见。晋怀帝这才同意。没多久，刘寔就去世了。

三、庾峻：不要热衷仕途，才会云淡风轻

不仅要推行崇让，最好还要归隐林曦，淡泊明志。

司马氏以杀夺手段建立晋朝后，拥戴他的很少有正直忠实的人。在官场上流行的是，是非善恶都不在话下，群起而争的只是钱财和官位。朝廷用人，看什么人该给什么官，不是看什么官该用什么人；求官的人，选择有利可图的官才做，无利就不做。尤其让人感到可怕的是，凡是放弃职事毫不用心的人，都享受盛名。谁要真心做事，就得遭受斥责，像灰尘那样被轻蔑。所以，大官身兼十几个职务，实际是一职也不管，很多重要的事情，错误处理占十之八九。

晋朝初期，每个人想方设法挤破脑袋进入官场，门阀子弟，越次超升，很快得做大官；普通士人努力奔竞，希望获得较高的品级。成千成百的官，不曾有过一个让贤的官。

人人都想去做官，这肯定是种不好的现象，先不说有没有这么多的职位，即使创造一些出来，那也会导致人浮于事、官多于民的局面。何况现在很多官员已经是不做事的了。

那么朝廷该怎么办？应该有一种怎么样的舆论引导？应该通过什么方法予以改变？身为侍中的庾峻忧心忡忡。庾峻，出身于魏晋名门颍川庾氏，庾氏在汉末三国时期为世代服膺礼法的传统儒学世家。他十分看不惯眼下淫邪的风俗和颠倒的是非。

经过深思熟虑后，他向皇帝上书《上疏请易风俗兴礼让》，提出了自己的观点，针对当时的风俗热衷于仕进，礼让的风气衰微，应听朝士时时

三、庾峻：不要热衷仕途，才会云淡风轻

从志山林。意思就是鼓励大家学会礼让，最好是归隐山林。通过这种方法平静人们内心浮躁的世界，减少尘世的纷争和人性的攀比，同时也使他们懂得真正的谦让是怎么回事。

第一，要改变一个现状，不能为人而设官职。我听说黎民百姓的品性，人多但是贤能的人太少；分设了官职，则官职少而贤能的人又太多。因为贤能的人多而增设官职，则有碍教化；因为没有过多的官职而放弃了贤能的人，则不合大道。

第二，不一定要人人去当官。所以圣贤的帝王治理天下，因人的品性，有的让他出仕，有的让他隐居，所以有在朝做官的人，又有在山林隐居的人。在朝为官的人，辅佐君主，教化天下。在山林隐居的人，穿着粗布衣服，也都是揣着宝玉有才能的人。两类人，正如人有股肱、心膂，是不可分的整体。

第三，要肯定隐者的地位。隐者分好几等，最高的隐居在丘壑田园，它们的品节高于众人。次一等的他们轻视爵位，远离官场荣辱来保全自己的志向。最低一等的不去做官只接受爵位，虽然没有功绩却能知道满足。他们的清洁高尚足以让人遏制住贪污之心，他们的隐忍退让足以平息鄙俗琐细之事。

第四，要认同隐者的作用。所以在朝为官的人听说他们的节操，而对此感到高兴，将要接受爵位的人都觉得自己比不上他们感到羞耻。这就是山林隐居的人和回避被过度宠爱的大臣们的可贵之处，连先古的帝王都赞扬这些人。他们的节操虽然违背入世的原则，但德行符合圣主的主张；他们的行为虽然违背朝仕的原则，而功绩一样有利于国政。所以一方面朝廷上有很多贤才，另一方面在野的人也多有君子，这是先古的帝王所要发扬的。

庾峻还指出，如果不革除百代帝王的弊端，仅仅致力于拯救社会的

晋诤：解读晋王朝那些决定国运民生的话语

政治，文人竞相凭智慧而努力，武将依靠力量而争先。官高了，而心生不满；事业成功了，他要求会更多。另外国家没有依据才能任官的制度，升降无章，普天之下的人，能进不能退。如果让一部分官员离开了官位而居东野，那么对父母来说，你是慈爱的，对别人来说，你是孝顺的，何乐而不为呢。

庾峻的奏章，很有文采，亦很有思想，是难得的一篇好文美文。他深刻地认识到统治阶级内部的矛盾：一方面鼓励士子积极投入仕途奔竞，以防止其国家机器的老化；另一方面又害怕仕途奔竞会激化本阶级的内部斗争。所以他提倡一种主动退让的超脱精神，务使庙堂与山林若即若离，出仕与隐遁若断若连，当权与在野保持适当的距离，儒家"达则兼济天下，穷则独善其身"的处世原则，无疑是一个最合乎统治阶级理想的原则。这把一体两面的双刃武器逐渐为统治者所认识、掌握，成为稳定封建社会结构的有效调节器。

史书并没有记载司马炎有无采纳庾峻的建议。不过在我看来，采纳的可能性不大。出仕还是隐居，靠行政手段和外部干预是比较难实现的，它更多取决于人的内心世界。更何况在魏晋以前的传统观念中，隐与仕是对立的，出与处是两种截然不同的人生态度。或隐于林泉之下，或仕于朝廷之上，是两条难以交叉的人生道路。尽管社会上普遍接受隐高于仕的价值观，隐士就是高士，仕进者就是俗人。但是依然还是有很多人甘愿做俗人，甘愿不高尚，只求做官将来能拥有实实在在的权力、金钱、地位、美女。

《世说新语》卷二十五"排调篇"所记谢安事就足以说明这种世风："谢公始有东山之志，后严命屡臻，势不获已，始就桓公司马。于时人有饷桓公药草，中有'远志'。公取以问谢：'此药又名小草，何一物而有二称？'谢未即答。时郝隆在座，应声答曰：'此甚易解：处则为远志，出则为小草。'谢甚有愧色。"可见，在魏晋人看来，隐于仕在精神境界、志趣和人格上是有着天壤之别的。

因此，魏晋人不管是否曾出仕过，一旦归隐，就坚决地告别了仕途。庾峻在这份奏章里也提到，"莫若听朝士时时从志，山林往往间出。无使入者不能复出，往者不能复反"，嵇康也曾经说"处朝廷而不出，入山林而不反"，都反映出仕与隐之间的鸿沟是不可跨越的。

同时，人们在仕与隐之间的选择往往代表着一种政治立场，仕与隐、道与势、名教与自然还一度出现过针锋相对的阵势，有人曾想调和二者，提出"出处一情"的口号，但这种努力无疑是徒劳的。做官的一般不会轻易归隐，隐者也一般不会轻易出来做官，虽然也有人隐而又仕，但毕竟是少数，而且是得不到舆论肯定的。

还有一点，为什么说司马炎没有采纳的可能性比较大，就是后来的事实证明。正如东晋人干宝在《晋纪·总论》中一段叙述士族的罪恶行为，他感慨：风俗政治败坏到这个地步，大乱是无可避免的了。西晋五十年的短暂生命史，外在表象是跟八王之乱、五胡乱华有关，其内因就是风俗政治败坏、国家治理腐败不堪！

再回到开头，不要热衷于仕途，那就不竞争吧，索性每天归隐田园谈玄论道，从一个极端走向另一个极端。庾峻的儿子庾敳估计受到父亲的启发，开始由儒入玄，相对于家人的儒家传统，庾敳则较为时尚，他的思想明显受魏晋流行的玄学影响，从小好读"三玄"《老子》《庄子》与《易经》，任陈留相时，也模仿起阮籍，办公桌上摆满美酒，从早喝到晚，从不过问县衙里的公务，结果被太尉王衍所欣赏。这无疑是在捞取另外一种政治资本而已。后来，庾峻的孙子辈庾亮、庾冰也是这样脱颖而出的。

四、子欲养亲不待，《陈情表》背后的悲情和煽情

晋开国后，晋武帝司马炎为了安抚蜀汉旧臣，稳定天下局势，同时也使东吴士臣倾心相就，提出"以孝治天下"的政治口号，推重孝道，用孝来维持君臣关系、天下安定，以减少灭吴阻力。其实这是有原因的，用鲁迅先生的话来说，就是："魏晋，……为什么要以孝治天下呢？因为天位从禅让，即巧取豪夺而来，若主张以忠治天下，他们的立脚点便不稳，办事便棘手，立论也难了，所以一定要以孝治天下。"

历史上两个有名的李密，一是晋朝的，一是隋朝的，后面这位因瓦岗寨而出名。今天说的是前面这个，他没有显赫的背景，官做得不大，也没多少业绩，如果没有他那片炽热真诚的孝心和那篇让老天也为之动容的《陈情表》，估计在历史的洪流里是不会留下关于他的片鳞只甲的。

李密是个苦命的孩子，从小就遭遇人生的大不幸。他出生时，他曾任太守的祖父已故去多年，家道中落；他出生刚六个月，父亲就病逝了。加上他家族单薄，又没有亲友的眷顾、接济，他的家庭迅速地走向了破败。在李密四岁的时候，他的母亲迫于娘家人的巨大压力，不得已而改嫁了。这对整个家庭尤其是尚年幼的李密而言，无疑是一场天塌地陷的巨大灾难。

李密是不幸的，但同时又是幸运的，因为他拥有一位伟大的祖母。在这样极度糟糕的环境里他成了一位德才兼备的青年才俊，这完全得益于他的祖母的尽心抚养与教育。任何优秀的孩子背后都会有一位优秀的女性，李密的祖母以她面对窘迫生活的勇气和智慧，以她对孙儿的尽心抚养，以

四、子欲养亲不待，《陈情表》背后的悲情和煽情

她后来的百岁寿龄，足以证明她的优秀。

李密出生时，他的祖母已经五十二岁了。可以说，李密幼年的生活不幸，更是他祖母的大不幸。李密年幼，毕竟不谙世事，而她的祖母则需要清醒而又坚强地面对巨大的生活压力。在古代的封建社会，一个破败的家庭中如果没有一个成年男丁，完全依赖一位年近六旬的妇人支持起家庭的重担，该是多么的不易，又要经历多少困苦坎坷！丈夫的离世，儿子的早逝，儿媳的改嫁，孙儿的病弱，家境的凄惨，无不给这位老人以沉重的打击。可当她想到自己可怜的孙儿，想到这李家唯一的香火，她就知道自己必须忍住悲伤，平静而乐观地面对这一切，因为她知道她必须抚养她的孙儿长大成人，因为她知道不能把自己的这份悲伤和苦楚传递给孙儿。

在祖母的一手培养下，成年后的李密很争气，才华出众，又很尽孝道。尤其是出仕蜀国后，他的家境比幼年时大有好转，但他的祖母却因年事已高、操劳过甚而日益衰弱，经常卧病不起。这让李密公务之余花很大的时间和精力侍奉祖母。"祖母有疾，他痛哭流涕，夜不解衣，侍其左右。饮膳汤药，必先尝而后献。"渐入不惑之年的李密，在世事奔波中，也更加体会到了祖母这几十年来的艰辛，也明白了祖母的生命对于他自己的真正意义。

蜀汉灭亡之后，作为原蜀汉的郎官，李密成了亡国之臣。晋武帝为了笼络人心，显示自己的宽厚胸怀，屡次征诏以孝道闻名于世的他。面对晋武帝的催逼，李密为了安心侍奉祖母，多次予以拒绝。一个是你越孝顺我越要你出来做官，树立以孝治国的标杆；一个是你要我出来做官我如何尽孝，我不尽孝你哪儿来的标杆？

这种情况下，李密写了奏章《陈情表》，向晋武帝禀告自己苦衷。他写道，"臣无祖母，无以至今日，祖母无臣，无以终余年。母、孙二人，更相为命，是以区区不能废远。"意思是，臣下我如果没有祖母，就没有

今天的样子；祖母如果没有我的照料，也无法度过她的余生。我们祖孙二人，互相依靠而维持生命，因此我的内心不愿废止奉养，远离祖母。

　　李密在写下这段话的时候，内心是痛苦极了，人这辈子最痛苦的是，忠孝两难全。"我现在的年龄四十四岁了，祖母现在的年龄九十六岁了，臣下我在陛下面前尽忠尽节的日子还长着呢，而在祖母刘氏面前尽孝尽心的日子已经不多了。我怀着乌鸦反哺的私情，乞求能够准许我完成对祖母养老送终的心愿。我的辛酸苦楚，并不仅仅被蜀地的百姓及益州、梁州的长官所目睹，连天地神明也都看得清清楚楚。希望陛下能怜悯我愚昧的诚心，请允许我完成臣下一点小小的心愿，使祖母刘氏能够侥幸地保全她的余生。"

　　晋武帝看到这篇奏章后，甚为感动，也愈发钦佩李密的才华，曰："士之有名，不虚然哉！"一方面他被李密的拳拳孝心打动了，另一方面强征李密，也确于自己"以孝治天下"的治国纲领相悖，于是"乃停诏"，允其不仕，并"嘉其欸诚，赐奴婢二人，使郡县供其祖母奉膳。"在我看来，晋武帝"大度"是有原因的，且正是他的聪明之举。强行征调或是其他莽撞之举只会将自己钉在历史的耻辱柱上，受世人和后人唾弃。还不如做个顺水人情，让李密如愿以偿感恩戴德，让天下人感同身受心悦诚服。何况晋武帝还是有条件的：那就等你尽孝后再出来做官吧，我等着你。

　　这篇让很多人为之动容的奏章，在历史上留下了"读诸葛亮《出师表》不流泪不忠，读李密《陈情表》不流泪者不孝"的说法。面对忠孝两难全的情况，李密给出了自己的答案，表明了自己作为前朝遗臣对新政权和当今皇帝的态度，自己不出仕，并非因为考虑名节，而是想先尽孝后尽忠，以此来打消皇帝对自己的猜忌；最后再次请求皇帝应允自己的请求，并指天为誓表示自己对朝廷的耿耿忠心。

　　《陈情表》的前后故事，是李密和晋武帝共同完成的一出混合了人间

四、子欲养亲不待，《陈情表》背后的悲情和煽情

真情和政治诡谲的好戏。通过《陈情表》，他们双方也都得到了各自所需要的。李密从此得以安心孝养祖母，而晋武帝因优褒李密而彰显了自己"以孝治天下"的治国纲领，并因此更加笼络了天下的士子人心。

在李密的日夜陪伴下，他的祖母安详地走完了她人生的最后岁月。这位苦辛而又坚强了一生的伟大的祖母，在九十九岁的时候告别了人世。这祖孙二人，也成为后人仰慕的一道永恒的风景。

李密为祖母服丧期满后，遵守诺言应征到了洛阳。"忠臣不事贰主"，后人或许对李密的行为多少有一些遗憾，因为他没有能把亡国遗臣的气节坚持到最后。也有后人以此揣测李密是一个胆小懦弱之辈，甚至怀疑李密曾矢志孝养祖母的内心真实，是否为了邀取更大的政治报酬。不过这是另外的话题了。

他在晋朝也并非一帆风顺，晋武帝在利用完他的"孝"后，感觉就在演戏一样，就基本不予理睬了，安排他做了一些小官。他作为前代遗臣，朝中无人，常受到别人的排挤和诬陷，于是他发出了"人亦有言，有因有缘。官无中人，不如归田。明明在上，斯语岂然"的感慨。他为官的不满和牢骚被政敌侦知，并密报给了晋武帝。晋武帝大怒，罢其官让其归田。287年，李密走完了自己艰辛又不平静的人生，逝于家中。

他因一篇《陈情表》而名垂后世，他在于家尽孝和为国尽忠之间，在宦达和名节之间，进行了一次又一次艰难的抉择，留给后代无尽的回味和思考。这也正如卢梭在《论人类不平等的起源》中说的："人生而自由，却又无往不在枷锁之中。"

再回过头来，晋武帝以孝治天下，在李密身上无疑开了个好头，但是，后来为什么会变样，以至于成了演戏呢，下回再说。

五、忠和孝的抉择：晋朝"以孝治天下"的悖论

为践行以孝治天下，晋武帝还采取了具体措施。太始四年六月丙申，他下诏："士庶有好学笃道，孝悌忠信，清白异行者，举而进之；有不孝敬于父母，不长悌于族党，悖礼弃常，不率法令者，纠而罪之。"推荐有孝心的人到朝廷做官，对不孝顺的人要严厉予以处罚。为了让全国上下都知道这个治国理念，到了东晋，晋穆帝等皇帝还亲自开讲《孝经》，宣传孝道。尤其是晋孝武帝，据《车胤传》记载："孝武帝尝讲《孝经》，仆射谢安侍坐，尚书陆纳侍讲，侍中卞眈执读，黄门侍郎谢石、吏部郎袁宏执经，胤与丹阳尹王混擿句，时论荣之。"层次之高、场面之大，可想而知。

在《晋书》里就有不少孝子的事迹，给人感觉晋朝多孝子，只要你有孝心，你都可以做官，不管你的能力、学历是高是低。前文提到写《陈情表》的李密，以其纯孝至情感动了后代无数读书人，被晋武帝瞄上逼迫他出仕；以"酌贪泉而觉爽"著名的吴隐之，也是位大孝子。他在居丧期间只吃点咸菜下饭，后来觉得咸菜的味道特美，他就连咸菜也扔掉了；那个卧冰求鲤的王祥，他的孝心感动了当时所有的人，后来官做到三公的位置，却不见他有多少政绩。

还有个著名的例子，王戎与和峤俱以大孝子著称，那一年两人同时遭遇大丧。王戎伤心欲绝，哀毁骨立，形容枯槁，而和峤虽然也很伤心落泪，但是却不失礼数。如此孝心惊动了晋武帝，就问身边的人多去关心关心他俩，典型要树立，身体也要紧。

孝既是朝廷制定出来的国策，不孝当然成了严重的罪行。《世说新

五、忠和孝的抉择：晋朝"以孝治天下"的悖论

语·赏誉》注引陈留董仲道曰："每见国家赦书，谋反大逆皆赦，孙杀王父母、子杀父母，不赦，以为王法所不容也。"可见晋时不孝之罪甚于谋反，可谓重矣。

于是，孝也被人用来成为党争的一个武器，要整倒一个人，最简便的办法就是扣他一顶"不孝"的大帽子。魏时孔融、嵇康被杀，表面的罪状都是"不孝"。晋明帝司马绍为太子时，王敦看此人颇有才能，继位后会碍自己的手脚，"欲诬以不孝而废焉"。后来谎言被温峤当众戳穿，此事未行。陶侃平杜弢，与杜的部将王贡对阵，陶向他喊话："杜弢是益州的小吏，盗用国库钱财，父亲死后竟不奔丧。你本是好人，为何要跟随他胡为？天下难道有善终的叛贼吗？！"

孝的约束力量达到了如此强度，连以破坏礼法、放诞不羁著称的名士胡母辅之、谢鲲、王澄等人，可以散发裸裎，可以调戏妇女，但没有一个负"不孝"之累。有这样的国法或者政策，本来也没错，至少孝心本就是每朝每代所倡导的好事，但是，让司马皇家棘手的是，孝与忠的矛盾。

魏晋君王背叛了各自的主子，做了主子之后却很需要臣民对自己的忠诚。羞于言忠而倡孝，其本意在求孝与忠的一致："求忠臣必于孝子"，"资于事父以事君"。晋武帝时刘斌论曰："为臣者必以义断其恩，为子也必以情割其义。在朝则从君之命，在家则随父之制，然后君父两济，忠孝各序"（《晋书·庾纯传》）。

从理论层面说起来可以一致，行起来却难以两全。温峤就是让皇帝难以处理的典型一例。二京沦陷，司马睿镇江左。刘琨在河朔拥戴司马睿称帝，派温峤奉表劝进，出使江南。这对元帝是大忠。而温峤的老母拽住儿子不让走，温峤只好挣断衣袖毅然离去。这就违忤了母命，不孝。

跟温峤的忠而不孝相反的是沈劲，则是孝而不忠。沈劲之父沈充是王敦党羽，是叛臣。沈充是被吴儒抓住杀掉的，吴儒应是忠臣。沈劲却要做

孝子，为父报仇，"竟灭吴氏"。沈劲为叛臣而杀忠臣，理应是叛臣，却因为符合孝道，竟得到肯定。就连本文开头的那个弹劾梁龛居丧期间宴会的刘隗，口口声声宣称大孝至上，最后却背叛东晋投靠后赵，落得个不忠。

　　忠孝两全是人伦之至，是理想境界。在忠孝不能两全之时，儒家认为应该以"忠"为大为重。"孝"是为人的最低的要求，是人最根本的价值体现。《论语·颜渊篇》说"君子务本，本立而道生。孝悌也者，其为仁之本与？"《中庸》说"仁者人也，亲亲为大"。而"忠"是孝的延伸，是进一步提升自己、实现自身价值的更高一级目标，"忠"的实现必然已经包含了尽孝在其中。忠孝矛盾时理应舍小利而取大义。

　　但在晋朝，却以孝为重，不忠无损大节，于是我们惊讶地看到：《孝友传》中的刘殷、王延，都背晋事敌，做了刘聪的高官，仍名列青史。望族名门之士清河崔悦、颍川荀绰、河东裴宪、北地傅畅、范阳卢谌，"俱显于石氏"，做了后赵的官。刘暾是西晋名臣刘毅之子，官司隶校尉，"正直有父风"；而当刘渊部将王弥攻陷洛阳，他立即为王弥效劳。更荒唐的是王育、韦忠、刘敏元都背晋投敌，却因忠于顶头上司或救助乡亲的义气，而仍在《忠义传》中立传。"板荡识忠臣"，晋朝"板荡"可谓极矣，而背恩忘义之徒不可胜数。司马氏轻忠而重孝，难免自食苦果。西晋灭亡和东晋临终，很少有人为国捐躯，这种现象跟宋末、明末完全不同，原因估计就在这里。

　　当然，让人尴尬的是，倡孝还表现在欺软怕硬，自相矛盾，自然让人联想到它的虚伪。阮籍的侄孙阮简因为在父丧中食肉，被皇帝废弃近三十年不用。而当年阮籍为母亲服丧期间，在司马昭的宴席上喝酒吃肉。司隶校尉何曾也在座，他对司马昭说："您正在以孝治国，而阮籍却在母丧期间出席您的宴会，喝酒吃肉，应该把他流放到偏远的地方，以正风俗教化。"司马昭说："嗣宗如此悲伤消沉，你不能分担他的忧愁，为什么还这样说呢？况且服丧时有病，可以喝酒吃肉，这也是符合丧礼的呀！"阮简

五、忠和孝的抉择：晋朝"以孝治天下"的悖论

没了保护伞，只得挨整了。

居丧是不能作乐的。司马睿为丞相时，一次，庐江太守梁龛在家请客，邀请朝廷重臣周𫖮等三十多人参加宴会。这本是很稀松平常的事，但在丞相司直刘隗眼里就变得异常严重，他向司马睿上奏章，弹劾梁龛他们，理由是梁龛的上辈刚去世不久，还在居丧期，这个宴会迟一天举办就没事，现在提早一天，就严重违反了礼制。刘隗奏请司马睿免去梁龛官职，削其侯爵，以明丧服之礼；周𫖮等人则明知梁龛居丧而仍然赴宴，宜各给予剥夺一个月俸禄的处分，以肃其违。司马睿批准了。

不过，对这样的处分，包括东晋权势颇重的周𫖮在内的当事人也都无话可说，因为他们知道自己违背了国法：以孝治国，人人都应该是孝子。

晋明帝刚死，国丧末期，尚书梅陶私奏女伎，遭到御史中丞钟雅的弹劾。而到谢安执政，"期丧不废乐。王坦之书喻之，不从。衣冠效之，遂以成俗。"为什么无人弹劾？因为谢安已登台辅，位尊权大，没人敢碰了。

再看看司马皇室的所作所为，他们做出了孝的榜样吗？面对这项国策，皇族们却肆意践踏，更加虚伪。八王之乱中互相残杀，是兄弟相杀，叔侄相杀，祖孙相杀。他们是不孝的最大典型，犯的是万恶不赦的罪行。晋怀帝司马炽被俘后，刘聪当面问他："卿家骨肉相残，何其甚也？"司马炽只好回答："为陛下自相驱除。"对于以孝治天下的司马氏，这真是锥心的讽刺。

原来制度是死的，人是活的。制度只是做给普通人看的，不管多高的标准，多严的要求，只要权势一介入，无不通过。而到了这种地步，这个制度的生命力也就完了。

于是，有人把晋朝的孝治天下看作是演戏，晋朝这出戏，当时纵有一定影响，却终未能治天下。套用网民的一句话："因为人民的命运，历史的命运，从来不是演戏可以左右的。"此言不无道理。

在这样的背景下，难免连既正直又有政绩的官员也学会了演戏，比如杜预。

六、晋朝版的达康书记：
为何如此爱惜自己的羽毛，不惜以沉碑传名？

杜预不管为人还是为官，都类似电视剧《人民的名义》里的达康书记，之所以圈粉无数，喝彩不少，是因为他不像侯局长一样全程加持主角光环，没缺点净优点，也不像陈老检察长一样，光辉高大到住进养老院还一心只想着人民，李达康真正的可爱之处，就在于他也溜须拍马，他也会学着官场逢迎。

尽管他不擅长这个，但知道这些套路官场上还是得象征性地去做做，绝不会像陶渊明那样上司检查工作叫他换身官服来迎接也不愿意。当他知道陈老检察长跟沙书记的交情不浅时，他献殷勤的方式，是把自己的外套披在陈老身上，是把下属送来的早餐先给陈老和工人们。

杜预是西晋时期赫赫有名的官员，他为官多年，功绩斐然。那年杜预认为孟津渡口险要，请求在富平津渡口建造一座黄河桥。有人议论说："殷、周时期的都城，都建在黄河边上，但是经历了圣人贤人的时代而没有造桥，必定是不宜于建桥的缘故。"但是杜预仍然坚持要造桥。等到桥建起来了，晋武帝和百官一起集会，他举起酒杯敬杜预说："如果不是你，这桥就建不起来。"杜预回答说："如果不是陛下圣明，我也没有机会施展我的技巧。"这个马屁拍得妥妥的。

杜预甚至在公众场合就敢表示自己会为了不受人陷害而拍马讨好京城的官员。镇守荆州时，他几次给洛阳的权贵要员送礼物。有人问为什么要这样做，杜预说："我只怕被陷害，不是靠贿赂换来自己升官发财的好

六、晋朝版的达康书记：为何如此爱惜自己的羽毛，不惜以沉碑传名？

处！"因为他明白，晋朝的官场复杂险恶是有名的。不可想象，在晋朝为官，如果没有帮派，如果没有足够的钱财来疏通人脉，打通关系，而要做到官运亨通，且安然无恙，能够保官保命，恐怕是不太可能的。

除了偶尔拍拍马，跟达康书记一样，杜预也想在政治向上爬，搞政绩。但他对攀爬的理解是，只有做政绩、解决问题，这些实质性的东西做到了，自己的位置才能稳固攀升。他是一个纯粹的官僚，他不是利欲熏心的贪官，也不是油盐不进的大清官，一心只想做点实事给别人看。他就一个死理，认准了只有政绩才能让自己往上爬，撸起袖子雷厉风行地干实事。

其实，当官的喜欢政绩有什么错？只要你因为喜欢政绩而给老百姓干实事，就比尸位素餐的垃圾官僚强。杜预这么想，也这么做。

公元222年生于西安的杜预虽是"官二代"，却不是那种只知享乐的纨绔子弟；他虽从小就是学霸、文理工科的通才，但直到三十岁后才做官，可谓大器晚成。为何这么迟才做官，是有其他原因的，因跟本文主题无关，按下不表。杜预在朝中任官七年，改革各类政务不可胜数，参与《晋律》、《历法》修订，朝廷内外称颂，人颂他为"杜武库"；杜预既不会骑马，射击也很糟糕，但凭超人的智慧，在灭吴战争之中成功消灭了吴国政权，统成为三国终结者、西晋实现大一统的第一功臣；到荆州任地方官，他大兴水利，既解决了长江排洪问题、改善了荆州南北间漕运，又使一万余顷农田受益，被老百姓称为"杜父"。那年，兖、豫等州郡连降暴雨，加上蝗虫之灾，百姓苦不堪言，杜预便亲自调查，两次上书，提出切合实际的救灾措施，救百姓于水火之中。在为人处事上，他不仅"结交接物，恭而有礼，问无所隐，诲人不倦，敏于事而慎于言。既立功之后，从容无事，乃耽思经籍"，而且"立身清俭，被服率素，禄俸所资，皆以赡给九族，赏赐军士，家无余财"。

杜预跟李达康很类似，对权力有相当强的贪念，但两人的表现不一样，达康书记对权力与官位那是相当的爱，爱到十二点前基本不回家，爱到老婆孩子两不顾。为了不影响自己的政治前程，很爱护自己的政治羽毛，对着自己老婆严正言辞地说道："京州市委书记不跟任何商人做交易。"对替他顶雷的易学习也没有半句推荐提拔的话。

杜预对权力的贪念主要在于想千古留名。为求功名永存于世，他煞费苦心，在生前就请人雕刻了两个功名碑，一个立于岘山之巅，另一个沉于汉水之底。他打着如意算盘，这样哪怕将来发生天塌地陷，高山与江底互换位置，总会有一座留存于世。"碑"，就是刻上文字纪念事业、功勋或作为标记的石头，看来杜预也难逃"碑"的诱惑，他想来个沉碑传名。

很多人会不解，杜预的前半生，是一个品学兼优的官家子弟；入仕后，凭借骄人的业绩和功德，早已赢取了生前身后名，完全没必要以"沉碑"的形式扬名后世。

更何况，到宋代，杜预沉江的石碑早已荡然无存。难道他只知道沧海桑田，却不知道石头也会被磨损毁灭？再者，河流贬为山川就需要泥土填充，这样石碑也自然就被泥土给掩埋了，怎么可能看到呢？杜预真的不了解事物变化的道理？

宋人庄绰在史料笔记《鸡肋编》卷上对此进行了点评："余尝守官襄阳，求岘山之碑久已无见，而万山之下，汉水故道去邓城数十里，屡已迁徙，石沉土下，那有出期？二碑之设，亦徒劳耳。"杜预沉碑此举成了后世一则追逐功名的典故：唐代温庭筠、张九龄，宋代陆游及范成大的诗文中，都留有关于杜预沉碑的贬义诗句。

这个一向很谨慎、很低调的官员，怎么会去做这种既张扬、又不靠谱的事。有人说，近乎完美的杜预，因生前缺乏自信，才闹出了"沉碑传名"的笑话。我觉得有道理，这背后估计还有两个原因。

六、晋朝版的达康书记：为何如此爱惜自己的羽毛，不惜以沉碑传名？

一是自悲。参照他的平生遭遇，这种对名的向往大概又来自于对现实世界的悲哀。杜预的前任、西晋大臣羊祜给了他很多的感慨。羊祜喜游山水，风景美好的日子，一定到襄阳城南的岘山游乐。有次，羊祜慨然叹息，对从事中郎邹湛等人说："自从有了宇宙便有此山，自古以来的贤达高士，像我和你们一样，登上此山眺望游乐的不知有多少，但都湮没无闻了，想来令人悲伤。如死后有知，我的魂魄仍会登此山的。"邹湛说："您老德冠四海，道接前哲，美好的业绩和名望一定和岘山一样永存于世，至于我等之人，才像您说的会湮没无闻啊！"羊祜去世后，襄阳百姓在岘山他生前游息的地方建庙立碑，每年按时祭奠。看到此碑的人无不流泪，杜预因而把此碑叫"堕泪碑"，并发出生命无常，功名易逝的感慨。

二是自负。《晋书》中记载，杜预"好为后世名"，他曾经说过"太上立德，则吾岂敢？立功与言，正在我辈。"因为他认为从政者，生命的意义不在于寿命长短、意志体现，不在于高官厚禄、荣华富贵，而在于有位有为、立功立德，当世口碑、青史留名。只不过，他对身后名声的向往，大概已经到了有点病态的地步。

过分爱惜自己的政治羽毛倒让杜预留下一则笑话。爱惜自己的羽毛，这本是鸟儿的爱好，放到人类社会中、现实生活里，也算是个"人之常情"。《说苑·杂言》里说，"孔雀爱羽，虎豹爱爪，此皆所以治身法也。"但这个"常情"，不能过分，也不能无度。尤其是我们的领导干部，如果过分爱惜自己的"羽毛"，比如过于追求一时之"官声"，过度在意一众之"口碑"，过分钟爱一己之"名节"，就往往会把国家和人民的利益放在次位。

晋朝版的达康书记，为何如此爱惜自己的羽毛，不惜以沉碑传名？答案只有一个：私念在作祟！

七、智商没问题，让人着急的是你的情商

过分爱惜自己的政治羽毛让杜预留下了笑话。但晋初的王浑和王濬却因为不爱惜政治羽毛引发一场似好莱坞大戏而留下了笑话。故事本身很精彩，同时留给我们的思考也很精彩。此戏的四个主人公分别是，王浑和王濬，西晋的名将，都是冲锋陷阵、杀敌立功的能人；司马炎，西晋开国之主，擅长怀柔治民左右协调；刘颂，最高法院院长，深谙法律。在智商方面，这些都是骨灰级的人物。但是情商则不尽相同，甚至相差万里，具体体现在西晋平定吴国之后的论功封赏上。

事情是这样的：咸宁五年（公元279年）十一月，晋武帝发兵二十万人，分六路进攻吴国。灭吴主要的三大统帅是王浑、杜预、王濬。杜预、王浑各管长江中游、下游。身为益州刺史、龙骧将军王濬的水军则是从成都到建业，沿着长江横越西东征讨。为了作战的统一指挥，司马炎定下规矩，经过荆州境内，王濬受杜预节制；到了下游，则受王浑节制。

次年正月，王浑所部领兵从横江出击攻破吴军主力，吴国丞相张悌被杀。王浑部下建议"速引兵渡江，直指建业"，王浑却以"诏令龙骧受我节度，但当具君舟楫，一时俱济耳"而拒绝。意思是等王濬到，两人会师一起拿下吴国，共同见证大胜利的历史时刻。

此时，西下的王濬也一路过关斩将，当他率军抵达三山时，王浑派人请王濬停舟上岸商讨战事，谁知王濬借口"风利，不得泊也"（"风大，船不能停"），不予理会，乘胜直指建康城，很快吴主孙皓肉袒面缚到王濬营门投降。踏平吴国，擒获吴主，王濬因此威名远播。后人刘禹锡有诗为

证:"王濬楼船下益州,金陵王气黯然收。千寻铁锁沉江底,一片降幡出石头。"

眼睁睁看着大功旁落,王浑真是既羞耻又愤怒,东吴的中央军是他消灭的,自己又是安东将军,比王濬的龙骧将军地位高。孙皓却到王濬处投降,让王浑情何以堪。还有从距离来讲,他离建业最近,王濬千里之外,居然跑在他前面。

王浑立即上表朝廷,状告王濬违诏,不听调遣。管诏狱的官员准备用槛车把王濬押回京师处理。不过,司马炎还是比较清醒和仁厚的,没答应,只是下诏痛批了王濬的不守规矩:"伐吴是件大事,应有统一军令。以前有诏使将军受安东将军王浑调度,王浑思谋深远稳重,按兵等待将军。为何径直前行,不听王浑命令,违背制度,不明利害,甚失大义。将军的功勋,铭刻朕心,应当按诏书行事,以维护王法尊严,而在战事将终时,恃功肆意而行,朕将何以号令于天下!"

皇上,我冤枉哪!王濬上书自辩,说:"前奉诏'自镇东大将军伷及浑、濬、彬等'皆受太尉贾充节度,没有让臣另受王浑节度之文。在三山,王浑送信给臣,也没说臣要受他节度。"原来司马炎是下了两道圣旨,此前王濬接到的是率兵直抵秣陵的诏书,以后又下诏让他受王浑调度。

见王濬争辩,王浑又把扬州刺史周浚的信上呈司马炎,说王濬的部下掠得孙皓宝物,火烧孙皓宫殿。王濬再次上表声辩,说前在三山得周浚书云"皓散宝货以赐将士,府库略虚。而今复言金银箧笥,动有万计",这不是自相矛盾么。他还反告王浑部只歼灭吴军二千人,却谎报数以万计。

王濬回到京师洛阳,马上就有司劾奏他违诏不受王浑节度,应坐大不敬罪,交付廷尉。武帝再次下诏说情,打圆场称"诏书在途中滞留,没有按时到达,这种情况与不受诏同样看待,于理是讲不通的。王濬没有及时上表说明王浑向他宣布诏书的情况,这是应当责备的。不过,王濬有征伐灭吴的功劳，一点小错不足以掩盖他的大功。"

一个是明明是自己的功劳却被不听节制的人捷足先登，心中又恨又悔；一个认为自己建有大功，却被王浑等人压抑，并遭弹劾，心中非常不平。总之，两人都不服气。

两人为了功劳而争执不休，本来这事司马炎可以一锤定音，把两人一起叫来，在后花园，或者选择一处僻静之地，边饮酒边闲聊，希望两人从大局出发，从和谐考虑，冰释前嫌，一笑泯恩仇，共同为西晋大业再立新功。

但司马炎并没有这样做，而是决定避嫌（因为他跟王浑是儿女亲家），让全国口碑最好、断案水平最高、最公正无私的刘颂，来审定和处理这件事，以示客观公正。

这个刘颂不是一般的人，他出身世代名门望族。刘颂年少时明辨事理，被时人称颂。司马炎受魏帝曹奂禅让建立西晋，授刘颂为尚书三公郎，掌管法律、审理冤狱。经屡次升迁担任中书侍郎，后又代理廷尉（相当于现在的最高法院院长）。

让这样的权威专家去断王浑王濬的功劳案，应该足以让当事人及其他相关人心服口服吧。不过，还有一层意思，就是司马炎要借助专家权威的口，把自己的意思给表达出来。

估计事先没沟通好，刘颂也没很好地去揣摩上司的意图，在经过大量的走访、座谈、查阅资料，充分听取意见，以事实为依据，以良心为准绳，最终做出结论：王浑立上功，王濬是中功。

接到这个定论报告，司马炎大怒，认为刘颂断法不合理，就把他降职为京兆太守，一下子从最高法院的院长贬到西部的京兆太守，这个落差不是一般的大。不过，司马炎立马意识到刘颂毕竟是实事求是，还没等他就任，又改任离京都洛阳较近的河内太守，算是照顾了。

七、智商没问题，让人着急的是你的情商

最后司马炎亲自做出决断，王浑升为征东大将军（相当于二品），王濬为辅国大将军（相当于三品），王浑为京陵公，王濬封襄阳县侯。王濬品级和爵位上稍次，但实际待遇已与王浑相近。就这样，司马炎妥协地处理了矛盾。但从这一事件之后，王浑每次到王濬那里，王濬总要安排卫士严加防备，然后才肯与之相见。

王濬不理解司马炎的用心良苦，始终愤愤不平，每次进见，一谈起攻伐之劳和所受委屈，就不胜怨愤，常说话过激，并拂袖而去，都不向司马炎打招呼。而司马炎每次都宽容这位有功之臣。

直到有一天，王濬的好朋友、益州护军范通提醒他说："你的功劳是很大的，但还不完美。"王濬问："你是什么意思？"范通说："你凯旋后，应当悄悄回家，再不提平吴的事。如果有人问你，你就说，这是皇上的英明决策、诸将的努力，与我有什么关系啊。"王濬说："我又不是争功，但要把这个理说说清楚。当年邓艾就是无从辩白，才遭惨死的。"范通说："你一定要争这口气，那让王浑怎么下台？不是给皇上难堪吗？"

一语惊醒梦中人。王濬突然明白了什么，从此沉默寡言，绝口不提平吴之功。于是紧跟司马炎的节奏，不再守俭素之业，纵情奢侈享受，食则佳肴，衣则锦绣，颐养天年，无疾而终。

而经历这事件后的王浑则率部重新镇守寿春。因为王浑不常用刑，处事果断，而且又妥善安抚了当时心中畏惧西晋政权的东吴遗民，令江东都安定起来，民心都归附。这估计也在高人的指点下，避开争论，在另一方面获得了很好的口碑。

那位被贬的刘颂也做了危机公关。在被贬前，刘颂给司马炎上表了奏章，大多是有利国家的举措。司马炎欣然采纳。这多少给刘颂挽回了一些印象分。在河内任上，刘颂事必躬亲，政绩斐然，他见郡内有很多公家主办的水碓，阻塞流水，渐成水灾，刘颂上表废除，百姓获得方便。这让司

马炎不得不对他另眼相看。

由于各方的妥善处理,晋初的这场好莱坞大戏没有演化成兵刃相见的流血事件。从高智商的灭吴,到低情商的争功,再到高情商的善后,这一急转告诉我们一点:情商比智商更能决定人的一生。

八、一千年前就有人认为，公平正义可能会迟到，但从不缺席

前回的刘颂之所以青史留名，倒不是因为他的危机公关，而是他提出了一个重要观点：司法是朝廷信用的最后底线，是社会道德的最后防线，守不住将会很危险。他不仅这么想，而且也是这么做的。在他眼里，公平正义有时虽然会迟到，但从不缺席。

这个刘颂就是上文因审理二王争功没有领会皇帝意图而被贬的那位老兄。

刘颂担任过尚书三公郎和廷尉等职务，主要掌管法律、审理冤狱，是个很执着的法官。一个叫扈寅的尚书令史，不知是得罪什么人还是莫名其妙遭到陷害而被下狱，司马炎诏令刘颂调查个究竟，刘颂跟他非亲非故，也没受人之托，但他明察秋毫，经过细致调查后坚持认为扈寅无罪，扈寅才得以免祸，时人把他比为西汉的张释之。

张释之是什么人？他是汉朝的一位法官，在维护法律公正方面，他严守法纪，秉公断案，依罪量刑，当皇帝的诏令与律令发生抵触时，拿现在的话来说，就是政策和法律不一致，刚正不阿的他多次与汉文帝发生冲突，不顾自己生死，也要执意守法。时人称赞"张释之为廷尉，天下无冤民"。

刘颂也这样，当朝廷的规定和实际情况发生冲突时，他会不顾一切尊重事实，实事求是予以解决。不过，他也因此付出了代价。当初相国司马昭征召他为相府掾属，奉命到蜀地出使。当时蜀地刚平定，土地荒芜百姓饥饿。按照规定，他应该把所见所闻如实向朝廷汇报，朝廷再组织户部等部门

进行廷议，决定是否开仓赈贷。在交通不发达的古代，一来一回至少要数月之久。但眼前百姓处于水深火热之中，衣不遮体食不果腹。救人要紧！他一边向朝廷发出紧急公文，一边不等批复就开仓赈灾。结果就被免职了。

等他复出时，为了使天下无冤民、世上无冤案，他强调必须严格按照法律判案，断罪应以法律条文为依据，没有法律条文，就应根据刑名和法例，法律和名例都用不上，就不能定罪。他极力反对司法官吏迎合君主意志，迁就社会舆论，借口具体情况，"看人设教"、"随时之宜"，以致撇开法律条文不用，量刑畸轻畸重。他说，如果认为法律条文不尽妥当，可以修改；如果认为法律条文完善，就必须严格执行，不许枉法。跟现在的"有法必依、执法必严"是同个道理。

不仅审判执法要公正不偏，从政做事也要公正公平。他担任淮南国相期间，严肃公正，很有政绩。先前官府修治芍陂，每年都动用数万人，当地豪强相互兼并，孤独贫穷的人失业。刘颂就想了个办法以改变现状，让当地人戮力同心，参与修治，并按功劳大小获得报酬，有点社会主义初期按劳分配的味道，百姓都称他公平。

上梁不正下梁歪，要想公正公平，就从上面开始。西晋自从泰始以来，已将近三十年，晋武帝还没有纠正衰乱时代的弊病，各项事业也并没有比以往更加兴旺，为此刘颂忧心忡忡，写了一份著名的奏疏，向皇帝毫不避讳地指出，要理顺体制，公正行事，如果以后大业或许不安稳，那么责任就在于陛下。

在奏疏里，他提到要逐渐依靠公正的标准去管理。"陛下由于刑法禁令宽松放任，想改变这种状况，但是这种局面是平时日积月累形成的，不可能一下子就能用公正的标准治理下民，这确实要等到时势所宜的机会。然而至于矫正世风，救治时弊，自然应当逐渐走向清廉整肃。这就好比行船，虽然不能径直渡过急流，然而应当渐渐随着水势往前走，一点一点地

八、一千年前就有人认为，公平正义可能会迟到，但从不缺席

朝着自己要去的方向，然后就能渡过河去。"

他给皇帝提出了建议，皇帝亲政也好，宰相摄政也罢，大头头毕竟只有一个人，要主理这么大的天下，主要还是依靠百僚有司。所以妥善的办法，不是直接控制，而是间接控制，不是下令让他们去干什么，而是放手让他们大胆处理，之后再用考察评价来监督。

"如今陛下常常是精心于初始的构建却忽略对结局的考察，这正是治理的功效所以不完美的原因。人君如果确实能够处于平易而抓住根本，于成功失败的结局之后考察功劳与罪过，那么手下的官员们就没有地方逃避奖赏与惩治的处理了。"

他还指出，不能为了公正而矫枉过正。细微的过失，荒谬的言行，这是人的本性所难免的，但是全都要用刑法来矫正，那么朝野上下就没有人能够立身了。近世以来，担任监察的官员，大都不抓根本大事，却对微小的过失抓住不放，这大概是因为畏惧、躲避豪强却又担心荒废了职责，因此就谨慎地使法律周密，以搜罗微小的过错，使得上奏的揭发罪行的文状接连不断，表面看来是在为公事尽职，实际上却扰乱了法规。

皇帝为了面子和享受，往往要大建宫殿大修官署，刘颂同样持反对态度，他认为这是对朝廷对社会的一种妨害，因为眼下有很多要紧的事情要处理。修建宫殿这种事情不用担心发动不起来，即使到了将来，没有陛下的命令也自然能办成的事情。现在的问题在于，对于不急的事情抓得紧，办得勤恳，但却损伤了所赖以依仗的根本，所以他认为有些过分了。

遗憾的是，对他的意见晋武帝都没有采纳。估计有两个原因，一是晚年的晋武帝只顾享乐，无暇顾及朝政；二是这些建议虽好，但实行起来有一定的难度，索性就把它留给他的下任吧。

元康元年（公元291年），刘颂随淮南王司马允入朝。晋惠帝下诏让刘颂担任三公尚书。后来因上疏商议律令，很有见地，为时论所称美。后

转任吏部尚书，在用人上，刘颂也采取公平公正的措施，建立了将官员分九个等级考核的制度，计划使朝廷大小官员在职位上都企求升迁，考核官员胜任与否，明确对官员的奖惩制度。但当时外戚贾氏、郭氏专擅朝廷大权，想当官的人都想迅速升迁，因此刘颂的计划没有能够实行。

公正的人往往是爱憎分明的。

永康元年（公元300年），赵王司马伦发动政变，杀死皇后贾南风等，一向正直的执政大臣张华也被杀害，刘颂听说后哭得很伤心。后来听说张华的儿子得以逃脱，高兴地说："茂先（张华的字）呀，你还有后代呀！"司马伦的同党张林听说此事后大怒，想把刘颂捉拿一并治罪，但怕刘颂公道口碑而不敢伤害他。

赵王司马伦等人专权，胡作非为，行为违背众人心愿，而所封功臣都是小人，践踏司法，扰乱朝纲。不久后，司马伦同党孙秀在朝廷中商议加赐司马伦九锡之礼，文武百官没有谁敢提出不同意见。只有刘颂说："过去后汉封曹魏九锡，曹魏封晋九锡，都是当时的特殊运用不能认为是通例。周勃、霍光，他们的功勋卓著，都没有听说给他们加九锡。"又是这个张林，听后特别愤怒，想把刘颂当作张华的党羽，要杀掉他。还是孙秀阻止说："诛杀了张华、裴頠已经损害我们的声望，不能再杀刘颂。"张林这才悻悻罢休。

刘颂坚信公平正义可能会迟到，但从不缺席。果不出所料，没多久，得意一时的司马伦被人赶下台，同党孙秀、张林等人失败被杀，满门被斩，多行不义必自毙。

刘颂是汉武帝刘彻的后人，虽出身高门大户，但与当时尸位素餐、宅心物外的士林风气格格不入，反而他基于公正的理念，务实的做法，取得很大的政绩，更难能可贵的是他能够直言时弊，也希望通过制定新制度，改变官场腐朽颓废的现状，因为大环境的缘故，改革措施没能施行，但其心可鉴、其情可明。

九、破坏规则的最终必被规则所破坏

公平正义为何会迟到，在很多情况是规则被破坏。在晋朝，晋武帝带头无视规则、破坏规则，导致人们对规则的破坏已形成习惯，变成了一种惯性。

（一）

西晋初年发生了一起闹得沸沸扬扬的宫廷盗窃案。司马懿的第九子、晋武帝叔父司马伦为人贪婪，指使散骑将刘缉买通宫中工匠，去盗窃御裘（皇帝穿的皮衣）。估计是盗技太拙劣，或者是宫廷保卫工作太缜密，刘缉落网了，并很快供出了幕后主使司马伦。皇宫的东西神圣不可侵犯，如同偷盗国库的黄金和人民币一样，属于重罪。

案发后，廷尉依法判处盗窃犯刘缉死刑弃市，按照干部管理权限，同时建议将主犯司马伦与刘缉同罪论处。

但有关部门认为司马伦爵位隆重，又是皇帝近亲，不可治罪。

对此，谏议大夫刘毅拿规则说事，予以驳议说："王法赏罚，只有不论贵贱，才可以明礼法、正典刑。司马伦明知御裘非常人所用，而隐匿不向狱卒供述，与刘缉既已同罪，可按亲贵地位评议减罪，但不能阙而不咎。"

晋武帝虽然赞同刘毅的驳议，王子犯法与庶民同罪。但仍以司马伦为皇室近亲，特地下诏赦免了他，不予追究。

读到这段历史，你会揪心得很，晋武帝无视规则、厚此薄彼，纵容皇亲国戚们违法犯罪行为，司马伦可以这样，那么其他人呢。这个开口奶吃的实在是糟糕，副作用极大。

我们常说规则是一种针对全社会的行为规范，守则有益，破则俱损。事实上，规则也是我们所掌握的一种判断手段，用以应对我们对某些特定行为的处理，我们赋予这些规则的重要性，是以在规则被无视的情况下危害产生的可能性程度为判断基础的，按照规则来说，应该要一视同仁。

（二）

中护军、散骑常侍羊琇，对晋武帝有旧恩，掌管禁军、参与机密十多年，恃宠骄侈，多次犯法。

已迁任司隶校尉的刘毅劾奏，应将他治罪处死。同时他生怕有人找关系，有人会求情，在弹劾的同时，吩咐都官从事程卫迅速驰入护军营，拿羊琇的下属拷问，查清坐实其犯罪事实。

果然，羊琇直接找到晋武帝这层关系。晋武帝这回更离谱，亲自为他找关系，指派齐王司马攸出面，为羊琇求情。但刘毅不依不饶，面对犯罪铁证，晋武帝迫不得已，只好免去羊琇官职，随后把他给藏起来。不久以后，又让他官复原职。如此儿戏，气的刘毅要吐血。

规则被破坏后紧跟而来的是"走后门""找关系"。"人熟好办事"，"找关系"就是想绕过一些程序甚至突破规则，让原本能办的加快办，不能办的变通办。由"熟人效应"引发的以权谋私无时不在吸引着或愤怒或嫉妒的眼光。难怪大多数人尽管对此都没好感，但现实中还是一边痛斥找关系，一边又拼命找关系。

九、破坏规则的最终必被规则所破坏

（三）

侍中王戎出身于琅琊大族，为当时名士，曾接受南郡太守刘肇的贿赂，被司隶校尉纠察弹劾；有政治敏感度的王戎闻风而动，及时退还赃物。

同样，晋武帝庇护王戎，没有将他治罪，引起朝士非议。于是晋武帝对朝中大臣说："王戎的行为，岂能算是怀私贪得？只是不愿做异于他人的另类而已。"意思是很多人都这样，王戎只不过是随波逐流，不算腐败。

作为皇帝不仅破坏规则，还竟然默许官场贿赂潜规则，真令人匪夷所思。尽管晋武帝如此袒护王戎，但王戎从此为清议所鄙，名声受损。除了王戎，还有以抢劫商贾而发家致富的石崇，正因为晋武帝有这样的想法，不仅没受到惩治，反而支持鼓励舅舅王恺跟他斗富。

"潜规则"破坏公平竞争、破坏真正的规则、破坏社会秩序、并无所谓正义和公平……这些黑暗的、见不得光的潜规则使真正的维护社会秩序的规则成为虚设，随之而来的必然是秩序的混乱和公平正义的丧失。遗憾的是，如今我们这个社会也还有这样的情况，潜规则盛行，明规则却往往被忽视。

（四）

泰始三年（公元267年），司隶校尉李憙上奏：原立进县令刘友、前尚书山涛、中山王司马睦、故尚书仆射武陔各自侵占官府三更稻田，请求免去山涛、司马睦等官职；武陔已死，请追贬其谥号。李憙所弹劾的山涛、司马睦，一个是晋武帝的亲信大臣，一个是晋武帝的宗室兄弟，晋武帝不忍将他俩治罪，于是发布诏书：法者，天下之所以取正，必须不避亲贵，然后才能施行，我岂敢枉纵于其间！现已此事，皆是刘友所为。侵剥百姓，欺骗朝廷，奸吏居然敢做此事！应当严办刘友，以惩邪佞。至于山涛等人，如若不再犯错，可不必追究问罪。与此同时，诏书中还对李憙予以褒扬："亢志在公，可谓邦之司直。"

好一个"法者天下之所以取正，必须不避亲贵"，好一个"现已此事皆是刘友所为"。显然，晋武帝诿过于小县官刘友，有意为权贵开脱罪责。

对此，司马光在《资治通鉴》中评论："政之大本，在于刑赏，刑赏不明，政何以成！晋武帝赦山涛而褒李憙，其于刑赏两失之。使憙所言为是，则涛不可赦；所言为非，则憙不足褒。褒之使言，言而不用，怨结于下，威玩于上，将安用之！且四臣同罪，刘友伏诛而涛等不问，避贵施贱，可谓政乎！"避贵施贱，惩小纵大，几乎是他在惩治贪腐上的习惯性做法。他曾公开表示，尚书郎以下犯法，我决不姑息。但是，对于位高权重的官员犯法，他却绕开规则，纵容包庇。

（五）

从利用关系、到潜规则，再到为权贵开脱，当强势人物破坏规则的事情不再是秘密之后，规则的神圣性和权威性就消失了，并产生了多米诺效应，从强势人物到中层人士再到底层百姓都视规则为无物。规则不断被制造出来，又不断被破坏，数千年来，如此反反复复，形成了一个恶果：人们对规则的破坏已形成习惯，变成了一种惯性。

制度规则被破坏后，污染了社会风气，损害了公平公正。形形色色的"找关系"也就应运而生，要遏制这些，固然需要当事者敬畏规则，被找的人坚持原则，但从根本上讲是要筑牢制度的"防火墙"，把权力彻底关进制度的笼子里。对不顾原则、突破规则的行为，应该"零容忍"，让制

九、破坏规则的最终必被规则所破坏

度规则的"钢牙"虎虎生威,伸手必被捉、谁碰谁受伤。

无以规矩,不成方圆。圆不可拽成方,方亦不可扭成圆。当一切只问规则不问关系,合规的无须找人,不合规的找人也没用,"找关系户"现象就一定会大大减少。

无可否认,我们身边也有不少的规则破坏者,是加入到他们一起,还是遵从内心的安宁独善其身,是一个艰难的选择。但无论什么时代,什么社会,人们总会不自觉地走在一起共同维护秩序,捍卫准则,因为历史已经证明,只有这样才能拥有美好的未来和美好的生活。

破坏规则的最终必被规则所破坏。晋武帝去世,规则被破坏后的宫廷内斗频仍,最终引发"八王之乱"。"付托失所,授任乖方,政令不恒,赏罚斯滥,或有才而不任,或无罪而见诛。朝为伊周,夕为莽卓,机权失于上,横乱作于下。"这次战乱,极大消耗了西晋的国力,加剧西晋王朝的土崩瓦解,致使北方游牧民族占据中原,国家陷入战乱与分裂,给人民带来巨大创痛,"祸难之极,振古未闻"。

尤其可悲的是晋武帝还将忠臣的劝谏当作权力游戏。

十、劝谏不过是一场权力游戏

公元282年春，司马炎率文武百官南郊礼毕，沾沾自喜地当众问司隶校尉刘毅："你觉得我可以和汉朝哪个皇帝相比啊？"刘毅毫不思索地回答："可以和汉桓帝、汉灵帝二帝相比。"桓、灵二帝是汉朝典型的昏君。毫无思想准备的司马炎不禁惊呼："我虽然德行不及古人，但也算严于律己，何况又平定东吴，统一天下。你把我比作桓、灵，是不是太过分了！"刘毅面不改色地回答："桓、灵卖官，钱入官府，陛下卖官，钱入私门，这样看来，陛下其实是不如桓、灵的。"司马炎哈哈大笑地说："桓、灵之世，不闻此言，今天我有你这样的直臣，这样看来，我其实还是胜过他们的。"

在旁的散骑常侍邹湛赶紧抓住机会吹捧司马炎说："以前冯唐应对不逊惹得汉文帝大发雷霆，今天刘毅言语犯顺而陛下却十分欢喜，这样一比较，陛下的圣德比汉文帝强多了。"

这是一次司马炎接受臣子劝谏的情形。还有一次，司马炎和右将军皇甫陶在一起论事，皇甫陶是个正直的人，经常给皇帝提意见出建议，这次竟然与司马炎争论起来，而且争得很凶。散骑常侍郑徽趁机上表司马炎说，君臣之间有自然的尊卑，言语之间有自然的顺逆。皇甫陶这是在犯颜犯上，请求给他判罪。谁知司马炎却说："忠诚正直的言论，我唯恐听不到，郑徽逾越职位，胡乱禀奏，这岂是朕的意思？"于是免去了郑徽这个乱打报告者的官职。

为此，司马光的《资治通鉴》对司马炎做了高度评价，"帝宇量弘厚，

十、劝谏不过是一场权力游戏

明达好谋,容纳直言,未尝失色于人。"说他气量宏大宽厚,调查事理,善于谋划,容纳得下直率的言论,从未在人面前失去庄重的脸色。

难道,司马炎真的能跟唐太宗相媲美,堪称虚心纳谏、敢于听取不同意见的明君么?显然不是。

比如,针对人才选拔、干部考察等一些重大事情的劝谏,司马炎经常是瞻前顾后、举棋不定,套用史书上的话就是"帝虽善其言而终不能改也"。

西晋的人才选拔还是沿用曹魏九品中正制的做法,主要原因是"吏部不能审核天下之士",所以把选拔干部的权力交给地方上有威望的人。到了西晋,这种制度已经严重影响了人才的选拔和使用。大臣刘毅向司马炎上书指出九品中正制的种种弊病:过度偏向世家大族;中正官职责很重,而选择中正官的过程却很轻浮;用评定的品级反过来认识一个人的才德水平是本末倒置;对中正官的错误裁断没有司法救济途径;作为一个人,中正官的认识有其局限性;九品制度对有虚名者有利而对有实绩者不利;只划定品级不考虑专业和特长是瞎用人;中正官经常借机培植私党。奏疏的最后,刘毅还痛骂:"职名中正,实为奸府;事名九品,而有八损。古今之失,莫大于此!"他建议要全面改革人才选拔制度,让真正有才的人脱颖而出为朝廷出力。

结果,司马炎很是赞成刘毅的观点,也看到了问题所在,但没有实施改革,估计是想再等两年,等朝廷更加安定、皇权更加强大之后再废除九品中正制。但随着西晋的灭亡、东晋的门阀、十六国的群雄争霸,改革九品中正制成为泡影。

公元268年,司马炎命令河南尹杜预对官吏的进退升降进行考核。杜预上奏说现有的考核制度有很大的弊端,程序化、形式化越来越严重,为官之道越来越虚伪,腐败现象越来越突出。他建议,委任信得过的官员,

晋诤：解读晋王朝那些决定国运民生的话语

各自考核其所统领范畴内的官吏，每年都进行考查，议论其优劣，这样连续六年，六年成绩都是优良的人，可以超格选拔；六年成绩都是劣的，就要废黜免职。优多劣少的人平级调任，劣多优少的人就要降职。有对优劣的品评徇私情，不符合公正的议论的，应当交付监察部门进行劾察。

司马炎听听觉得有道理，但这件事也到底还是没有实行。

对敏感的话题，司马炎则是根本不允许有不同的声音，更不允许臣子们上奏类似的奏章。他的同母弟弟司马攸生性温和聪慧，有治理才能，颇有建树，西晋建立后封齐王。司马炎晚年，朝廷内外要求司马攸继位的呼声高涨。司马炎身边的宠臣荀勖和冯紞等人阿谀奉承的行为，让司马攸非常反感。荀勖二人担心一旦司马攸真的继位，自己就会被贬谪，于是借故以正太子名位为由要将齐王调回封国。司马炎表示同意，下诏太常寺讨论应该给司马攸赏赐哪些东西作为临行礼物？

此时，负责教授、课试的秦秀、傅珍等多位博士上表说："现在假如齐王贤德的话，那么就不应当以同母之弟的尊贵与亲近去担任鲁、卫之地的寻常职务；如果他不贤德，就不应当开拓疆域，在东海边建国。"总之，齐王是不能离开京都的。现在天下已经平定，天地四方都成了自己的家，应马上遵循古时候的做法，让齐王参与议论太平的基业。现在反而派他出去，离开都城两千里，这样做就违反了过去的规定了。

这件事被他们的上司、太常（掌宗庙礼仪之官）郑默、博士祭酒曹志知道了，曹志（他是曹植的儿子，认为司马攸的遭遇很像他的父亲）悲伤地叹道："哪有这样的高才，这样的亲族，不让他稳固根本辅助教化，而让他远去海隅呢？晋朝的兴盛，大概危险啦！"

曹志就上奏疏说："现在圣朝刚开始创业，开始就不诚信，以后的事就难以做好。想争取人心的人，应当先有如磐石般的基业；想享有万代利益的人，应当和天下人共同讨论国政。我认为应当按博士等讨论的去做。"

十、劝谏不过是一场权力游戏

司马炎一向信任曹志,看了他的上奏,非常生气地说:"曹志尚且不明白我的心,更何况四海之内的人!"于是下诏说:"博士们不回答我所问的,却回答我所不问的,肆意制造不同的议论。"随后命令有关部门免去对此事负有领导责任的郑默的职务;同时把负主要领导责任的曹志、直接责任人秦秀等人以越犯职权、脱离职责、蒙蔽朝廷、尊崇粉饰邪恶的言论,却假托直言无忌的罪名予以拘捕,交由廷尉治罪,依法追究责任。

这样看来,史书上那些谏臣与皇帝的经典故事,可能都不过是表演罢了。换而言之,皇帝为了突出自己的宽容大度,所以大力宣扬臣子如何劝谏自己,自己如何接受劝谏。臣子为了配合皇帝,也就得做着种种似是而非的表演。但真正的劝谏会怎么样呢?不要说面对一个可以决定你命运(升降沉浮生死贵贱)的皇帝,就是面对一个生活中的上司或长辈,在指出对方错误时,也是需要讲技巧的,而绝不会板着脸给对方讲大道理。何况是君临天下的皇帝呢?他的面子他的尊严比任何人都要大。

当然,司马炎把劝谏当成一场权力游戏,最终酿成了灾难性的后果。选拔人才尽出豪门大户、干部考察流于形式走马观花,导致西晋的官员们不仅攫取钱财,沉湎享乐,而且尔虞我诈,争权夺利。错选白痴儿子司马衷作为王朝接班人,致使一上台就权力失控。王公外戚只顾个人利益,相互残杀,最终导致西晋的灭亡。

这些病根不能不追溯到司马炎对劝谏的这种游戏态度。

曹雪芹在《红楼梦》中,借贾探春的口说:"可知这样大族人家,若从外头杀来,一时是杀不死的。必须先从家里自杀自灭起来,才能一败涂地!"此言深刻,值得反思!

十一、不能让刚正不阿的人既流汗又流泪

晋武帝既带头破坏规则,又将劝谏当作游戏,让刘毅这位谏官很难施展身手。刘毅视腐败为天敌,如堂吉诃德一样以一人之力狂战晋朝腐败风车。但在那个大环境里头,众官员依然权钱交易、花天酒地、肆意妄为。只累得刘毅气喘吁吁、节节败退,腐败却是日益蔓延。刘毅明白了,真正的腐败不是能抓住的一两个小老虎,也不是未被抓住的那些大老虎。真正的腐败就在我们中间,就在选拔干部的制度上。这样的腐败要是不反的话,晋朝就有丢掉江山的危险。

此前刘毅由于成绩突出,升任司隶校尉,皇帝专门让他正风肃纪,纠正豪门贵族的不规行为。消息一传出,吓坏了全国很多的郡守、县令,他们赶紧跑到司隶衙门交出印绶,检讨的检讨,自首的自首,辞职的辞职,一时风清气正。但好景不长,因为司马炎也很纠结,一方面,他要安抚跟他篡位的小伙伴们,一起享受胜利带来的幸福生活。另一方面,作为开国皇帝,还得装模作样对腐败现象进行治理,以赢得民心。渐渐地,那个当年厉行节俭到车舆的青丝绳断了以青麻代之的司马炎消失了,取而代之的是一个色欲熏心、尽情享乐的晋武帝。

在他的影响下,像石崇这样靠公开抢劫客商钱财发家致富的官员,不仅没有被重治,反而还成了官僚崇拜的偶像。晋廷到处奢侈糜烂,社会到处比富炫富。还有很多的细节,这里就不详述了,请见拙著《晋风》中的《西晋反腐败:刘毅一个人的战斗》。

刘毅实在看不下去,同时也对这个朝廷深感失望,加上一些大臣的挑

十一、不能让刚正不阿的人既流汗又流泪

唆,迫使他泪洒朝廷,提出告老辞官。退休时,家里十分清贫,没多久,就揭不开锅了。一些大臣也为他感到可惜,正因为如此峭直的性格,他不能做到宰辅的位置。

但是,不能让这个正直而实干的干部就这样伤心流泪。

机会终于来了,刘毅的家乡山东青州需要推荐一位大中正,就是在地方负责选拔干部的组织部长。这个人选的好与不好,合适不适合,直接影响到青州为朝廷推荐官员的质量和水平。

于是有人推举了刘毅,结果立马遭到尚书的反对,因为刘毅此前在朝廷喜欢品评人物,说话一针见血又不留情面,王公贵族们看到他都有几分惧怕,在办案中又得罪了不少人。当然尚书的理由很冠冕堂皇:"以毅悬车致仕,不宜劳以碎务。"说得通俗点,就是年龄大了,已经退休了,就应该让他安享晚年,怎么忍心再以烦琐的事情麻烦他呢?

对这个意见,陈留相乐安人孙尹毅然上奏《表复起刘毅》,他认为刘毅完全胜任青州大中正这个职位,有五个理由:

1. 年龄不是问题。司徒魏舒、司隶校尉严询与刘毅年纪相近,以前同为散骑常侍,履历也差不多。现在严询管的是四十万户的州,兼督察百官总摄机要的重职,魏舒所统辖的也是人多地广之区,兼掌九品之事,你尚书都不以为事务繁重。让刘毅管一州的事,便说不应以琐事相劳,这是什么道理呢?当年郑武公年过八十,入京作周司徒,那么过了七十岁的人,也必有可用之处。

2. 退休也不是问题。如果认为此前同意他卸职退休,就不应该再授职位的话,那么原光禄大夫郑袤为何在退休后,朝廷又让他做了司空的位置呢。

3. 能力更不是问题。一个人本可委以宰辅之任,而却不可让他咨询人品之事,我私下以为不妥。

4. 刘毅没有结党营私，更需要支持。刘毅以前为司隶，执法公正，无所曲私，当朝臣僚，多有被弹劾者。刘毅疾恨邪恶之心有些偏激，朝廷管事的人必然怀疑他的议论会伤一些人，所以罢去用事之权，这实际上是将刘毅搁置起来，使他再不能参与人才评议之事。这对他来说实在不公平。

5. 刘毅是个风向标。现在青州有高德的只有刘毅，如果舍刘毅不用，就会使评议推荐之事优劣倒错。这可是个大问题啊。

理由铿锵有力，让人难以辩驳。写奏疏的孙尹，字文旗，乐安人，魏晋时期幽州刺史、右将军孙历之子，兖州刺史，平南将军孙旃的弟弟。历任陈留太守、阳平太守，早卒。历史上没什么名气，但是因为这篇文章而留下了印记。

这道奏疏引起了一些同道者的共鸣和支持。朝廷官员、青州籍的石鉴等人，也纷纷上表说：众人都以为光禄大夫刘毅，孝心纯素，乡间著称，忠诚正直，竭力事上，做官不以为荣，只求尽节。若以刘毅为典范，可以不言而民信，高风所至，清浊分明，符合一州人民共同愿望。我们认为礼贤尚德是教化的准则，也关系到王制兴衰，道路的开闭，而士人所归，人伦是其大本。

据史载，石鉴出身寒微，但他志趣高雅且公正亮直。在曹魏时，历任尚书郎、侍御史、尚书左丞、御史中丞等职，任内多所纠正，使百僚都感到害怕。这跟刘毅很相像。

我找不到刘毅、孙尹、石鉴三人之间交集的历史依据，那么为何后两人要如此力挺刘毅呢？原因大概他们都属于性格刚正办事公道之人吧。

由于孙尹等人的奏议，晋武帝同意任命刘毅为州都，鉴定士人品流，清浊区别。刘毅也没有辜负推荐者的好意，上任后，将整个青州的士人重新梳理一遍，发现弄虚作假的，立马予以纠正。发现被埋没的人才，总是

十一、不能让刚正不阿的人既流汗又流泪

想方设法予以培养。亲力亲为，任劳任怨。

令人感到有趣的是，当年刘毅在朝廷担任司隶校尉时，就敏锐地发现魏立的九品中正制度是权宜之计，并没有选拔出人才，而有八种弊端，上疏请求改正。疏递上后，武帝并没有实行。刘毅成为这个制度的具体实施者，估计也是出乎刘毅的意料，既然改变不了社会，改变不了制度，那么就让自己去适应社会把握制度，无法改变制度，可以改变态度，而且通过自己的努力，尽可能让制度执行得更公平些更公正些。

从孙尹的奏疏里可以看出，直臣无党。其实不然，直臣有党，否则也就没有孙尹这份奏疏了。

正如欧阳修在他的《朋党论》里写道，小人并无朋党，只有君子才有。这是什么原因呢？小人所爱所贪的是薪俸钱财。当他们利益相同的时候，暂时地互相勾结成为朋党，那是虚假的；等到他们见到利益而争先恐后，或者利益已尽而交情淡漠之时，就会反过来互相残害，即使是兄弟亲戚，也不会互相保护。君子就不是这样：他们坚持的是道义，履行的是忠信，珍惜的是名节。用这些来提高自身修养，那么志趣一致就能相互补益。用这些来为国家做事，那么观点相同就能共同前进。始终如一，这就是君子的朋党。

欧阳修还强调，所以做君主的，只要能斥退小人的假朋党，进用君子的真朋党，那么天下就可以安定了。

孙尹的奏疏和刘毅的复出，都表明，所有正义的力量正义的人都是他的朋党。

十二、担当不了身前事，难免身后被差评

咸宁四年（公元278年），就在刘毅迁任司隶校尉时，西晋帝国一个重要人物在享尽人间荣华富贵后离开了人世，终年八十岁，他就是太尉何曾。没多久，朝廷一位名叫秦秀的官员向晋武帝司马炎上书，要求给死去的何曾予以恶评，而这份奏章居然让司马炎看得吓出一身冷汗。这究竟是怎么回事呢？

先说说何曾是什么人吧。

何曾自然不是简单的人，从小就才能比较突出，被当时的人所称颂，后来投靠司马氏集团，受到重用，历任司隶校尉、尚书、征北将军等职，爵位也一路攀升。因积极为司马炎策划代魏建晋行动，司马炎即位后，就拜何曾为太尉，直至太保兼司徒，晋封为朗陵公。何曾的权力如日中天，朝会之时，甚至享受到坐车佩剑的特权。

但这都不是重点，重点是何曾的奢侈腐败是西晋出了名的。史载，何曾尚奢豪，求华侈。他的厨房所制作的馔肴，胜过王侯帝戚之家。晋武帝每次举办宫廷盛宴，何曾都不食用太官烹制的馔肴，认为它们不如自己家制的味美，无法下咽。晋武帝被臣下讽刺了也不恼怒，反而特许他自带家厨烹制的菜肴。何曾不惜花众多的金钱与精力，孜孜不倦以求美食，每天用于饮食的钱财超过万金，即便如此，仍然感到味道不佳，说"无下箸处"。他的几个儿子在他的熏陶下，也是奢靡一族。

还有，这个人的人品也不怎么样，通过几件事情就能说明问题。

何曾是个表面宽厚但内心充满妒忌和憎恨的人，如都官从事刘享曾上

奏何曾的奢侈行为，但司马炎都以他是朝中重臣而不问罪。后来何曾故意让刘享做自己的属官，有人劝刘享不要应命，但刘享以为何曾贵为朝廷高级命官，大人有大量，应该不会记私仇，最终应命。后来，何曾果然常因为小事而对刘享施杖刑，让他皮肉绽开后悔不已。

何曾也曾经参与重臣贾充的朋党之争，虽然何曾较贾充年长，但卑下地依附贾充势力，两人臭味相投。有次贾充与大臣庾纯酒后争论，庾纯斥责贾充不敬长者和弑君。事后，何曾替贾充出气，议政时对庾纯进行明显的贬抑，遭到正直人士非议。

更糟糕的是，何曾知晋必乱但没有指出，可见人品之差。何曾经常陪着司马炎赴宴，回来后告诉几个儿子说："陛下创建了基业，并要把基业传给后世子孙，然而我每次在宴会上，却从未听他说过治理国家和图谋久远的谋略，只是说些平生的常事，他的后代恐怕就很危险了吧？他的太平基业也就到他个人一身而已，他的子孙真够担忧的呀！你们还可以安然无事？"他又指着自己的几个孙子说道，"你们这一辈人必殃及祸乱！"后来晋朝爆发八王之乱，何曾的孙子何绥被东海王司马越诛杀。他的另一个孙子何嵩哭着说："我的祖父真是先知先觉的大圣人啊！"

对此，千年后的司马光怒骂他："何曾议武帝偷惰，取过目前，不为远虑；知天下将乱，子孙必与其忧；何其明也！然身为僭侈，使子孙承流，卒以骄奢亡族，其明安在哉！且身为宰相，知其君之过，不以告而私语于家，非忠臣也。"

再说说秦秀。

秦秀，字玄良，新兴云中人。父亲秦朗，是曹魏骁骑将军。秦秀年少时即注重学问和品行，以忠诚、正直而闻名。在西晋咸宁年间起任博士。《世说新语》评价他：朗子秀，劲厉能直言。

何曾去世后，朝廷下令礼官议定何曾的谥号，谥号是帝王及其后妃、诸侯、臣僚等具有一定地位的人死后，内务府根据其生前事迹与品德，而给予他一个中肯的称号。有上谥，如表示具有"经纬天地"才能的"文"，表示"安乐抚民"的"康"；也有下谥，如表示"暴慢无亲"的"厉"，表示"好乐怠政"的"荒"，表示"乱而不损"的"灵"等。这不仅是给去世的人一个盖棺定论，同时更是一种倡导人们应该做什么不该做什么的舆论导向。古人对这方面的重视程度丝毫不亚于出生时候的起名字。

秦秀写的这篇奏章《何曾谥议》，严厉批评了何曾"资性骄奢，不循轨则"，认为虽然他在生时没被弹劾，但死后都应加以恶谥，以警告其他王公大臣，否则礼教就荒废。故此秦秀建议谥号为"丑缪公"。

他引用左丘明的话说："节俭，恭敬的德行；奢侈，是各种罪恶中最大的。污秽皇朝的美德，破坏人际关系的教育，使天下的丑恶，向年轻一代显示骄傲，没有比这更大。晋朝建立以来，何曾作为宰相辅佐，没有受到污垢的名声，也没有被有关部门审查，这纯粹是您陛下给包庇的啊。"

他还引用管子的话严厉批评何曾："礼义廉耻，是谓四维，四维不张，国乃灭亡。"何曾作为宰相大臣，人们的表率，如果生极其情，死了又没有贬低，这是帝室无政刑的。王公贵人，又怎么会惧怕呢！所谓四维，又在哪里呢！（原文："曾骄奢过度，名被九域。宰相大臣，人之表仪，若生极其情，死又无贬，王公贵人复何畏哉！谨按《谥法》，'名与实爽曰缪，怙乱肆行曰丑'，宜谥缪丑公。"）

何曾虽然是奢侈的士族豪强代表，但是他只是当时历史环境中士族豪强集团的代表人物，奢侈是这个阶层的普遍特点，在晋武帝司马炎的宽容甚至纵容下，这种奢靡的社会风气一直充斥整个朝廷。

这篇让晋武帝读后感到十分恐惧的奏章，却并没有起到作用，晋武帝司马炎未采纳，反而下诏谥曰孝。在晋武帝看来，哪有这么夸张，哪有这么严重？让博士们叫去吧，让大臣们继续享受去，天塌不下来。更具讽刺意味的是，公元289年（太康末年），何曾子何劭上表改谥为元，大概感觉"孝"字还不能很好概括父亲所有的美德。后来晋武帝居然还批准了。何谓元？道德纯一或善行仁德叫元。

除了对奢靡现象和奢侈之人的痛恨外，正直的秦秀也十分痛恨佞臣，甚至视之如仇敌。故此秦秀一向都鄙视曾杀害曹髦、在朝中兴朋党之争的权臣贾充。这是个比何曾人品还差的大臣，谄谀陋质，结党营私，陷害忠良。在魏国，弑君欺主，在晋朝他素"无公方之操，不能正身率下，专以谄媚取"，可以说他"非惟魏朝之悖逆，抑亦晋室之罪人者"，这种无德而禄，而且家门不正，以至于祸延子孙甚至一国皆乱。这是后话。公元282年（太康三年），太尉、鲁郡公贾充逝世，朝廷又下令议定贾充的谥号。秦秀指责贾充虽然无子嗣，但不传嗣给贾氏宗族（贾充有三名侄儿尚未封爵），却由外孙，女儿贾午之子贾谧入继子嗣，是"悖礼溺情，以乱大伦"于是建议谥他为"荒公"，谁知晋武帝司马炎又不听从。

真不知道秦秀是不是就吃这碗饭的，也真不知道晋武帝司马炎是什么舆论导向，只是委屈了秦秀，因为他的疾恶如仇、不畏权贵、坚持原则，所以担任博士长达二十余年都无法升迁，最后在任上去世。

真可谓：丑公何曾，荒公贾充，恰如其分。三国时代的英雄豪杰，如同滚滚长江一去不返，唯余此等蝇营狗苟之徒窃居高位，充斥庙堂，造祸我神州大地，一声叹息！

当然，晋朝也不全是这些担当不了生前事的丑角，也有铮铮铁骨的人物。

十三、重温千年前的古训：只有公，然后可以正天下

人为何会走歪路？原因就是忘记了这条古训：只有公，然后可以正天下。这古训是西晋的傅玄说的。

傅玄是个特别的人。整个西晋，向皇帝提的意见建议最多的莫过于傅玄了，一是跟他的职务有关，他是晋武帝钦命的谏官，敢于直谏，经常上书言事，而且见解也常有过人之处，对当时的弊政多有匡正。二是跟他的性格有关，他是个眼里容不得半粒沙子的人，不能容忍别人的短处，疾恶如仇，棱角分明。

他认为做官的人应当公正无私，"心正而后身正，身正而后身旁的官吏正，官吏正而身后朝廷正"。正是基于这种想法，傅玄经常不顾自己的身体，愤然上书。《晋书》记载：傅玄天性严峻急躁，碰上事情不能有所宽容；每次有奏疏检举，有时候时间已经很晚，他便手捧奏章，整饬自己的冠带，焦躁不安地不睡，通宵熬夜，坐着等天亮。很有一股"不撞南墙不回头，撞破南墙更不回首"的劲头。

在国家需要大量人才时，傅玄强调荐人者要有"至平之心"，"正身而壹其听"，才能为国家举荐真正的贤才。在提出广开渠道招贤纳才的主张后，傅玄没有仅仅停留在反复的提倡和论说中，而是真正做到了身体力行，他对后进士人往往不遗余力地积极提携。据记载，傅玄曾经推荐张载："载又为《蒙汜赋》，司隶校尉傅玄见而嗟叹，以车迎之，言谈尽日，为之延誉，遂知名。起家佐著作郎，出补肥乡令。复为著作郎，转太子中舍人，迁乐安相、弘农太守。"两人没有任何交情，傅玄纯粹为张载的才

十三、重温千年前的古训：只有公，然后可以正天下

情所动，尽心予以举荐。

更难能可贵的是在"至平之心"的作用下，傅玄还大胆举荐寒族人士。中国古代科技史上最负盛名的机械发明家之一马钧就是那个时代的人，他年幼时家境贫寒，自己又有口吃的毛病，所以不擅言谈却精于巧思，傅玄曾称赞他说："马先生，天下之名巧也。"于是向朝廷推荐，让其担任给事中的官职。尽管如此，在那个重诗文轻工商的时代，朝廷并未引起重视，马钧的工作仍然受到阻挠和蔑视，技术一直未得到顺利发展的机会。从少年到老年，马钧一直不得志。为此，傅玄又多次为他奔走呼告，希望朝廷能给他这样的人才搭建一个平台。

出于公心，傅玄还经常得罪同僚。魏晋时期，名士任情放达，风神萧朗，不拘于礼法，不泥于形迹，为了西晋的社稷前途，为了不让西晋社会从此沉沦下去，傅玄毫无顾忌地对以重臣何晏为代表的浮华之徒进行批判，猛烈抨击"箕踞啸歌，白眼世俗，居丧食肉，临吊抚琴，纵酒酣畅"的生活方式，导致"晏、邓扬不穆，晏等每欲害之"。

还有一个例子，皇甫陶是傅玄力荐而担任谏官的，即便是亲自举荐的官员，当政见不一致时，傅玄也将正直的性格发挥得淋漓尽致。皇甫陶跟傅玄起先相处得不错，等皇甫陶入朝后两人就有抵触，因为两个性格都很刚烈的人在一起共事，就麻烦了，尽管都出于公心，但当对一件事分析角度不一样，解决方案不一样的时候，两人的矛盾就爆发出来。结果是，傅玄因政事与皇甫陶争执，被有关部门弹劾，两人都因而获罪免官。

傅玄是个孤儿，三岁时就父母双亡，家境贫寒，自幼勤奋好学。开始被州官举为秀才，任郎中。因为博学，善于写文章，被挑选参与《魏书》的撰写，从此步入学术界，声名渐著。后从政，因为其敢于说真话，而被晋武帝所欣赏，晋武帝尤其为傅玄的观点所折服：人的性情像水一样，放在圆的地方就圆，放在方的地方就方。在正能量很强的地方，人就会变得

有正气；相反，在私欲熏天的场合，人自然也就会变得私心十足。

在西晋立国之初，傅玄就劝谏过晋武帝，一家人丰衣足食，儿子就孝顺。天下人丰衣足食，不用强迫命令，人们就讲仁义。他还提出"政在去私"的主张，认为不去私，就不能公道；不公道，赏罚就不得当；赏罚不得当，百姓就不会服从。去私就是为了立公道，只有公，然后可以正天下。晋武帝采纳了他的观点，使得西晋初期的政治、社会取得了明显的成就。

不过，到了晋武帝后期，谏官还是那个谏官，晋武帝已经不是原先的那个晋武帝了。傅玄一生以俭朴自乐，他曾说，安贫就是福，富贵为祸根。金玉虽满堂，在我看来像蒿草一样。所以他极力反对朝廷及官吏的骄奢之风，提倡简朴。尤其在朝廷支出庞大甚至无节制、尽情纵欲、淫奢至极的情况下，傅玄极力纠正此弊。

傅玄尖锐地指出，"纵欲者无穷，用力者有尽。用有尽之力，逞无穷之欲，此汉灵之所以失其民也。上欲无节，众下肆情，淫奢并兴，而百姓受其殃毒矣。"其实，这些就是当时宫廷生活的真实写照，晋武帝晚年淫荡的宫廷社会更是如此。傅玄认为"一野不如一市，一市不如一朝，一朝不如一用，一用不如上息欲，上息欲而下反真矣。不息欲于上，而欲求下之安静，此犹纵火焚林，而索原野之不废，难矣。"

要节制，要息欲！傅玄已经认识到不息欲就必然要亡国的危险，深深忧虑世俗奢侈，他以古比今向晋武帝上书说："而亡秦之病，复发于外矣。"可遗憾的是，沉迷于声色犬马、纸醉金迷的晋武帝根本不予理会。结果，傅玄的"亡秦之病"一语成谶。

傅玄身居谏官之职，常常忤逆圣意，直言上书，对于傅玄的直言敢谏，他还是幸运的，晋武帝大多给予肯定和鼓励。几百年后，隋炀帝的一番话足以让人毛骨悚然，他曾对大臣虞世基说，我生性最讨厌别人进谏，

十三、重温千年前的古训：只有公，然后可以正天下

如果你已经身居高位，居然还想着靠进谏这种方式博取美名，我尤其容不下你，当场就会杀了你，如果你是一个卑微之士来向我进谏，我可能会稍微地宽待，但是终究不会让你长久地站在这个地面之上，终究还是会杀了你。

千年前的傅玄留下了"唯公然后可正天下"的名言，有公心，必有公道；有公道，必有公制。这使我想起英国教育家约翰·洛克的一句话："一切不公道的事情通常都是因为我们太爱自己，太不知道爱人之故。"今天重温这条古训，对照现实，正由于我们的一些领导干部"太爱自己"了，所以往往对群众的呼声听而不闻，对百姓的利益视而不见，自觉不自觉地干出一些脱离实际、违逆民意的事来。为官者离开公道、公正，必然会引发社会矛盾，疏远党群、干群关系，到头来也就无和谐可言。一心可以丧邦，一心可以兴邦，只在公私之间尔。

如同傅玄所说的，自然界的万物都有自己的规律，是按照自身的规律运动的。他指出，以人为本，百姓富裕了，就安定，国家才会长治久安；反之，不考虑百姓的利益，百姓穷困了，社会就不安定，就会影响到国家大计。傅玄的这些观点，在当时统治集团不关心民间疾苦，赏罚不明，营私舞弊的情况下，有其进步意义，对于今天的我们同样具有借鉴作用。

傅玄如此，他的儿子也如此。

十四、傅咸"污卮"朋友圈的警示

傅玄的儿子傅咸,他在担任谏官的日子过得很苦,倒不是说他生活有多拮据,也不是说他命运有多坎坷,谏官的职责和个人的性格都决定了他是个爱管闲事的人,提意见提建议都提成了明星,但遗憾的是,朝廷大都没采纳,这不禁让他有点心力交瘁,因为他所做的一切努力只有一个目的:净化官场这个朋友圈。

据史书记载,傅咸为官峻整,疾恶如仇,直言敢谏,曾上疏主张裁并官府,唯农是务;也力主俭朴,说"奢侈之费,甚于天灾"。但似乎每次奏疏效果并不理想。

失望之余,他写下了著名的《污卮赋》:"人有遗余琉璃卮者,小儿窃弄堕之,不洁。意既惜之,又感宝物之污辱,乃丧其所以为宝。况君子行身,而可以有玷乎?"大意是说一个陶制酒杯,是一件色泽纯净珍器,但由于掉在了丑陋污秽之处,从此与其他酒器放在了一起,就连一只普通的陶器都不如。言外之意是他时时提醒自己的朋友圈,他生怕自己掉在被污染的环境里,生怕被同流合污,从而影响了他的价值,更影响了国家社稷的将来。

他的朋友圈里有两类人,一类是土豪官员,一类是不作为的官员。

前者以石崇为代表。跟我们现在不一样,你要么当官不发财,要么发财不当官,两者只能选其一,但在西晋,当官和发财往往是勾连在一起的,明星般的土豪官员遍地皆是。他们依仗贵族身份享有许多特权,骄奢淫逸,腐败不堪。当官的富了,百姓自然苦了,面对这种挥霍财富如粪土的豪奢之风,疾恶如仇的傅咸,愤然上书晋武帝,大声疾呼禁奢。他说:

十四、傅咸"污卮"朋友圈的警示

"粮食和布帛的生产都很困难,用起来不加节制,没有不匮乏的。从前圣明的帝王治理天下,对吃肉和穿丝织的衣服都有所规定。我认为由于奢侈造成的浪费,比天灾还要严重。古时候人多地少,人们还有积蓄,是因为节俭的缘故。现在土地辽阔人口稀少,反而物品匮乏,是因为奢侈的缘故。要想让人们崇尚节俭就必须谴责奢侈。如果奢侈之风得不到整治反而互相攀比,那就没有止境了,必然要给社会带来严重的后果。"

傅咸还上奏皇帝,整治奢侈之风,要从统治集团内部做起。他援引史实说,先前曹魏时,毛玠为吏部尚书,所任官吏都是清廉正直的人,因而天下的人无不以廉洁自勉,即使是朝中宠贵的大臣,也不敢超越常规穿戴华丽的衣冠、乘坐豪华的车马、随便吃美味佳肴。如果现在下令各级官员都像毛玠那样以身作则,去奢从俭,改变不良的奢侈之风并不困难。

晋武帝看完他的奏章,呵呵一笑,爱卿由古及今,理论联系实际,说得有道理,但是我不会采纳的。

晋武帝之后是晋惠帝,傅咸觉得这种局面非改不可,否则他将生活在一个无限腐败无限肮脏的朋友圈里。那年闹灾荒,老百姓没饭吃,到处都有饿死的人。傅咸趁机把情况报告给晋惠帝,但晋惠帝却对傅咸说:"没有饭吃,他们为什么不吃肉粥呢?"傅咸哭笑不得遇到这样的皇帝。不过,晋惠帝还算宅心仁厚,听后问道:"依卿之见,该如何是好?"傅咸直言不讳地说:"朝中一些大臣挥霍无度,他们一天的饭费竟达万钱,而百姓却生活在水深火热之中。他们如此奢侈腐化,朝廷应严加处罚,屡教不改者可按国法处治。"但是那些平日里趾高气扬的土豪官员们觉得傅咸不能把他们如何,加上晋惠帝的软弱和昏庸,心里满不在乎。尽管之后傅咸又多次上谏,最终都不了了之。

傅咸的劝谏无疑是利国利民的良策,同时也表现了他廉洁自律的高尚品格。然而,尽管傅咸一再向西晋最高统治者直言匡正敲警钟,却并未引起重视。朋友圈的奢靡之风依然盛行,西晋王朝也就难免不在奢侈腐败中日趋灭亡了。

　　后者以王戎为代表。在其位谋其政是官场的不二法则，然而，晋朝很多官员是不爱管事的，他们的原则是，以休闲清谈为荣，以实务劳碌为耻。怎么可以这样？面对朋友圈的这种现象，傅咸根本受不了，他弹劾了位居尚书左仆射兼领吏部尚书的重臣王戎。王戎禀性贪婪吝啬，广收八方园田，聚敛无度。虽居高官显位，却漠不关心国事，随波逐流。由于他主管吏部工作，一些心术不正的人乘机钻营，通过行贿求官与升迁。结果，不少人到任不久就得到提拔。从而也使地方百姓受困于接连不定的调任，基层吏卒则疲惫于迎送之中。傅咸上书指出：按照古代典制，官吏三年考核一次，经过三次考核才能决定升迁。可是现在，有的地方官吏任职不到一年，就被王戎调入京师。如此一来，不仅没有考定政绩的优劣，而且使地方百姓忙于送故迎新，辗转相望于道，影响了农业生产。王戎的这种驱动浮华、亏败风俗的行径，不但没有任何益处，反而极大地损害了国家权益。因此，应该罢免王戎的官职，以敦风俗。傅咸同时弹劾：王戎的两个幕僚李重和季毅，不劝勉王戎，匡正弊端，也应该一并免职。

　　王戎是朝中的宠臣，权势显赫。傅咸无所顾忌，仗义弹劾，虽得到晋惠帝的肯定，但也遭到了王戎及其亲信的反对。御史中丞解结反弹劾说："傅咸的手伸得太长，管起朝廷任用干部来了，这是违背典制，越位侵权，干涉了非他职权之内的事，应该将他免官。"面对恶意的攻击，傅咸毫不退缩。他义正词严地反驳说："身为司隶校尉，纠察违法乱纪的官吏，是应尽的职责。严正自身，以率他人，是应尽的义务。如果自己违犯了法令，甘愿受罚不求宽大处理。"司隶校尉与御史中丞共掌纠察皇太子以下文武百官的职权，岂有可以纠察皇太子而不可纠察尚书的道理。

　　晋惠帝看了他的弹劾奏章和解结的反弹劾，傻傻一笑，"两位爱卿说的都有道理，不过王戎和你傅咸，都是我的左膀右臂，都是帝国的栋梁，

十四、傅咸"污卮"朋友圈的警示

我是不会处罚你们的。"

皇帝纵容污浊的朋友圈让傅咸百思不得其解，他的好友杨济给他写信说："俗话说，'生了一个傻儿子，一辈子无官司。'官场上的事情是不宜搞得太清楚的，我担心你的脑袋都要碰破了，所以写信提个醒。"清清白白做官，明明白白做人，傅咸要的就是这种效果，但理想很丰满，现实很骨感，你说他苦不苦？司马光说负责为国家进谏的谏官应该：专利国家而不为身谋，估计说的就是傅咸。

平心而论，傅咸的担心是有道理的。西晋中后期，奢侈、骄怠、贪污、腐败、官员不作为、拉帮结派等毒瘤疯长，日益腐蚀破坏着国家和社会的肌体。虽然，在当年的历史条件下，傅咸的这种提醒和呼吁，显得有些苍白无力。

但这个典故，在今天仍有很强的教育意义，那就是领导干部要小心自己的朋友圈。中央反复在这个问题上，提醒各级干部要净化自己的朋友圈。朋友圈干净纯洁，互相传递的是正能量。朋友圈是污泥浊水，那自身迟早就会毁在里面。傅咸笔下那只酒杯，没有意识，没有自己选择的权利。而人是有选择自己圈子的权利的。所以，交友要谨慎，进社交圈更要谨慎，"污卮"的现象就不会重演。

一千四百年后，乾隆给庶常馆（清朝专门培养高端人才的场所）的毕业生出了道考题"污卮"。结果不料全场考砸，没有一位知道乾隆的"污卮"两字出自何处，是什么意思，成了庶常馆的奇耻大辱。乾隆本想用这个考题来告诫这些未来的国家栋梁，不能混迹于污泥浊水之中，毁了自己的前程。不料这些高才生没有一个知道此题的出处，答案自然就南辕北辙，不得要领了。当年清政府已进入封建时代的衰亡期，奢靡腐败之风浸淫了整个官场。乾隆心里是很明白这一点的，但回天无力。

帝国的奢侈之风引来了另一位青年才俊的焦虑和呐喊！

十五、繁荣泡沫下的醒世警言：奢侈之费，甚于天灾

公元300年前后，一位年轻人奋笔疾书写了一份奏章，引起了有关方面的重视，但他的建议最终拗不过残酷的现实，很快被历史的潮流所吞没。年轻人估计没有考虑太多，这逆潮流而动的建议会不会被掌政的人扔到废纸篓里，会不会被世人用不屑的口吻嘲笑为危言耸听呢？

这个来自东吴故都的年轻人名叫陆云，才华横溢，意气风发，朝廷重臣张华对他欣赏有加，所以仕途很顺利。后来被推荐担任吴王司马晏的郎中令，是吴王身边的重要参谋，职责包括顾问应对、劝谏得失等。他没有辜负朝廷的厚望，针砭时事，直言敢谏，经常批评吴王弊政，因此颇受司马晏礼遇。跟他哥哥陆机不同的是，陆云在事事顺心的仕途上，并没有像哥哥那样热衷政治以至于失去了方向，反而显得非常理性理智。

身为皇室子弟的司马晏，为人恭谨朴实，才能很一般，在晋武帝司马炎儿子中是最为愚钝的。他见朝廷上下都在分享晋朝开国带来的巨大红利，也想加入大兴土木的行列，准备在西园大肆营建宅第居室。按理说，这并没什么，何况是潮流所向。但这时候，陆云敏锐地感到这是奢侈腐败的征兆，便上书《西园第既成有司启观疏谏不可》，强烈反对此事，其中是这样劝谏的：

"我私下见世祖武皇帝临朝执政拱手缄默。训导世俗节俭，即位二十六年，没营建什么新的宫室台榭，多次发布诏书，告诫人们不要奢侈。"

陆云是太康十年（公元289年）从建康来到京城洛阳的，晋武帝是290

十五、繁荣泡沫下的醒世警言：奢侈之费，甚于天灾

年去世的，陆云跟晋武帝交集的时间头尾只有短短两年。不过他说的"训导世俗节俭"只是早期的晋武帝，晋武帝为了尽早地使国家从动乱不安的环境中摆脱出来，为统一奠定牢固的基础，泰始四年（公元268年），颁下五条诏书：一曰正身，二曰勤百姓，三曰抚孤寡，四曰敦本息末，五曰去人事。晋武帝以身作则，带头节约勤俭，远离奢侈，廉洁治国。一件事情很能说明问题，太医司马程据献上一件用野鸡头上的毛织成的毛衣，非常华丽，以此想讨好晋武帝，结果晋武帝不领情，命令把这件衣服在殿前烧掉，并宣示全国，从今以后不许再贡献用特殊技法制作的奇装异服。

陆云分析说，"国家的传统，务在遵奉执行，而世俗衰落，家家竞相放纵，渐成波浪，已成风气。虽有严厉的诏书屡次宣布，而奢侈的风俗却更普遍。每次看到诏书，百姓叹息。"

明眼人都知道，"世俗衰落，家家竞相放纵"的根源就在中晚期晋武帝的身上，只是陆云为了避讳不便说而已。西晋的皇族和贵族都有优裕的经济基础，政治的安定与统一更帮助他们累积了大量的财富，于是纵情享受，过着豪华奢侈的生活。晋武帝领先作了荒淫奢纵的表率，《晋书·后妃传》称：司马炎"多内宠，平吴后，复纳吴王孙皓宫人数千，自此掖庭殆将万人，而并宠者甚众，帝莫知所适，常乘羊车，恣其所之，至使宴寝。"皇帝如此，大臣们自然跟风，以致后来小人当权，奢侈浪费，风气日渐败坏，使得整个西晋社会从上到下处于狂迷放纵的大气氛之下。何曾、王恺、石崇每天晒金钱、晒腐败，争夸豪丽。为维持这种奢靡腐化的生活，必然加紧聚敛，因此贪污纳贿，习以为常，当时有人指："奢侈之费，甚于天灾"，可见为害之大。

陆云还举例说明："清河王从前建坟墓时，皇帝亲手写诏书要追述先帝节俭的风教，恳切的情意，传到四海。清河王奉行诏命毁掉已建成的墓宅，四海之内声望显著，众人欣欣然。我以为先帝的遗教一天天衰微，现

晋诤：解读晋王朝那些决定国运民生的话语

在同国家一齐崇尚教化，追述前贤遗踪的人，的确在于殿下。"那么要怎么做，陆云提出，首先要重视朴素，然后才可以训正四方；凡是崇饰浮丽的事，应当加以节制，然后才能对上满足天子的意愿，对下符合时人愿望。

现实的确令人不堪入目。西晋的奢侈可以从鲜活记述魏晋士人风貌的《世说新语》中得知，西晋也成为中国古代历史上最早以金钱拜物而闻名的时代。晋惠帝时鲁褒写了《钱神论》，说只要有了钱，"无德而尊，无势而热"，"危可使安，死可使活"，"贵可使贱，生可使杀"。所以，洛阳城中那些王公贵族，无不爱钱如命，十足地表现出西晋统治者贪婪和利己的本质。正统史书之中，也对西晋社会如此描述：纲纪大坏，货赂公行，势位之家，以贵陵物，忠贤路绝，逸邪得志，更相荐举，天下谓之"互市"焉。"互市"，意味着赤裸裸的交换！由此，权钱交易、权色交易、钱钱交易，使得西晋社会充溢着恶臭的金钱味道。公卿大臣，王孙贵族，连踵踊跃，为了满足奢侈之欲，可以干出任何缺德枉法的事情，道德再无底线而言，日复一日，整个西晋国家因腐败而朽败透顶。陆云因此痛心疾首地指出，"案晋魏以来，诸侯奢靡，第室滋广，未有如国今日之甚者也。"

西晋统治者的这种奢侈浪费给百姓造成的苦难远比天灾严重。祸近腹心，整个西晋上层统治集团视而不见，依旧继续享乐着、腐化着，各自为了更加"美好"的奢靡生活而变本加厉，大肆争权夺利。"上下交征利，而国危矣。"孟子明白无误地告诫，一俟举国上下人们都在竞相逐利，国家肯定就危险了！

在建议的最后，陆云表达了自己劝谏的动机，"为臣我才能平凡，承蒙提拔，也想竭力效忠以报答您对我的恩惠，因此不考虑冒犯连逆，大胆地陈述我的想法。如果我的话有可采纳的，请您三思。""先帝背世，曾未十年，而俭德之亡，国为其首，此又臣所以慷慨酸心，而不敢不尽狂夫之谏者也。"真可谓铮铮直言，拳拳之心。

见陆云苦口婆心劝谏，司马晏采纳了他的建议，停止了新建宅第居室。但是西晋王朝奢侈之风依然，而且越刮越烈。跟奢侈腐败堪称难兄难弟的是动乱。奢侈也从生活方式开始，逐渐演化为让人眼花缭乱的权力和利益争斗。步步惊心，先是外戚之间，继之是外戚与诸王之间，最后是诸王与诸王之间，同姓相残，大动干戈，斗争形式由政治内斗转向了军事杀伐。

在这种历史背景下，陆云没有选择明哲保身，没有选择退避三舍，而是在他的岗位上坚守他的底线，不畏权贵，坚持原则。如同在另外一份报告里他诠释道："我任大臣之职，职责就是献可行之策，如果有一孔之见，岂敢不尽力规劝。"

轮到成都王司马颖掌政后，上表让陆云当清河内史，在这期间，司马颖政事衰减，朝政混乱，陆云不顾违背旨意，屡次以直言献计献策。没想到得罪了司马颖身边的红人兼小人孟玖，孟玖想让他父亲当邯郸县令，陆云反对说："这个县都是公府掾的资格任职，哪有小黄门的父亲任此职呢？"孟玖怀恨在心。没多久，陆云的哥哥陆机因兵败而下狱，陆云受到牵连。于是孟玖趁机杀害了陆云。

可惜了，有真知灼见又忧国忧民的陆云，最终逃不过帝王专制时代知识分子的悲剧命运。

十六、在这个势利的世界里,但愿做一个不势利的人

晋朝这个以金钱和权力来衡量一个人成功与否的社会,注定是功利的,也是势利的,到处是对有钱有势有权人的趋奉,对无权无势人的歧视,眼里只有趋炎附势。

西晋的阎缵自小就遭遇了势利眼,父亲去世后,继母对他很歧视,百般刁难他。但他对继母则是"恭事弥谨",孝顺伺候着。后来继母对他变本加厉,诬陷他偷盗他父亲当年的金银财宝,并告到了衙门。清者自清浊者自浊,尽管没有身陷囹圄,但是这个"污点"让他背负不孝不义手脚不净的名声,"遂被清议十余年,缵无怨色,孝谨不怠。"那时候,没有科举考试,全靠九品中正制的推荐和选拔,就这样阎缵被搁置了十多年,人生有几个十年?但是他毫无怨言,还是一如既往地孝敬继母。天不负人心,有一天继母突然良心发现,找到地方上的中正,说明缘由,这才让他得到了品级。

在仕途上阎缵也遭遇了势利眼。他曾为太傅杨骏的舍人,杨骏倒台后,国子祭酒邹湛认为阎缵才华出众,向秘书监华峤推荐,是否可以出任著作佐郎,也就是推荐他做史官,谁知遭到华峤的否决,理由是"此职闲廪重,贵势多争之,不暇求其才"。意思是这个职位事务闲暇,禀受恩惠厚重,权贵有财有势者大多争夺之,我没有闲暇和办法来求取人才。据史学家们分析,这是华峤的势利眼所致。因为他跟阎缵的后台分属两个政治阵营,何况阎缵的后台已经垮台。于是阎缵一度被打压,不过他并没有去找好朋友、朝廷重臣张华诉苦,更没有去跑官要官。从他的从政履历看不

十六、在这个势利的世界里，但愿做一个不势利的人

出这一点，或许他根本不屑这么做，或许他就不是一个以官场升迁作为自己人生目标的人。

被势利社会包围着的阎缵，始终不忘初心。他坚信，在奉行丛林法则的社会，正直的人想要往上走会格外的难。势利社会有一套衡量人的标准，凡是不符合这个标准的人都会被排除在外。幸好晋朝的世界也不是铁板一块，势利虽然是主流，可总还有那么一小撮不势利的人，他们没去理会那些条条框框，不愿意所波逐流。阎缵愿意做这部分的人。

贾南风杀掉杨骏后，如果阎缵势利点，完全可以向贾南风献殷勤，抛媚眼，投其门下，凭他的聪明才智，过上锦衣玉食的生活一点问题都没有。但他没有这样做，相反，杨骏被诛杀后，暴尸街头，迫于贾南风的权势和淫威，无人敢为他收尸安葬。阎缵听到消息后，放弃安复县令的官位赶回京城洛阳，组织人员料理杨骏后事。这把贾南风气得要死，但也无可奈何。

西晋的政治内斗确实厉害，先是贾南风和杨骏斗，后是赵王司马伦整垮了贾南风的政治集团。永康元年（公元300年），司马伦矫诏起兵，诛贾南风、贾谧，侍中张华同时遇害，朝野震惊。张华等人辅政数年，颇有政绩，社会相对安定。张华遇害，大家虽说很悲痛，但由于畏惧司马伦淫威，很多人唯恐避之不及，生怕连累到自己。但阎缵却不势利，公开抚摸着张华的尸体，痛哭流涕地说："早就劝告您辞职而不肯，今天果然不免一死，这是命呀！"赵王司马伦死后，阎缵以车轧过其墓，以示愤怒。

西晋皇族自己折腾，一个个为功名利禄搅进宫廷权斗死于非命，使江山板荡，黎民涂炭。在这种背景下，有个名声一般的官员张翰，比较之下，觉得与其如此朝不保夕的披金戴紫，还不如回江东家乡吃一碗时蔬鱼鲊家常饭，于是就弃官逃回老家。

愍怀太子司马遹也毫无悬念地被卷了进去，因为他不是贾南风亲生的

儿子，他的被废就在意料之中了。为人正直且一向直言敢谏的阎缵看不下去，在永康元年（公元300年）不顾家人的强烈反对，带着棺材到皇宫前上书，冒死为太子鸣冤。在当时人看来，为一个跟他非亲非故的废太子鸣冤，何况他只是一个小小的西戎校尉司马。这是位卑未敢忘忧国？很多人说不像，分明是他脑子进水了，或者脑门被驴踢了。抬棺上谏在古代是件很严重的事情，意味着进谏者都是抱着有去无回的心态，因为所上谏的内容都会触犯龙颜。明朝海瑞上《治安疏》就是一例。

阎缵认为："汉朝戾太子拥兵抗拒武帝的命令，大家都不过说太子的罪过应当受笞刑而已。现在司马遹接受惩罚时，仍不敢违背道统，他的罪过比起戾太子还要轻得多，应该重新为太子选择师傅，先加以严厉的教诲，如果还不悔改，再抛弃他也不晚。"奏疏呈递上后，晋惠帝看都没有看。

后来朝廷立司马遹的儿子为皇太孙，阎缵再次上书，提出选师的重要性。他认为近朱者赤，近墨者黑，应慎选正直之士为太孙之师。鉴于前太子被人构陷而死，阎缵认为应改革自汉高祖以来一直实行的太子五日一朝天子之礼。这样，父子可经常见面，便于沟通，也就不易为奸佞之人进谗构陷。

此外，阎缵还关注法律，针对西晋刑法中一人获罪株连九族的规定，他主张予以革除。"自晋兴已来，用法太严，迟速之间，辄加诛斩。一身伏法，犹可强为，今世之诛，动辄灭门。昔吕后临朝，肆意无道。此法宜改，可使经远。"

阎缵冒死进谏的忠烈之举、不势利的处事方式赢得了社会的大加赞扬，其忠直堪称典范。《晋书·阎缵传》如此记载："阎续伯（阎缵的字）官既微于侍郎，位不登于执戟，轻生重义，视死如归，伏奏而待严诛，舆棺以趋鼎镬，察言观行，岂非忠直壮士乎？"

十六、在这个势利的世界里，但愿做一个不势利的人

社会上有三种人，一种人专门做利人利己的事，活得很高明；一种人专门害人害己，这是最愚蠢的活法，下场肯定很惨；还有一种人就是害人利己，把自己的幸福建立在别人的痛苦上，这是最卑鄙的。阎缵是第三种，利人不利己，这是最高境界的活法。原因只有一个，就是他没有势利的心态和势利的价值取向。史书说他"少游英豪，多所交结，博览经典，该通物理"。

在晋朝，人们对官和势力的依赖，谁的势力大，对我有利，我就可以委曲求全依附之，不惜改变自己的信念和意志，于是感情跟进，谄媚摇尾。要消除势利之心是件很困难的事情，趋炎附势可能是人之本性，就像我们去看一本书，很多人都是带着势利眼去看的。

阎缵想打破这样的模式，因为在他看来，以势利来评判万事万物，最大的弊病是只剩下了成功与否一个标准。在势利的社会里，每个人每样东西都有它的价格，至于价格背后的价值，是没有人去关心的。势利社会的结构就像一座金字塔，不少已经攀爬至顶的人坐在塔尖，冷眼看着比他弱比他穷的人往上爬。正如美国作家爱泼斯坦在《美国式势利》一书里说的，"一个势利在加剧和泛滥的社会，每一个势利者都想要占据一个制高点，才好看不起除了少数人之外的所有国人。"遗憾的是，"顾视晋朝公卿，曾不得与其徒隶齿也。茂伯笃终，哭王经以全节。"

阎缵的儿子阎亨弘扬了父亲的不势利做法，见上司、青州刺史苟晞刑政苛虐，多次恳切劝谏，最后为苟晞所害。

在阎缵身上，我们还似乎感悟到一点，已然的历史比设想的历史可悲，因为它不是理想。已然的历史比设想的历史可爱，因为它毕竟真实。

与他相反的是，由于家风的影响，贾南风的势利和贪欲导致了她在政治斗争中的身死名裂。

十七、贾南风，有怎样的家风就有怎样的你

公元299年，面对皇后贾南风工作上颐指气使、飞扬跋扈，生活上行为不端、淫乱不堪，散骑常侍、护军将军贾模实在忍无可忍，公开向贾南风上奏章，指出她的种种不是，并告诫她一定要收敛嚣张气焰，否则离飞来横祸不远了。贾模表面上是在说贾南风，背后直指贾家的不正家风，有此家风，如何治国平天下。

贾南风看到奏章，异常恼火，两个原因，一是提建议的是她所器重的很亲近的堂兄，打断骨头连着筋呢，你居然敢如此嘲讽我？二是我给你高官给你厚禄，你不维护我的权威，还敢提我毛病，真是白眼狼！正处于权力最高峰的贾南风当然不会接受批评，反而说贾模这是在诋毁、污蔑自己，要追责他。从此，开始疏远了贾模。

在贾模等正直官员看来，这个貌丑而性妒的皇后，因晋惠帝懦弱而一度专权，她以一己之私而败坏整个朝廷的政治规则，她的所作所为，是来自于她的私心和残酷，也跟她那自私自利的家风有关。后来的事实也证明了贾模等人的先知先觉。她在完全握有权力、治理国家的时候略有功绩，但是无法掩盖她开启西晋王朝内部的杀戮、最终引发华夏大地三百年巨祸的大过。

有什么样的家风就有什么样的人。说起贾南风的家风，看看她的父母是怎么言传身教的？父亲贾充，最为人诟病的是他的弑君行为。公元260年，魏帝曹髦受不了司马昭的欺压，带兵进攻司马氏。虽然司马家实权在握，但毕竟是和正统的天子第一次军事对峙，士兵们不知所措，此时，贾

十七、贾南风，有怎样的家风就有怎样的你

充出于自己的私心，不顾皇恩浩荡、父辈是曹魏忠臣，却给司马家士兵壮胆，说："司马公养着你们就是为了今日，还犹豫什么？"于是，一个叫成济的人扑上去把魏帝曹髦灭掉了。杀天子，这是封建社会最不能容忍的罪行，凶手必须得伏法。大臣陈泰建议杀贾充以谢天下，司马昭舍不得牺牲这枚重要的棋子，于是拿成济做替罪羊，诛其三族。元初大儒郝经评论说，贾充在唆使成济杀天子，这是悖逆政治伦理的事，他瞒着其母不让她知道，事后被母亲发现大骂他为逆贼，"又焉得为孝乎"？

再有，晋武帝发动灭吴之战，命贾充为大都督，总统六军。贾充胆小怕事，担心失败不利于自己的前程，就坚决反对出兵。后由于晋武帝的坚持，贾充只好领兵前往，这期间，他又上表要求罢兵，捏造谎言认为东吴不能一举覆灭，而战事一旦延续下去会有疫病在军中流行的危机。

在曹魏，弑君欺主，在晋朝他素来"无公方之操，不能正身率下，专以诌媚取"，可以说他"非惟魏朝之悖逆，抑亦晋室之罪人者"。有趣的是，贾充担心自己身后的谥号。贾模毫不客气地说："叔叔，你干的那些事，是非与否，日久就会自动显示出来，没法掩盖啦。"大臣秦秀也以贾充"绝父祖之血食，开朝廷之乱源"为由向皇帝建议谥他为荒公。

人以类聚、物以群分，贾南风的母亲郭槐也一样，私心十足，嫉妒心极强，曾先后以为贾充与贾充两个儿子的乳娘有私情，都将她们杀害，间接令贾充两个儿子因思念自小信赖的乳娘而夭折。又不许贾充迎原夫人李婉回来。而对自己的女儿贾南风宠爱有加，放纵自流，任其飞扬跋扈。家不齐则国不治，家风与宗教，都十分重要。影响人的一生，莫此为甚。败坏家风，必定贻害后世。贾充夫妇败坏了自己的家风，也使他的子孙，在这种家教之下，培养不出良好的品德，无德而禄，而且家风不正，以至于祸延子孙甚至一国皆乱。

果然，贾氏刻薄寡恩、私欲熏心的家风，不能正身率下，严重影响

到晋初的朝廷行政。贾南风掌权后，出于私心和私利，淫乱不堪，利用男人，满足她身体的欲望和对权力的追逐。她全身的醋味浓烈，弥漫皇宫，熏得所有的女人不能接近晋惠帝。看见其他妃嫔有孕，竟然以戟打她们的腹部，令她们流产。而她自己却是打开大门，敞着衣衫，毫无顾忌。开始是和太医令程据私通，一段时间后觉得他年龄大了，就派人到街上寻找年轻帅哥，看到后抓进宫，共度良宵。

贾南风对男人的发泄还只是小范围的，对权力的追逐终于引起了天下大乱。对摄政大权的贪婪、对大臣百般苛刻，朝臣中很少有人提出谏言劝阻。可见忠义之士，不是远离，便是不吭声，不敢多言。这一幕，跟巴金在《家》描写得很类似："让这个女人住在客厅里，不仅侮辱了这个尊严的地方，而且会在公馆里散布淫乱的毒气，败坏高家的家风。"

不过，有晋一朝，不少人还是很讲究家风的。司马家族尽管比较昏庸，但是他们的先祖"伏膺儒教"，其家风受礼教影响较深。司马防，就是司马懿的父亲，他的性格耿直公正，即使在宴会这样的休闲场所，也保持着威仪。司马防对子女教育要求严格，把家庭当作模拟朝廷，"诸子虽冠成人，不命曰进不敢进，不命曰坐不敢坐，不指有所问不敢言，父子之间肃如也"。

庾峻的家族也很注重家风。他的父亲庾道，廉洁退隐，坚持不出来做官。家里的牛马有爱踢人、咬人的，庾道担心它们会伤人，从不拉到市上去卖。其家风纯正高洁如此。在这种家风的熏陶下，庾峻也成了谦虚退让、清廉正直的人。

最典型的就是潘岳的家风，这位中国帅哥的领军人物写出了中国最早写关于家风的诗《家风诗》：绾发绾发，发亦鬌止。日祇日祇，敬亦慎止。靡专靡有，受之父母。鸣鹤匪和，析薪弗荷。隐忧孔疚，我堂靡构。义方既训，家道颖颖。岂敢荒宁，一日三省。

十七、贾南风，有怎样的家风就有怎样的你

他不仅这么写，而且还这么传承着良好家风。潘岳家属于中级门阀，自汉末到西晋，都以文学名世。潘岳是很以自己的家庭为自豪，经常颂扬自家的光荣传统，这使得潘家在玄学盛行、崇尚放达的风气中，仍注重谨守儒学，保持较为严正的家风。潘岳因家庭的关系，有一定政治理想，在治理方面也有一定才能，当过两任县令，颇有政绩。尤其治理河阳十分出色，老百姓对潘岳十分拥戴。有数位老翁受众乡亲之托，献翠柏一株，并附五言诗一首："根深枝叶翠，河阳百姓心，岁岁盼峥嵘，代代留芳馨。"潘岳看罢大喜，挥锹挖坑，浇水施肥，将翠柏植于官衙前面，并在柏树前立誓必做清官。潘岳"栽树立誓"的事传遍全县，老百姓人人拍手称赞，城里居民每逢从衙门前过，都要给小柏树浇点水，非常爱惜它。

贾南风、潘岳他们的家风，鲜明地告诉我们，家风是一种文化，更是一种传承，家风很大程度上反映着中华民族某些精神根脉和灵魂的东西。家教是家庭中有力的戒律，家风是无声的教化。家风正，则民风淳；民风正，则社稷兴。如果我们不在乎家风，或我们用错误的理念改造了家风，那么中华民族的"族风"内核就会改变，民族文化的凝聚力就会变弱或变坏。用不了多久，人们就会成为一盘散沙，随便来一股什么风，都能吹跑了。西晋就是一个活生生的例子。

十八、谁说了真话，谁就要付出代价

贾南风之后便是人心蠢蠢欲动、天下摇摇欲坠的八王之乱，政局纷乱，政治风险无处不在，人心惶惶不可终日。任何一点疏忽都有可能让你遭到致命打击，甚至粉身碎骨。

这种情况下，有人卖弄，官员张翰见秋风乍起，对旁人感叹说："这是品尝莼羹、鲈鱼脍的好季节，我要回江南老家尝尝鲜。"说走就走，立即回老家了。让人误以为是吃货的他因此躲过了一劫，避免了类似陆机"华亭鹤唳，岂可复闻乎"的悲剧。

有人装傻。同样来自南方的官员顾荣看出了朝廷的纷乱和杀机，高歌"我的眼里只有酒，任何事情远我走"，借酒天天喝醉，不理政事，以避开政治纷争。

有人装晕。面对河间王司马颙联合成都王司马颖等起兵讨伐，齐王司马冏问策大臣们，官员王戎建议司马冏主动撤回自己的封国，尚可保住王位，遭到了司马冏身边的谋臣怒斥："自汉魏以来，王公失势回府第，有能保全妻子儿女的吗？说这件事的人当斩！"群臣惊惧，王戎马上假装服五石散药力发作，要如厕，结果跌倒在厕中，才免去一死。

当然，也有不信邪的主。

太安元年，即公元302年的一个冬日，位于北方的京城洛阳一片萧瑟。在东市的大街上，许多百姓聚集在一起围观着什么，他们边看边叹息，甚至有些人都哽咽了起来。

在大街的正中央，一群凶神恶煞的宫监正在用皮鞭抽打着一个人，这

十八、谁说了真话，谁就要付出代价

个人已经被打得血肉模糊，奄奄一息了。在他行将断气的那一刻，他用尽最后的力气向监刑官大喊道："悬我头于大司马门之上，让我见外军如何攻灭齐王！"说罢，气绝身亡。

这个人叫王豹，是大司马、齐王司马冏的主簿，他之所以会在闹市区被乱鞭打死，只是因为他向齐王提了一个建议，说了一番真话。

司马冏在平灭了赵王之乱、扶立晋惠帝司马衷复位之后，受封大司马，执掌朝政。不久，与他一起起兵的成都王司马颖为了避免跟他发生冲突，主动离开了京城，返回邺城。这就使司马冏完全掌握了大权，一手遮天。起初，他还是认真提拔了一些人才，与他一起共理朝政，但好景不长，在装模作样了几天之后，他膏粱子弟的纨绔本性就暴露了出来。

较早看出问题，并预料到此后会有一番狂风暴雨的是侍中嵇绍，他见晋惠帝昏庸沉沉，内权属齐王司马冏，外望归成都王司马颖，将来必启争端，乃上疏防变：

"臣闻改前辙者车不倾，革往弊者政不爽，故存不忘亡，安不忘危，为大易之至训。今愿陛下无忘金墉，大司马无忘颍上，大将军无忘黄桥，则祸乱之萌，无由而兆矣。"

嵇绍不放心，又写信给司马冏，援引唐虞茅茨，夏禹卑宫的美迹，作为规讽。结果晋惠帝无动于衷，司马冏也轻描淡写地答复了下。见两个都是扶不起的阿斗，嵇绍就放弃继续劝谏了。

中国人富贵了以后，最喜欢干的就是买房子置地，尽管司马冏是亲王但也免不了这个俗。他住在老爹曾经的齐王府里，但总觉得不够气派，于是一声令下，就把齐王府周边的官署和百姓的粮市夷为平地，然后让御用的大匠给他干私活，帮他重建装修，而且一应费用全让公家报销。最过分的是，为了通往西阁方便，他居然凿开了皇城千秋门的城墙，完全没把他的皇帝堂兄放在眼里。至于齐王府内的一应陈设全部比照皇宫，甚至有过之而无不及。

浩大的工程在他的严厉督责下，很快竣工了。有了这么豪华的宅子，那就得尽情享受，从此司马冏就扎根齐王府日夜淫乐，再也没有进宫朝见过他的皇帝堂兄，也从此再不去上班了。

尽管司马冏长期旷工，但是大权却没有旁落，因为他让所有的文武大臣都到他家里来上班，至于上奏的条陈也是直接由他过目之后，随即处理，从来不麻烦皇帝批阅。史书记载："冏坐拜百官，符敕三台，选举不公，嬖佞用事。"如果有人不经过他，就直接叨扰皇帝陛下，那后果就会相当的严重。殿中御史桓豹就因为直接将奏章上报给皇帝，未经过齐王府，便立即被司马冏所罢黜。

司马冏这种擅权专政的行为，让大臣们十分不满，他们对他失望已极，但又无可奈何，只得抖着胆子，纷纷上书，希望齐王能够顾忌点祖宗的礼法，别把事做得太绝，好歹给自己，也给别人留点余地云云。

司马冏对待这些苦口婆心的劝告，态度只有一个：谦虚接受，坚决不改。依然我行我素，日甚一日。终于他的主簿王豹忍不住了，就上了一道建议书，告诫他：自从皇帝即位以来，历任的宰辅大臣没有一个得善终的。如今各路亲王都有兵有地盘，而您却独居中央，大权独揽，实际上很危险啊。不如让所有的王侯们都回自己的封地，您和成都王依黄河为界，各自统领辖区内的诸侯，夹辅天子，这不是很好吗？"今公克平祸乱，安国定家，故复因前倾败之法，寻中间覆车之轨，欲冀长存，非所敢闻。"

面对皇帝和摄政大臣，臣子勇于批评和指陈政策失误，是需要勇气和胆量的，尤其是面对这样自我感觉良好却愚昧无知的人。

这建议书上去后，王豹等了十多天，没有收到答复，他便再次上奏，措辞比上次更加严厉，对司马冏不留情面予以批评："今明公自视功德孰如周公。且元康以来，宰相之患，危机窃发，不及容思，密祸潜起，辄在

十八、谁说了真话，谁就要付出代价

呼噙，岂复晏然得全生计！前鉴不远，公所亲见也。君子不有远虑，必有近忧，忧至乃悟，悔无所及也。"

还没等司马冏细细品味这份建议书的分量时，事不凑巧，这份建议书让过来拜访的长沙王司马乂看到了，他愤怒地对司马冏说："王豹这小子简直就是在挑拨我们兄弟之间的关系，为何不把他拖到铜驼下打死？"司马冏也觉得有道理，拿王豹开刀，杀一儆百，看看以后谁还敢在我面前聒噪？于是就上奏天子，将王豹拉到东市，上演了开头那血腥的一幕。因为那个时候没有言论自由，说错一句话，或者多说一句话，皇帝就可以随时说"拉出去斩了"，没有丝毫商量的余地。

王豹死了，百官的心也彻底凉了，他们知道司马冏已经无可救药了，许多官员都闻到了大乱将至的味道，纷纷或辞职，或逃走，可司马冏却浑然不知，仍然变本加厉地胡作非为。没多久，一道从关中上承给皇帝的表文才让他从醉生梦死之中惊醒。

这封表文是坐镇关中的河间王司马颙写的，与其说它是一封上表，不如说是一封讨伐檄文，在表中，司马颙历数了司马冏的种种罪状，扬言自己勒兵十万，与成都王司马颖、新野王司马歆、范阳王司马虓一道会师洛阳，并请长沙王司马乂即刻逮捕司马冏，请司马颖入京主持大局。

终于在永宁二年（公元302年）的十二月，长沙王司马乂径自入宫，发兵进攻司马冏的府第，司马冏兵败并被杀害，暴尸于西明亭，三天都没有人敢收殓。

说真话的下场令人唏嘘。难怪有人会感慨：真话代价无穷，假话明哲保身，你说真还是假？对此，民国时期的蔡东藩也为王豹鸣冤："逆耳忠言反受诛，臣心原可告无辜。临刑尚订悬头约，犹是当年伍大夫。"

王豹说了真话，为自己付出生命的代价。那么依正道而行的张华，又会有怎样的遭遇呢。

十九、怎样判断一个人有无依正道而行

公元300年4月的一天,六十九岁的西晋辅政大臣张华昼卧,忽然梦见房屋倒塌,他有种从未有过的厌恶感。结果当夜,赵王司马伦一伙发动谋逆篡位,"王室之难,祸不可测"。

一直勤勤恳恳、赤心如丹的张华在这次谋逆行动中,因为不配合而被司马伦杀害于皇宫前殿马道南。"夷三族,朝野莫不悲痛之"。

次年,司马伦一伙被诛杀,由齐王司马冏辅政,有人想替张华申冤平反。按理说,对张华这样的人,不论人品、人缘、修养、能力、为人处事都是没有二话的。对他进行平反是一点悬念也没有的。你看,当西晋众司马王爷与掌政的外戚们沉迷于针锋相对、争权夺利的时候,当臣子们患得患失、无心政务、忙着考虑自己后路的时候,只有张华一门心思扑在工作上,"弥缝补阙,鞠躬尽瘁秉国政",显示出众人皆醉唯我独醒的精神面貌。

但事情远没有想象的那么简单。这次是一个叫挚虞的秘书监向司马冏提出的,结果就遭到一些人的反对。理由是张华有两件事颇有争议。

一是说他站队有问题。他是贾南风重用并信任的人。当外戚杨骏被诛杀后,贾谧与贾南风共同商量,认为张华出身庶族,儒雅有谋略,往上没有威逼君主的疑虑,往下又是众望所归,打算依靠他总摄朝政,大事咨询于他。大臣裴頠也非常赞成此事。于是张华受到重用,他尽忠国事,辅佐朝政,弥补缺漏,尽管在晋惠帝昏弱贾南风残暴肆虐的时候,但天下仍然安定,这都是张华的功劳。所以贾南风尽管性格凶暴嫉妒,但对张华还是比较敬重的。

二是说他保太子不力。当年贾南风想废掉太子司马遹时他没有极力劝阻，最后让贾南风得逞。在杀害张华前，司马伦的爪牙张林就这么指责张华："你身为宰相，担负天下的重任，太子被废黜，却不能为气节而死，这是为什么呢？"张华说："式乾殿议论此事时，我竭力劝阻，这是众所周知的，并不是我不谏啊！"确实，废黜太子司马遹时，群臣都不敢言，唯独张华挺身打抱不平，向皇帝直言这样做是"国之大祸"，会带来丧乱，何况"国家有天下日浅"呢。那张林又说："劝谏不被听从，你为何不逊位？"言下之意，你张华就是有罪的。

殊不知，张华是个戴着镣铐跳舞的辅政大臣。曹魏时曹爽当政期间，曹冏曾上《六代论》，从历史上论述，不分封宗室，将来政权可能落入他姓之手。时过六年，司马氏果然轻而易举夺得政权。晋武帝据此认为，曹魏之亡，亡于未行本姓分封，致朝廷孤立无援，禅位时无人抗衡。因此西晋建国之初，便分封了二十七个同姓王，分掌各地军政实权，以藩卫皇室。殊不知，从一个极端走向另一个极端，分封埋下乱国祸根，随着皇室内部矛盾的激化，诸王大都卷入了夺权斗争，中央皇权的统治，反受到严重削弱。

张华辅政前，宗室权威早已自成势力，党派纷争，权柄不一，国乱已不可避免。张华试图通过三种方式来规避政治风险：

一是劝说皇后。张华担心贾后亲族势力强盛酿成灾祸，于是创作了《女史箴》来讽劝。"妇德尚柔，含掌贞吉"，"肃慎尔仪，式瞻清懿"，他指出"人咸知饰其容，而莫知饰其性"，说"出其善言，千里应之……夫出言如微，则荣辱由兹"，"翼翼矜矜，福所以兴。靖恭自思，荣显所期"。但贾南风正处于春风得意的势头上，根本听不进劝谏，依然我行我素，淫虐日甚，秽闻内外。

二是不与谋逆分子合作。太子司马遹被废后，司马遹的亲信刘卞找到张华，想在张华的帮助下废掉贾南风。他对张华说，小吏受公提拔以至今日，士感知己，所以把心窝的话都掏出来了。张华批评他说：这样做是无父无君，以不孝示天下；即便能成，犹不免罪，何况权戚满朝威柄不一，即便成功了天下国家也不能安宁。后来司马伦也想拉张华一起除掉贾南风，也被拒绝。因为张华知道司马伦"无学，不知书"，孙秀以谄媚自达，是嬖人。他们身边，"共立事者，皆邪佞之徒，惟竞荣利，无深谋远略"。于是司马伦和孙秀"疾华如雠"。

三是尽心做好本职工作。张华自辅政以来，除旧布新，国策朝规，多所损益，政令为之一新。很快，"朝野便倚作长城，中外推为柱石"。手握重权的侍中贾模、裴頠，虽为贾后身边之人，但为人正派，二人十分敬佩张华，遇有大事，都推张华主持处理。贾谧、郭彰等权贵，自张华辅政后也稍自敛迹，不敢胡作非为。由于张华的日夜操劳、弥缝补阙，使朝廷内部难以调和的矛盾得以暂时缓解，为短命的西晋王朝，争取了十年难得的和平环境。

但即使是这样，居阿衡之任的张华最终还是无可避免地卷入了政治漩涡之中，在你死我活的斗争中被无辜杀害。

秘书监挚虞为张华平反主要有两条理由，第一，张华死后不久，挚虞进入中书省，得到张华在先帝时答诏书的草稿。先帝问张华可以肩负重任辅佐国家托以后事的人，张华回答：才德兼备而又与陛下是至亲的，不如齐王司马攸，应该让他留在京师镇抚国家。他这种忠良的谋划，坦诚的言语，在他死后才被发现，令人信服，与那些随波逐流苟且偷安的人是不可同世而论的。

第二，议论他的人指责张华在太子被废时不能直言廷争。在那时，直谏的人会加上违命之罪而死。先圣教导我们，死而无益的人，不能责他人不死。所以晏婴作为齐国的正卿，在崔杼之难中不为国君而死；季札是吴

十九、怎样判断一个人有无依正道而行

国的宗臣,不争论逆命顺命的道之理。

司马冏听后觉得有道理,因而向惠帝上奏请求为张华等人平反并追赠官爵。晋惠帝把这个议题交由大臣们讨论,廷议时群臣意见不一。估计平反某人要考虑很多的因素,除了人品道德、所作所为外,还要考虑政治背景、政治环境等因素。

针对不同的声音,吏部尚书温羡反驳说:"自天子以下,谏官各有过失,不能归罪于一人。所以晏子说:'为己死亡,不是他亲近的人,谁能承担?'式乾殿之会,独有张华进谏。宰相不和,不能顺势扬善,指望张华指挥他们紧跟,不也是很难的吗?!况且现在皇后只是陷害太子,并没参与内难,于礼不通。而且皇后和皇帝同为一体,尊同皇帝,罪在陷害太子,不算谋反,按礼不应讨伐。现在把张华不能废掉陷害太子的皇后,与赵盾不讨伐杀害国君的贼等同,而贬低谴责他,是于理义不通。"

尽管多数人赞同温羡的观点,认为张华被杀是冤案,但由于意见分歧较大,这次廷议并没有结果。后来又有人请求长沙王司马乂,请求恢复张华的爵位,司马乂也组织大家讨论,同样,众人意见不一,很久都没有定论。

这场争论一直持续了两年,直到太安二年(公元303年),晋惠帝下诏为张华平反,恢复张华侍中、中书监、司空、壮武郡公、广武侯县的官爵,派使者专门吊祭。

现在看来,当时持不同意见的人有三种心理,第一种怕站错队。既然张华是贾南风的人,为他申冤平反,那么如何看待贾南风呢?以及贾南风身边的其他心腹大臣呢?怕站错路线,对张华的平反持反对态度有利于自己的政治前途。

第二种是静观其变。支持张华就意味着否定司马伦,尽管司马伦已死,但他的支持者还存在。昏庸的皇帝自然只是个摆设,摄政的司马冏的

根基并不稳,谁知道再上台的是哪帮哪派,持模棱两可的态度就是当下最好的态度。

第三种纯粹是和稀泥。说什么张华为什么不接受他儿子的意见,选择归隐?他的文学才识都一流,像卢植一样全身而退,退进书斋做学问,留下更多著作让"博物之士,览而鉴焉",这样或许就不会有后来的杀身灭族之祸了。

在这场争论中,倒让我看清楚两点。一是张华是个政治家,而不是政客。政客为自己的利益而活,政治家为国家、民众的利益而活,很少去考虑自己的身家性命,如同他被害前说的那样,我不怕死,只怕王室将有大难,祸不可测啊!而政客最热衷的是升官、揽权、贪污、享受,搞政治投机、玩政治权术。历朝历代,缺的不是政客,而是真正为民生为社稷考虑的政治家。

二是一个人若想取悦于每个人是不可能的,但只要凡事依正道而行,无愧于心,别人说长道短,无须理会。不管你在什么位置上,在什么行业里,只要你做到心系苍生、心系社稷,就无须考虑身后的好评或差评。

替张华平反需要勇气,那么替一位任人摆布的弱女子打抱不平则更需要智慧和良知。

二十、拿一个弱女子做文章算什么男人

晋朝之所以短，之所以乱，跟八王之乱有很大的关系。

当年，在晋武帝及其所辖官僚机构强而有力时，国家尚能保持稳定或苟安，但到西晋后期，晋惠帝的白痴，加上杨骏等执政者无能肩负国家之重，国家机器自然运转不灵，就势必变乱丛生了。

司马炎的家族八王之所以要发动变乱，就是因为存在一个争夺对象——拥有生杀予夺权力的皇帝宝座。"八王之乱"的实质就是争夺最高统治权，它可以说是一场皇位的争夺战。在这场变乱中，由于皇位并不空虚，夺权者要么把原有皇帝拉下来，要么保留并无实权的皇帝，并直接掌控朝政。晋惠帝无能，使诸王有机可乘，废立帝后成了诸王惯用的手段。

皇后羊献容在"八王之乱"中的废立，正是他们这种需要的体现。"八王之乱"中，诸王对羊皇后的利用主要是通过"废"、"立"来实现政治目的。赵王伦对羊献容进行"一立一废"，或立或废都是为了方便夺权。成都王颖废后一次，张方两次废后，张方是司马颙的部下，因而张方废后就等于司马颙废后。赵王伦废掉羊皇后是通过废惠帝实现的，也就是直接取代了惠帝的地位。赵王伦篡位，狗尾续貂，惹得众怨沸腾，引发"四王"联合讨伐，导致兵败被杀。齐王冏和长沙王乂执政时期都没有直接动摇惠帝、羊皇后的地位，大概也是害怕引火烧身。成都王、河间王和东海王之间的争夺愈演愈烈之时，也吸取了赵王伦的教训，不敢直接废掉惠帝，而是通过废后的方式间接拒绝承认惠帝的统治权。

这样一来，羊献容成了人人都可以捏的柿子，不仅王爷将军们，甚至

连县令都可以废掉她,洛阳县令何乔就是一例。她更是人人都可以摆布的棋子,只要你争权夺利需要她。

但这样似乎还不过瘾,河间王司马颙认为羊献容屡被人所立所废,还不如杀掉算了,于是矫诏派遣尚书田淑赶往洛阳赐死羊献容。

对这种严重无视规矩、草菅人命的做法,司隶校尉刘暾实在看不下去,他不仅不执行,反而上奏反对赐死,他认为"羊庶人门户残破,废放空宫,门禁峻密,无缘得与奸人构乱,众无愚智,皆谓其冤。今杀一枯朽之人而令天下伤惨,何益于治!"意思是,羊献容已经门户残破,废放空宫,无缘得与奸人构乱,今杀一枯穷之人而令天下寒心,对于治理国家没有益处。诚然,你司马颙拿一位弱女子做文章算什么男人,有本事你自己做皇帝去。他的仗义执言让羊献容得以逃过一劫。

岂有此理,你刘暾算什么,管起我们司马家的事情来,滚一边去!司马颙大怒,马上派人来收捕刘暾。刘暾于是逃奔到青州,依附高密王司马略,后来又逃回洛阳。不久司马越军攻入长安,迎晋惠帝回洛阳。晋惠帝回到洛阳后,复立羊献容为皇后,而羊献容亦感谢刘暾当日上奏保全自己,于是恢复他的封爵,加授光禄大夫,复任司隶校尉。

这个刘暾是前文刘毅的儿子,跟他的父亲一样,性格耿直,眼里容不得半粒沙子。一次武库发生火灾,当时皇后贾南风亲戚郭彰任尚书,率领百人只顾自保而不救火,导致后果严重。于是刘暾就严肃地去责问他。这个郭彰是什么人,他是皇后贾南风的堂舅,与贾充关系一向很密切,是有权有势的皇亲国戚。见刘暾责问,郭彰又怒又嚣张,说:"我能截君角也。"刘暾则愤怒地说:"君何敢恃宠作威作福,天子法冠而欲截角乎!"于是请索纸笔上奏,郭彰于是不敢再说话。由于刘暾的忠勇果敢和敢于担当,他先后五次担任司隶校尉,专门负责监督京师和地方的官员。

不过,"八王之乱"让懦弱无援的羊献容、忠义正直的刘暾来个命运

二十、拿一个弱女子做文章算什么男人

大反转。

羊献容在五废六立后，刘渊之子刘曜攻占洛阳，从弘训宫中劫得羊献容，此时的她已经年过三十，但依然丰姿艳丽，楚楚动人，刘曜大喜，当即占为己有。转眼又是几年过去了，这时西晋已被灭亡，刘曜平息了汉国内乱，自己登基做了皇帝，改国号为赵，册封羊献容为皇后，就这样，羊献容从司马家的皇后，变成了刘赵的开国皇后。

刘曜曾经问羊献容："我比起那司马衷那小子如何？"羊献容回答："这怎么能相提并论？陛下您是开创国家基业的圣主，他则是个亡国暗主，他连自己跟一妻一儿三个人都不能保护，贵为帝王却让妻儿在凡夫俗子手中受辱。当时臣妾真想一死了之，哪里还想得到会有今天？臣妾出身高门世家，总觉得世间男子都一个模样；但自从侍奉您以来，才知道天下真有大丈夫。"刘曜闻言大悦，对她宠爱有加，她也格外逢迎，连生三个皇子，总算得以一个完美的结果。羊献容在刘曜的赵国做了皇后，又积极参政议政，充分展示了她的政治才能。

同样，刘暾的命运也令人不胜嗟叹。他为人刚正不阿，被晋武帝看重，权贵惧之，若生在太平年月，则完全可以成为魏征那样的一代干臣，偏命运不济，赶上"八王之乱"，弄得他这位大国士无所适从，而从前的干练作风还得罪了一帮同僚，司马越掌权后，他们纷纷在司马越面前说刘暾的短处，弄得司马越要杀他，可怜刘暾一心为国，最后竟面临冤死。他不甘心，见朝廷上下无可救药，也容不下自己的一席之位，百般无奈之下便投靠了王弥。

王弥不是什么好鸟，他本是起义军首领，后投奔匈奴变成了残杀中原人民的爪牙。刘暾为何投王弥而不投刘聪、刘曜等人呢？因为他与王弥都是山东老乡。刘暾本是晋朝的忠臣，这一反水，成为贰臣，让他的角色尴尬不已。更令人不可思议的是，他一反常态，还劝王弥赶紧称王称霸，可

见乱世中的人性，在生存面临挑战的时候，其可变性是多么的巨大。

后来刘暾又建议王弥联合青州的曹嶷，以其兵消灭石勒。估计王弥不很在意这位前朝大臣的生命，刘暾出了这一计，王弥竟再派刘暾去执行，去青州送信。刘暾万不得已，只有向山东走，途中便被石勒手下游骑所获，说起来，命也够不济的。

昔日大国之士，今日阶下之囚，刘暾再也没了从前的气节，人就是如此，一旦双膝一惊跪倒过，便再也直不起来，他将诱杀石勒之计和盘托出，只求活命。石勒知悉后大怒，杀死刘暾并决意要消灭王弥。可叹刘暾一步错步步错，屈辱地死去。

历史的这一幕让后人或许对刘暾的行为多少有一些遗憾，因为他没有能把忠臣良吏的气节坚持到最后。

我从来不忍心从最坏最心存恶意的方面去推测中国人。我宁可理解刘暾背弃晋朝，有为情所迫的因素，也许更有深层次的原因，他已不再是为了宦达，也不再追求单纯的名节，他所面向的不是高高在上的皇帝，而是真正面向了天下百姓。还是乾隆说得好，出现贰臣，不能一味责怪臣子不忠，明朝皇帝昏庸腐败，自覆宗室，也是出现贰臣的原因，"所以至有二姓者，非其臣之过，皆其君之过也"。

八王之乱给北方的少数民族政权以机会，他们趁机作乱，终于将西晋推入万劫不复的境地。让人感到可悲的是，西晋朝廷早在十年前就发现了隐患，但并没有引起足够的重视。

二十一、拿什么来拯救我的西晋王朝

这是一份有见地但缺乏可操作性的奏疏，因为没办法实施也就引不起重视，结果十年后的大动乱为这份奏章买了单。这份看似简单的奏章，背后却是晋朝文臣焦灼不安的心态：眼看着胡人势力日趋壮大、胡人人口迅速膨胀，我们该怎么办？"非我族类，其心必异。戎狄志态，不与华同！"这是晋朝官员江统所著的《徙戎论》中的一句话，他道出了不少官员的心声。

其实早在曹魏后期，面对少数民族大量迁入内地的情况，就已有人表示担忧，怕会产生变数、发生变乱。魏国大将邓艾就说过：匈奴部落日益强盛，不可不防。又说对杂居汉人中的羌胡，应予逐步迁往塞外。司马师对他的主张很赞赏，但是并没有付诸实施。

到了西晋初年，西北各少数族人与统治者的矛盾日益激化，先后爆发了鲜卑以秃发树机能和氐以齐万年为首的反抗运动。于是，官员郭钦、江统又相继上疏，再次提出要把内地少数族人迁往塞外的主张。

江统的《徙戎论》是在晋惠帝元康九年（公元299年）齐万年的反抗运动刚刚结束时提出来的。他的迁胡之论，比其他人要系统得多。他认为戎狄"性气贪婪，凶悍不仁……弱则畏服，强则侵叛"。在这份奏疏里，他着重论述关中的氐、羌和并州的匈奴，追溯各族迁居内地的经过，强调如让各少数族人"居封域之内，无障塞之隔"，那一旦起兵造反，必然"为祸滋蔓，暴害不测"。他力主把他们迁往塞外，不可"惮暂举之小劳，而忘永逸之弘策"。江统还很尖锐地指出，"且关中之人百余万口，率其少多，戎狄居半，处之与迁，必须口实。""若有穷乏糁粒不继者，故当倾关中之谷以全其生生之计，必无挤于沟壑而不为侵掠之害也。""并州之胡，本实匈奴桀恶之寇也。今五部之众，户至数万，人口之盛，过于西戎。然其天性骁勇，弓马便利，倍于氐羌。若有不虞风尘之虑，则并州之域可为寒心。"不过，朝廷并没有采纳他的观点和建议。

与那些昏聩官员相比，江统真可谓"睁眼看晋朝之外的第一人"。当很多人还沉浸在花天酒地、醉生梦死、比富炫富的情景里，被史书誉为"风检操行，良有可称，陈留多士，斯为其冠"、当时还在山阴县令的岗位上的他，已经很敏锐地看到了王朝的巨大隐患，奋笔疾书，人微言不轻。他的《徙戎论》振聋发聩，忧国忧民之心跃然纸上。然而，也许长久以来的"天朝"观念在人们心里已根深蒂固，江统在了解北方战事之前就给五胡扣上了"野蛮夷种"的帽子，汉族和异族文化的殊异和制度的迥异使得江统很难对所得"夷情"做出不带感情色彩、不受观念肘掣的判断。今人观之，他的《徙戎论》，实在是承担着一件无法超越时代，也不可能完成的任务。难怪蔡东藩叹道："读江统《徙戎论》，未始不叹为要言，但终非探本之策。"蔡先生没有详细说明。在我看来无非两点：

首先，江统对少数民族"凶悍不仁"的偏见。西北地区的匈奴、鲜卑、氐、羌等各族百姓，和汉族百姓一样，都希望过和平安定的生活，绝不是"凶悍不仁"、生性就喜欢烧杀掳掠的。各族的首领，其中会有些野心家，但是只有在晋朝的内政有毛病的时候，他们才会得到生事的机会，否则是不可能的。江统写了《徙戎论》，其实他未尝不懂得这个道理。他在文中说："士庶顽习，侮其轻弱，使其怨恨之气毒于骨髓"，因而一有机会，便发生事变。只要朝廷政治比较清明，地方就不会发生动乱；如用人比较得当，即使发生了事变也不难解决。

其次，江统看到了戎狄之患的原因，并不在"内迁"，而在于御之无方。在《徙戎论》里，江统自己也有所分析，一个是值世丧乱，所谓乘隙而起；一个是举措失当，由怨而起。如江统所说"今百姓失职，犹或亡叛，犬马肥充，则有噬啮，况于夷狄，能不为变"？若"因其衰弊，迁之畿服，士庶玩习，侮其轻弱，使其怨恨之气毒于骨髓"，则终为祸患。再加上发调无度，使其死亡散流，故多逆乱。江统既已看到了戎狄为患的原因，却仍归罪于内迁，主张外徙戎狄，则不能不说是"非我族类，其心必异"的观点在作怪。同时还有两条理由：一是担心戎狄"始服终叛"，二是戎狄"蹲夷踞肆"等习俗性情礼义，迥异与华夏。这实际上是不同地理环境、不同生产生活方式造成的，戎狄生活于僻远寒荒之地，以游牧渔猎为生，又处于文明程度相对落后的发展阶段，所以在安土重迁以农耕为生者看来，就难免有些偏见。读史当然不能用现在的观点去解释历史，所以我们不能苛求江统做出科学的分析，因为他站在他的阶级立场，这番观点也无可厚非。

　　再进一步看，江统是开了一张治不好病，而且会使矛盾激化的方子。如果强迫数十、上百万的人举家迁徙，势必造成颠沛流离，老弱倒毙的情况，其结果必然引起反抗。晋朝政府不肯"徙戎"，原因之一就是怕激而生变。我们只要看巴氏在蜀中的起兵，原因在地方官限期要他们出境，就可以知道朝廷的顾虑不是没有道理的。《晋书》是这么评论："《徙戎》之论，实乃经国远图。然运距中衰，陵替有渐，假其言见用，恐速祸招怨，无救于将颠也。"此言不虚。

　　但也不能因此说江统的观点完全失之偏颇，无可否认，内迁确也引发或加重了一些危害，如苻坚徙关东豪杰及诸杂夷十万户于关中，并善待鲜卑、羌、羯。到了鲜卑慕容垂、羌虏姚苌叛乱，苻坚身死丧国，终被其害。在五胡十六国的乱局中，无论内迁外徙，种族间的疑虑排斥，甚至征战杀戮，都是难以避免的。但也正因为大规模的迁徙流动，以及频繁的政权更迭，加速了民族间的交往交流，客观上促进了民族融合。

江统《徙戎论》作于氐、羌侵扰之时，目的是防微杜渐，避免四夷乱华，所以思想难免有所偏颇。但他历数殷周以来的民族策略，分析其得失，对于处理民族关系还是有所助益的。而且江统的观点具有一定的代表性，反映了传统民族观念、民族策略的一些特征，有助于更好地以史为鉴，吸取经验教训。

然而遗憾的是，西晋朝廷并未重视这个问题，任由五胡内迁，与汉人杂居，加上官吏之失，以及豪右黠人的欺压，官吏之失多在征发无度，豪右欺凌多因言语习俗之差异。以至于十年后导致五胡乱华，到并州刺史刘琨大呼"黄河以北全是胡人"的时候，已经来不及了，西晋旋即宣布灭亡。

历史证明，相较于强力迁徙，怀柔之策更为有效，更值得推广。同时教化的普及是增强文化认同，弥合民族隔阂的重要手段，也是促进民族融合的重要途径。当然，促进民族融合的另一个途径是，建立长久有效的受拥护的管理体制。如后来的唐朝，主要通过设置校尉、都护、戊己校尉、宜禾都尉等官职进行管理。但这些都要基于朝廷政权强大、基础稳固、社会健康的前提下，否则一切都是白搭。

拿什么来拯救西晋王朝，只有强身健体，才能百毒不侵。这个强身健体从君王做起，否则换了个只喜欢作秀的君王，老百姓就只有哭的份了。

二十二、君主喜欢作秀，大臣劝谏不成，百姓只有哭的份

五胡乱华中，刘渊打着汉室的旗号借尸还魂，最终建立起中原霸业。刘聪是刘渊的第四子。他十五岁时开始学击剑、骑射，臂力过人，弯弓三百斤，"膂力骁捷，冠绝一时"，可谓文武俱佳。太原名士王浑就曾对其父刘渊说："此儿寻不能测"，意思是说这孩子将来出息大了去了。果然，他继承刘渊之后，便屡次攻打西晋，并最终灭亡了西晋王朝，还俘虏了晋怀帝和晋愍帝，使北方各州大部分地区都纳入前赵统治之下。

老子英雄，儿未必是好汉，不能培养出好的接班人，辛苦创下的基业，无以为继。刘渊死后，刘聪即位，荒淫成性的他变得色欲膨胀到了不加节制的地步，给后人留下了千古笑柄。骄淫荒虐之下，朝廷内外没有一点纲纪，但刘聪偏偏喜欢作秀。

刘聪是十六国前赵的君主，就是上文所说的那个不敬畏自然、不敬畏生命的主，他长袖善舞，阴阳两面，善于作秀；陈元达等人是刘聪手下的大臣，一群对事认真、对主忠诚的人。两类人凑在一起，活脱脱就是一幕悲剧。

一天刘聪驾临汾水，欣赏捕鱼，沉迷嬉玩，半夜还不回宫。中军大将军王彰进言说："近来看到陛下所作所为，实在痛心。而今，民众回归帝国的心志，并不坚定，思念晋政府的念头仍然很强。敌人刘琨近在咫尺，刺客杀手，遍地都是，帝王轻率地离开宫殿，一个人就可以对付。愿陛下改变过去的作风，开创新的未来，天下亿兆人民，都有福分。"刘聪大怒

若狂，下令斩王彰。王彰的女儿向刘聪叩头苦求，刘聪才命把王彰囚禁。

次日，廷尉（相当于最高法院院长）陈元达、太宰刘延年、太保刘殷等高级官员，以及侯爵等一百余人，都脱下官帽，流泪乞求："陛下功勋之高，恩德之厚，历史上没有人能比。从前有尧舜，而今则有陛下。但是，近来大臣只因直率的言辞，违背陛下的旨意，便立即遭到囚禁。这些，我们无法了解，十分忧虑，寝食不安。"

刘聪一看情形不对，众怒难犯，但又要给自己台阶，于是惺惺作态地说："同志们，不好意思啊，我昨天酩酊大醉，做出的事不是我的本心，如果各位不这么提醒我，我不知道我的过错。"而后紧跟着是大秀特秀，为了奖励大家的谏言，每人赏赐绸缎一百匹。

同时马上释放王彰，并动情地对王彰说："先帝在世时，依靠你如同依靠左右手，先生的功勋，贡献两代，我怎敢忘记？我这次的过失，盼望你能释怀，你忧国忧民，竭尽忠言，正是我盼望的。现在擢升你当骠骑将军，封定襄郡公。以后我如有不对的地方，仍请你指教于我。"情真意切，有模有样，精彩！

作秀总归是作秀，是不会长久的，因为它不是发自人的内心。建兴元年（公元313年）三月，刘聪立刘娥为第三任皇后，想要为她修建一座凤仪宫。这件事情遭到了陈元达的强烈反对，他认为此事奢侈，于是极力规谏刘聪说："晋朝国君无道，所以天命降临到我们汉国，百姓翘首盼望可以休养生息。先皇刘渊勤俭治国是多么大的美德。如今陛下大兴土木，已经修建了四十多座宫殿，百姓怨声载道。况且我们的实力并不雄厚，我们的国家并不太平。晋朝的残余势力还在西边占据着关中地区，在南控制着江东地区，李雄割据巴蜀，王浚、刘琨窥视着我们肘腋之处。如今我们拥有的地方不过两个郡大，您却要如此奢侈，我真是为我国的未来担忧。"

听了这话，如同先前对待王彰那样，刘聪不禁勃然大怒："朕贵为天

二十二、君主喜欢作秀，大臣劝谏不成，百姓只有哭的份

子，修一个宫殿还需要问你们这样的匹夫吗？难道我修一座宫殿也不可以吗？来人，把陈元达抓起来，连同他的妻子儿女一起斩首。"陈元达听了这话，就直接跑到刘聪的御花园"逍遥园"的李中堂里，用铁链把自己紧紧地绑在一棵梨树上，然后上了锁。赶来的军士想要把他拉出去斩了，但是打不开铁索，也不能在这里杀人，干着急没办法。陈元达还在宫里大喊："如果陛下杀了我，我要上诉陛下到九天之上，下诉陛下到先帝面前。不知道陛下想要当什么样的帝王？我死了没什么可惜的，只要能当上比干那样的贤臣就知足了。"

皇后刘娥听到消息后，知道陈元达是前赵的大功臣，于是写了一封书信，托宫女送给刘聪，信上说："我听说陛下要专门为我修一座宫殿，我感到这是我莫大的荣耀，我感到受宠若惊，我怎么配得上陛下如此厚爱。我听说陈元达是有功之臣，国家少不了他。今日陛下如果为了区区一座宫殿就杀有功之臣，我就成了千古罪人。我听说过古往今来很多妇人祸国的例子，深以为戒，不想今日我也成了这个祸国的妇人。希望陛下能放过陈元达，打消修宫殿的念头。"

还是心爱的女人的话受用，刘聪马上让陈元达打开了锁链，并向他道歉，差点掉下眼泪，"深情"十足地说："宫外有像您那样的人辅佐，宫内有像皇后这样的人辅佐，朕没有可忧虑的了。"随后照例惺惺作态，对手下大臣们说："朕近日患了疯病，喜怒无常。陈元达是忠臣，朕很对不起他。"为了让作秀更彻底，他把逍遥园改名"纳贤园"，把李中堂改为"愧贤堂"。

刘聪的荒淫纵欲耽误政事让认真刚正的陈元达很不满。刘聪一个身体满足不了后宫的那么多姬妾，皇后之一的靳月光免不了找几个美少年入宫打发寂寞。这件事被陈元达探听得一清二楚，他将靳月光的秘事收集了许多证据，写在奏折里交给了刘聪。刘聪一看是靳月光的奸情，而且证据确

凿，不由得怒火中烧，便立刻跑到皇后的宫内痛骂靳月光。靳月光心虚不敢分辩，只好跪在地上哭泣，哀乞刘聪饶恕她。刘聪大怒之下拂袖而去，第二天内侍来报告刘聪说靳月光服毒药自尽了。刘聪本是一时气愤，见国色天香的女人香消玉殒，不禁伤心欲绝。于是怨恨揭发该事件的陈元达，从此以后无论他再有什么规谏，刘聪都置若罔闻。一切作秀也随之宣布结束。

嘉平四年（公元314年）十一月，刘聪立儿子刘粲为相国，总管各事务后，就将国事委托给他。同时，刘聪也宠信宦官王沈等人，王沈又贬抑朝中贤良，任命奸佞小人任官。陈元达等人都曾上表劝谏刘聪不要宠信宦官，但刘聪根本不听从。经王沈等人的挑唆，刘聪于麟嘉元年（公元316年）二月杀害尚书王琰等七名宦官所厌恶的官员。大臣刘易见此上表进谏，终令刘聪发怒，更亲手毁坏刘易的谏书，刘易于是怨愤而死；陈元达见刘易之死，也对刘聪深深失望，愤而自杀。结果，前赵在刘聪的糟蹋下，很快被后赵所灭，北方再次陷入万劫不复的地步，百姓生灵涂炭、哀鸿遍野！

真是悲剧！对认真刚正的大臣来说，现实远比劝谏的结果要复杂，后果远比人们的情怀要残酷；对喜欢作秀的君主来说，作秀会害死人的，精明作秀不如真诚反省，这才是最关键的。

对此，唐朝的周昙在《六朝门前赵刘聪》叹道：戎羯谁令识善言，刑将不舍遽能原。垂成却罢凤仪殿，仍改逍遥纳谏园。

无独有偶，同时期在西北的前凉政权的张祚简直是刘聪的翻版。

二十三、任何一个靠丛林法则生存的都不是好时代

建兴二年（公元314年）五月，西晋忠臣、凉州牧张轨卧病不起，临终前留下遗言道："我平生对他人无甚恩惠，今日疾病垂危，大概命将告终了。我死后，文武将佐都应尽忠尽义，务必安抚百姓，上报国家，下安家室，听从朝廷旨意。"

张轨一直在践行着忠于朝廷忠于国家的理念。永嘉初年（公元307年），东羌校尉韩稚违抗上命，擅自诛杀秦州刺史张辅，张轨得知消息后，立即派人率领二万兵马讨伐韩稚，并给韩稚送去一封信说："当今朝廷纲纪混乱不堪，各方诸侯应并力勤王。适才得到雍州文书，说你兴兵内讧。鄙人督察经略一方，义在讨伐叛乱之徒，将士三万，络绎进发，朋友故旧受害之痛，心中怎可言状！古人作战，以保全国家为上，你若单人匹马来军门谢罪，你我尚可共事平定世难。"韩稚得到书信后就向张轨投降。

以朝廷为尊，以苍生为念。张轨的孙子张骏担任凉州牧，继承了爷爷的优良传统。张骏曾经派遣使者给在蜀地割据建立成汉国的李雄一封信，劝他去掉皇帝尊号，向晋朝称藩做属臣。李雄反过来对使者说："贵主英名盖世，地形险要兵马强盛，为什么不自己在一方称帝？"使者反驳说："我主因为先祖世代是忠良，没能够为天下雪耻，解众人于倒悬，因而日头偏西还想不起吃饭，枕戈待旦。想凭借琅琊来中兴江东，所以远隔万里仍然翼戴朝廷，打算成就齐桓公、晋文公一样的事业，说什么自取天下呢！"

到了张轨的曾孙张祚主政凉州时，情况就大不一样了。这是个崇拜丛林法则的人，是个无恶不作的人。

史书称，一方面张祚博学威武，是治理政事之人才，另一方面又是个心机很重的人，狡猾奸诈，善于内外奉承。前凉建兴四十一年（公元353年），张祚的同父异母弟弟前凉桓王张重华去世，张重华年仅十岁的儿子张耀灵继位。机会来了，张祚篡位的欲望一下子被激活，并很快付诸实施。

第一步，他与张重华的宠臣赵长、尉缉等结为异姓兄弟。

第二步，他通过赵长等人，假称张重华的遗命，任命自己为持节、督中外诸军、抚军将军，辅佐国政。

第三步，与张重华的母亲马氏通奸，极力奉承，以掌控后宫发言权。

第四步，借助赵长等人，提议因张耀灵年幼，当时祸难不停，应立年长之君。马氏听从意见，下令废张耀灵为凉宁侯，改立张祚。

张祚即位之后，马上派人在东花园将张耀灵杀害，埋在沙坑里。同时自称大都督、大将军、凉州牧、凉公。

这个张祚完全把祖父辈的优良传统忘得干干净净，荒淫残暴不讲道义，又与张重华之妻裴氏通奸，从宫中的妃妾到张骏、张重华没出嫁的女儿，无不被张祚奸淫，国人相互而视，都吟诵《墙茨》之诗。《墙茨》诗即为《诗经》中的《墙有茨》，说的是卫宣公的夫人宣姜和卫宣公的儿子公子顽私通，国人很是厌恶。

前凉建兴四十二年（公元354年），张祚僭号称帝，设立宗庙，跳八佾之舞，"置百官，郊祀天地，用天子礼乐"，并以前凉新一代国君名义下书说："从前晋室失去控制，戎狄扰乱中华，胡、羯、氐、羌都怀有篡国之心。我武公凭着神武治乱，保全西夏，贡献财物为王室效力，旬月不断。四位祖先继承发扬，忠诚更为昭著。从前接受晋的封国，天下都知道，谦虚逊让，到现在已经四十年了。现在中原动乱丧亡，华夏族的后代无主，诸侯都因九州的期望没有归属，神只山岳的祭祀没入主持，逼迫孤代行

二十三、任何一个靠丛林法则生存的都不是好时代

大位,以统一四海之内的人心。"并且还大言不惭地说,等到扫清二京的浊秽,荡平周魏,然后迎帝回旧都,到天阙谢罪,希望与万民一同重新开始。

称帝的当天晚上,天上有光像车盖,声音像雷霆,震动城邑。第二天,大风把树木拔起,灾异现象屡屡发生。

没多久,张祚想穷兵黩武,攻打周边地区。此举遭到了臣子们的反对。

郎中丁琪从全局的角度劝谏说:"先公世代坚持忠义的节操,遥远地尊尚南方,保守成业保持谦逊五十多年。黎民之所以举颈向西遥望,四海之所以注目大凉,皇天保佑,士民效死,正是因为先公道义高于彭、昆,忠贞超过西伯,不远万里表达虔敬,保持节操没有二心的缘故。能够凭着一州之众抗御败坏天地之房,军旅年年出动,而不说疲惫。陛下虽然凭着大圣雄姿继承光大前人的大业,功勋德行不比先公更高,可是实行改朝换代之事,臣私下认为不可。华夷各族之所以归附大凉,义兵之所以不远千里响应奔赴,是因为陛下为的是本朝。现在自称尊号以后,人们就要争高竞强,一隅之地怎么能抵挡中原之师!城池高峻就用冲车来攻击,小人居君子之位就要招致敌寇,请陛下认真考虑。"

一隅之地怎么就不能抵挡中原之师?狂妄自大且凶残暴虐的张祚大怒,立即把丁琪杀害于阙下。可怜丁琪的好心被他当作了驴肝肺。不听劝谏的他随后派部将率军在南山攻伐骊轩戎,结果大败而回。

其后的张祚表现更多的则是纵情享乐,由于在位期间荒淫残暴,滥杀成性,臣民敢怒不敢言,最终爆发了兵变。

说到兵变,这事还得从张瓘身上说起,他是负责镇守枹罕(今甘肃临夏县东北)的大将军,因为当时张瓘的势力很大,威望也很高,张祚心中恐惧,对他想极力赶尽杀绝。于是派张掖太守索孚去取代张瓘镇守枹罕,

并且还秘密派人去杀张瓘，结果都被张瓘所杀。张祚又派部将易揣、张玲率步骑兵一万三千人袭击张瓘。结果，张玲等被张瓘击败，易揣单骑奔逃，张瓘率军追击，吓得兵将四散而逃。此时，敦煌人宋混与其弟宋澄等聚众响应张瓘，又壮大了张瓘的军队实力。

张瓘的实力和威望越来越大了，张祚心中更加恐惧不安，多番派人暗杀，都为张瓘识破，未取得成功。此时，忠心耿耿的张瓘再也无法忍受了，他认为保一个荒淫无道、无情狠毒的皇帝还有何用，于是痛下决心，起兵反凉。

和平二年（公元355年），张瓘大举率众向前凉都城姑臧进攻，宋混、宋澄兄弟与张瓘等里应外合进攻姑臧，宋混等人攻入宫门，张祚已经失去了人心，将士早已失去斗志，没有人前来保护这位早已过气的皇帝。

张祚见此情况，感到大事不妙，急忙仓皇躲进厨房。据《魏书》记载，"祚奔入，为厨士徐黑所杀。"随之，宋混等人"枭其首，宣示内外，暴尸道左"。张祚作为前凉一代皇帝，由于众叛亲离、万民痛恨，最终被厨子用菜刀杀死，随后又被斩首示众、暴尸路边。死的如此不堪，如此可耻，这在中国两千多年的帝王史中是绝无仅有的。

靠丛林法则起家的张祚，最后还是死于丛林法则。在生命的最后时刻，不知道他是否明白：祖父辈的秉承忠义节操、心系天下苍生才是西凉的最大根基？不知道他是否明白：用权力得到的利益，迟早会被新的权力收走？也不知道他是否明白：任何一个靠丛林法则生存的时代都不是好时代？

二十四、战乱中有世外桃源：
人们的幸福感爆棚的原因居然是这个

前赵的刘聪不听劝谏致使耳目失聪，最终导致万劫不复。成汉的李雄听了建议促成国力雄厚，居然让成汉成了世外桃源。

有人说，魏晋南北朝期间中原大地每一天都有战争，每一天都有屠杀。就在西晋王朝分崩离析之际，远离京都洛阳的蜀地也遭遇自晋朝统一以来的首次动乱，但很快被一个叫李雄的人给改变了过来，整个蜀地不仅恢复了平静，而且人们幸福指数远比西晋王朝高，成了中原各国混乱之外的一个世外桃源。

元康六年（公元296年），氐族首领李特及儿子李雄的家乡西北秦、雍二州连年荒旱，为了活命，李特等不得不流徙至蜀地的梁、益地区乞讨为生。他们入蜀后，由于地方官吏的贪暴和政府限期迫令流民还乡，李特等利用流民的怨怒，就在绵竹聚众起义，声势浩大，势如破竹。李特死后，李雄继领部众，攻下成都，据有益州，永兴元年（公元304年），建立了成汉政权。

李雄是一个非同小可的人，跟很多魏晋风流人士一样，他身高八尺三寸，容貌俊美，能力非凡。少年时以刚烈气概闻名，常常在乡里间周旋，有见识的人士都很器重他。在蜀地站稳脚跟后，深受朝廷官府迫害、深知黎民生存不易的李雄决心要打造一个平民化的政府。

建国初始，成汉国本来没有法纪礼仪，李雄手下的将军们仗着恩情，各自争夺班次位置。李雄的尚书令阎式上疏说："凡是治理国家制定法纪，

晋诤：解读晋王朝那些决定国运民生的话语

总是以遵循旧制度为好。汉、晋旧例，只有太尉、大司马执掌兵权，太傅、太保是父兄一样的官，讲论道义的职位，司徒、司空掌管五教九土的事情。秦代设置丞相，统掌各类政务。汉武末期，破例让大将军统掌政务。如今国家的基业刚刚建立，百事还没有周全，诸公大将们的班列位次有不同，随之竞相请求设置官职，和典章旧制不相符合，应该建立制度来作为楷模法式。"李雄听从了他的建议，建立新的制度，淡化了官员们的班列位次，更不允许根据人来设置官职。

在众大臣的支持下，李雄赦免境内罪犯，废除晋朝法律，并与老百姓约法七章。同时，他拜八十八岁高龄的范长生为相，范长生是个奇人，长年居住在山崖洞穴里，求道养志，在蜀地很有威望。此时的范长生已是耄耋之年，李雄则年方三十，老少同心，君臣和谐。蜀地很快就平稳了下来。

李雄性情宽厚，简省刑律法纪，很有声望。氐人苻成、隗文投降李雄后又背叛，亲手伤了李雄的母亲，他们又归降时，李雄都宽恕了他们的罪过，优厚地加以对待，接纳了他们。由此夷夏各族人心安定，威震西方。当时海内大乱，而蜀地单单平安无事，所以归附的人一批接一批。

在治理社会方面，他在范长生"清心寡欲，敬天爱民"的涉世宗旨影响下，在其"休养生息，薄赋兴教，切莫穷兵黩武"的劝导下，成汉宽和政役，轻徭薄赋，建官学，兴文教，端风化，罚不妄举，刑不滥及，恩威远播。

李雄深谙汉朝大儒士董仲舒的理论："受禄之家，食禄而已，不与民争业，然后利可均布，而民可家足。此上天之理，而亦太古之道。"也就是说，官员乃至做官的人家，不能求财，与民争利。这样，社会的利益才可以公平分布。这是天道准则，也是上古三王一以贯之施行的政治原则。

不与民争利最大体现在成汉的赋税上，一个成年男子每年只需交三斛

二十四、战乱中有世外桃源：人们的幸福感爆棚的原因居然是这个

谷，成年女子减半，每户调绢不过几丈，丝绵数两。而西晋的赋税是这样的，田租以每五十亩，收租四斛，户出绢三匹，绵三斤，还有其他的苛捐杂税，远远高于成汉。

还有，成汉的州府也很少有公事，官员们安安分分，基本上很少干涉老百姓的生活，更不存在与民争利了。"居官无官官之事，处事无事事之心。"作为国主，李雄更是如此，每天简单的处理一下公务，把大把的时间花在书房读书上，手不释卷，乐此不疲。

几年下来，公事少而劳役不常有，百姓富庶殷实，阊门不关，路不拾遗，没有抢劫偷盗的，老百姓的幸福指数明显提升。加上来称臣依附的人增多，成汉一度昌盛。

李雄还以身作则，倡导孝道。李雄的母亲罗氏去世时，他相信巫师的话，有很多忌讳，以至于想不入葬。他的司空赵肃谏阻他，李雄才听从。李雄想行三年守丧之礼，群臣执意谏阻，李雄不听，并倒地大哭，官员任回跪着上前说："如今王业刚刚开始建立，各种事情都在草创阶段，一天没有主上，天下人心惶惶。从前武王披着素甲检阅军队，晋襄公系着墨绖出征，难道是他们希望做的吗？是为了天下人而委屈自己的缘故呀！希望陛下割舍亲情顺从权宜的方法，以使国运永远兴隆。"于是强行扶李雄起来，脱去丧服亲理政事。

成汉的稳定和繁荣，跟李雄很能听取臣下们意见和建议有关。他想招引更多远方有才识的人，但因国家用度不足，所以一些将领们纷纷进献金银珍宝，有不少人因此而得到官职。丞相杨褒谏阻说："陛下作为天下的君主，应当网罗四海人才，怎么能用官位买金钱呢！"李雄恍然大悟，连忙婉言向他道歉。后来李雄曾因醉酒而推搡中书令，杖打太官令，杨褒进言说："天子端庄肃穆，诸侯也端庄有威仪，哪有身为天子而酗酒的！"李雄就戒了酒。李雄没事时出门散心，杨褒从后面手持矛纵马奔驰超过了

李雄。李雄感到奇怪就问他，回答说："统治天下这样的重任，就好像臣骑着劣马而拿着矛一样，太着急了就恐怕会伤害自己，太不上心就担心会丧失它。"李雄醒悟了，立即返回。

在成汉，还有一个特别有意思的现象，给朝廷办事的官员居然没有等级和俸禄，平时上班排列位次没有区别，在李雄眼里，大家不分职务高低都是公仆，所以官员们穿的服饰跟老百姓是一样的。这是不是李雄在体现不与民争利的平民政府的一个做法，我们不得而知。

对此，房玄龄在《晋书》里是高度评价："薄赋而绥弊俗，约法而悦新邦。"其潜台词就是不与民争利，只有这样，政府才能赢得民心。这也就是成汉政权的最大特点。

让历史照进现实，不妨看看我们现在，个别地方政府部门背弃为人民服务立场而唯利是图，某些权力持有者放弃操守而与市场争利、与民争利，原因在于公共权力的集团化、个人化、利益化。自然，老百姓的幸福指数就会成问题。

在李雄的领导下，成汉风调雨顺、民心所向、朝野拥护，尽管南北战乱不已，生灵涂炭，但这里安居乐业，四十年太平无事。

遗憾的是，到了建元元年（公元343年），成汉新的领导者李势继位后，骄奢淫逸，不理政事，刑法苛滥，加以饥荒，视民众为草芥，视江山为儿戏，重蹈西晋覆辙，使成汉国势很快走向衰落。东晋安西将军桓温，趁成汉国势衰落之机伐灭成汉。

二十五、天人感应，那些让皇帝都感到毛骨悚然的谏言

前凉的第三任国主张茂即位后，先杀了阎、赵二人为兄报仇，然后便埋头专注于政事。他本就虚心好学，善于纳谏，加之为人精明果断，遂前凉在他的治理下，国势越来越好。

于是他开始贪图享受。在位四年，就营建了两项大工程：修筑国都姑臧城（今甘肃武威）和修建灵钧台。国都的规模自然不小，前凉只是一个小政权，如此劳民伤财，根本就是自毁根基，但即便是很多大臣都出来劝阻，张茂依旧我行我素。

而灵钧台的规模也相当大，仅台基就高达九仞，《晋书》上记载，"周轮八十余堵，基高九仞"，有许多民工都累倒在工地上。

在张茂眼里，政府用地谁也不敢说什么，想怎么折腾就怎么折腾，工程建设还不用找开发商，更不用付给农民工工资什么的，全都是义务。其实这种建设，表面上是政府出资、老百姓出工出力，但这项花费终究还是要以征税的形式，转嫁到老百姓身上的。最后结果是，老百姓既得出工出力，又得买单付账，所以怨言就不少。

在建设过程中，也不断有人劝过张茂，但他根本听不进去。此时的张茂，已经完全沉浸在城市整体规划的伟大构想之中。作为一个志在必得的当事人，他想到更多的是事情的结果，以及这个结果给他带来的种种好处，很少会去考虑这一行径会衍生出怎样的负面问题。

实在想不出更好的办法，大臣阎曾就拿出他的杀手锏，给张茂下了剂

猛药。

一天半夜，阎曾去敲张茂卧室的门，尖着嗓子发出鬼一样的声音，说"武公遣我来，曰何故劳百姓而筑台乎？"意思是说我是先帝张轨派来的，他让我给您带个信，问你干吗劳民伤财的去建这劳什子的灵钧台！

借尸还魂？要说阎曾这做法也够另类的，用现在官场上通用的话来说，就是心情可理解，方式不足取。这要把皇帝吓出个好歹，你不得吃不了兜着走啊！当然，张茂也未必就被阎曾吓倒，再怎么着，他也不至于相信世上真的有鬼，即便真的有鬼，鬼也不至于假借先王说这筑台的事。要说害怕倒是有的，因为就时间来讲，毕竟是半夜。

此事非同小可，张茂马上让人去彻查此事，皇帝睡觉谁敢打扰啊！你还扮鬼吓唬皇上，绝对要严肃处理！否则以后谁想吓唬皇上就吓唬皇上，那还成何体统！很快，阎曾就落网了。

姑臧令辛岩站在讲政治的高度，维护皇帝权威的角度，坚决狠刹这股歪风，以阎曾装神弄鬼、恫吓君王罪，判处其极刑。这时张茂说话了，"曾称先君之令，何谓妖乎"，说阎曾假借先王的号令，怎么能是妖孽呢？"吾信劳人"，细想想我确实做的也有些过分，才使得阎曾出此下策。

见张茂有意宽恕，太府主簿马鲂趁热打铁，上谏说"今世骏未夷，唯当弘尚道素，不宜劳役崇饰台榭"，现在咱们国家的基础还不牢靠，我们应该发扬艰苦朴素的精神，不应该大兴土木。张茂于是接受了忠臣们的建议，终止了圈地建台的计划。

张茂在受到惊吓，甚至是愚弄的情况下，还能如此深明大义，认识到自己的错误，这份心胸和气量，确实很难得。张茂有这份胸怀，是和整个张氏集团在前凉的政治抱负有关。从张茂的父亲张轨开始，张氏集团君臣上下一心，便为最终坐定凉州做着不懈的努力。凉州在晋末中原丧乱之时，并未受到很大的冲击，所谓"秦川中，血没腕，唯有凉州倚柱观"，

二十五、天人感应，那些让皇帝都感到毛骨悚然的谏言

是一片相对宁静的世外桃源。而这片难得的宁静，和前凉张氏的团结臣民凝心聚力不无关系。

无独有偶。

魏明帝曹睿在国内政局稳定、经济稍有起色时，召集群臣商议想修复九龙殿，使之建造得更宏伟，装饰得更华丽，尤其是陵霄阙，如何直耸云霄，以便皇帝与天上的神仙来往。还要仿效汉灵帝造裸游馆，偎香依翠抱玉怀柳，尽享人间无穷乐事。

人一旦富裕了起来，就想换个房子装修个房子什么的，以改善居住条件，这很正常。虽然皇帝也是人，不过他想修宫殿却没那么容易。

天文学家、太史令高堂隆谏道："陛下万万不可！连年战乱，国库空虚，民不聊生，如此靡费，会酿成民怨沸腾，朝野心寒的。"

曹睿冷冷地说："我朝有那么多的俘虏，可以充当民夫；工匠干活有工钱，可以养家糊口。这正是造福于民，怎会惹得民怨？朕念你是史官，又当过朕的老师，不忍加罪于你。如再妄言，不可轻饶。"

于是下令大肆修筑宫殿，雕饰观阁，凿取太行山的石英，开采谷城的文石，在芳林园建起景阳山，在太极殿北筑起昭阳殿。又铸造黄龙、凤凰等奇伟的野兽，用以装饰金墉殿、陵云台和陵霄阙。

开始建造陵霄阙的时候，有喜鹊在上面筑窝，曹睿问高堂隆此为何故？

高堂隆说："《诗经》云：'喜鹊筑窝，鸠鸟居住。'天象是在说，宫室未盖成，将会有异姓人住进去，这是陛下不能居住的征兆，上天在劝诫您呢！夏、商末世，帝王都是继位的，但他们不恭敬地听取上天的明训，只听信谄言，随心所欲，不修明德，所以很快亡国了。当今如果停止各种劳役，崇尚节俭，广施德政，处处遵循帝王的礼德，剪除天下大患为民兴利，那么，就可以成为继三皇五帝之后的伟大的帝王。"

曹睿嗤之以鼻，还是不听，一意孤行。

就在大修大建、大耗人力期间，又有天灾人祸屡次出现。在天象上，彗星在房心尾三宿间显得特别明亮。

作为曹睿的心腹大臣，高堂隆冒着身死族灭的危险，只得拿出杀手锏了，他上疏劝谏，言辞急切道："彗星在房心尾三宿间发光，进犯帝王星宿而旁及紫微星，这是上天宠爱陛下、向您发出劝诫的征象，始终都滞留在尊位，殷勤郑重，想要感动陛下，这是慈父般恳切备至的训诫啊。应当按照孝子的礼节，明告天下，垂范后世，不应疏忽，冒犯天意。"

"我查阅了古书的记载，天人之际，没有不发生感应的。因此古代圣贤，都敬畏上天的神明，遵循阴阳的规律，兢兢业业，唯恐有所违失。然后国家才能兴旺。德行与天神相符，发生灾异后，应当有所警惧，赶紧修养德行，这样才能昌延国运。至于末世，那些昏庸的君主，不遵守先王的法则，不采纳良臣的忠告，随心所欲，疏忽劝诫的作用，则很快就会招致亡国。"

《易·系辞上》："天垂象，见吉凶，圣人象之。"古人常拿日月星辰的运行等天象示警，用以占吉凶，认为反常的现象是将有大灾难降临的预兆。

对高堂隆的说辞，曹睿信不信？他当然不信，因为他是个特别精明有能力的人。二十三岁时就即位，在位期间指挥曹真、司马懿等人成功防御了吴、蜀的多次攻伐，并且平定鲜卑，攻灭公孙渊，颇有建树。天象示警岂能劝住他。

但他却被高堂隆的耿耿忠心给镇住了。皇帝最不能辜负的就是大臣们的忠心，这是维系国家长治久安的关键所在。曹睿审阅奏书后，对中书监刘放、中书令孙资说："看了高堂隆的奏书，使我感到畏惧不已。"

二十六、西晋覆亡之际的士大夫

一个人前半生无意于官场，视权力为粪土，多次拒绝朝廷征召，但当国家有难、生灵涂炭时，毅然决然承担起拯救生灵的责任，最后因回天无力愤然自杀，这就是西晋的辛谧。

他人生的最后经历跟一个叫冉闵的人有关。冉闵是五胡乱华中建立冉魏国的君主，也是历史上最有争议的人物，在不同时期、不同角度看他，都会有不同的标签。有人说他是拯救汉人血脉的民族英雄，也有人说他是明一套暗一套的伪君子；有人说他是心狠手辣的杀人魔头，也有人说他是刚愎自用的乱臣贼子。众说纷纭，莫衷一是。

辛谧，他的父亲叫辛怡，曾担任过幽州刺史，世称冠族。他的家庭条件很好，属于官二代，加上显贵的豪门世族，在那个讲究门第高于一切的西晋，如果没有后来的永嘉之乱，辛谧估计这一辈子过的日子应该是一等一的。

史书记载："辛谧少有志尚，博学善属文，工草隶书，为时楷法。性恬静，不妄交游。"这个很有才华的人，不喜欢交往。他精通文艺，尤其擅长书法，美妙绝伦的书法在当时远近闻名。恬静的性格跟东晋的书法家王羲之大不一样，王羲之是个爱好交际、喜欢热闹、擅长参政议政的人，而他对官场很不感冒。

朝廷很欣赏辛谧的才华，想召拜他为太子舍人，类似于郎官，就是掌管朝廷文书的官，但是被辛谧一口拒绝了，而且"累征不起"。这并不说他矫情，也不是想图个虚名，增加政治资本，而是他觉得自己的生活已经足够好，因为在他眼里，岁月静好！

但是命运总是捉弄人，动荡时局打乱了辛谧宁静的生活。八王之乱，加上连年天灾，匈奴刘渊趁西晋统治政权内乱之机，大举南侵，屡破晋军，势力日益强大，建立政权。并于永嘉末年，进攻西晋国都洛阳。

王朝危在旦夕！朝廷为稳住政局，再次征召辛谧，任命他为散骑常侍，以朝廷使者身份安抚关中地区。在这国家民族存亡的关键时刻，辛谧一改以往态度，没有拒绝，以大丈夫临危受命之精神接受了朝廷任命。"以洛阳将败，故应之"。也是他一生中唯一的一次出仕。

此时西晋已经没有足够的兵马来保卫洛阳了。太尉王衍的十万大军刚被石勒全军杀灭。洛阳东面和北面都是匈奴和鲜卑的骑兵，西面倒是西晋勇悍的凉州兵，可远水解不了近火。洛阳外围的并州虽有刘琨在死守，但被匈奴前赵和鲜卑代国团团围住。幽州刺史王浚虽割据一方，但在石勒的压力下，自身难保，何况王浚总是想着自立当皇帝。放眼西晋，只有秦王司马邺驻守长安，保持实力。

朝廷派辛谧安抚关中的目的史书上没记载，不过据我分析，无非两点，一是希望秦王能出兵勤王，驰援洛阳；二是请长安做好接应准备，万一洛阳失守，长安将是避难之处。

但是，辛谧知道，这一去是何等的艰难。因为关中地区的情况也不妙，长年的战乱，这里发生了严重饥荒，出现人吃人的现象，再加上疾病瘟疫，盗贼公然作恶。此时的关中地区早已经是十室九空，老百姓饿得站都站不起来，司马皇族和士家大族纷纷逃到江南。

更糟糕的是，秦王司马邺也处于惶惶不可终日中，差点失去了最后的信心，心有余而力不足，想驰援洛阳那简直是痴人说梦。辛谧本是一介书生，受任于国势阽危之际，奉命于呼吸存亡之间，到了关中，他尽力予以斡旋，但回天无力，危楼风雨，难挽其倾，西晋毕竟难逃灭亡之气数。匈

二十六、西晋覆亡之际的士大夫

奴以很快的速度战胜了西晋的刘琨和王浚，并攻陷了洛阳，掳走了晋怀帝。颓势难扶坠厦倾，辛谧无奈之下返回陇西狄道老家。

后来，关中的长安也被匈奴刘聪攻陷，西晋宣告覆亡。江山易帜，朝代更迭，那些曾经食西晋王朝俸禄的士大夫顿时成为无所附丽的釜底游魂。摆在他们面前的首要问题是：要荣华富贵，还是坚持民族气节？每人都必须做出抉择。

果然，刘聪征召辛谧，并拜他为太中大夫，辛谧"固辞不受"。后来石勒、石虎也想重用他，同样"并不应辟命"。石勒赐给辛谧的"几杖衣服，谷五百斛"，都被拒绝。辛谧做出的选择就是："虽处丧乱之中，颓然高迈，视荣利蔑如也。"

再后来，冉闵夺取后赵政权，也要召辛谧到朝廷来就职。这个冉闵我要介绍下。冉闵的父亲冉瞻是西晋末期乞活义军的首领。在五胡乱华，匈奴等胡族大肆屠杀汉人的纷乱年代，老百姓为了活命，迁徙的流民潮几乎席卷了整个中国，在北方就形成了汉族武装流民集团，就是乞活军。冉瞻在一次作战时为石勒俘虏，因伤势过重没几天就去世了，石勒欣赏勇冠三军的冉瞻，见当时十一二岁的冉闵聪明伶俐，石勒就将小冉闵认作干孙子。成年后的冉闵骁勇善战，在匈奴与鲜卑的战斗中屡立战功，逐渐成为后赵帝国的高级将领。公元349年，后赵皇帝石虎死后，冉闵趁其子十余人互相残杀之机，杀死后赵皇帝石鉴，尽灭石氏。

随后，他下令作为都城的邺都城门大开，凡胡族"与官同心者住，不同心者任所之"。一夜之间，方圆几百里的汉人，扶老携幼，全往邺城里面涌；而一直以邺城为居住地的胡族，推车挑担，拼命往外跑。冉闵意识到这些胡族终究"非我族类，其心必异"，始终是中原战乱不绝的祸根，便颁下中国历史上著名的《杀胡令》："凡内外六夷胡人，敢持兵仗者斩，汉人斩一胡人首级送凤阳门者，文官进位三等，武职悉拜东门"。一时间，

晋诤：解读晋王朝那些决定国运民生的话语

邺都城内汉人纷纷拿起武器追杀胡族，冉闵亲自带兵击杀邺城周围的胡人，三日内斩首二十余万，尸横遍野。

永和六年（公元350年），冉闵对辛谧"复备礼征为太常"。魏晋时期以隐居之人为高人，皇帝们总想请他们出山，凭他们的威望，一则笼络人心，二则装点门面。因战祸不断，北方处于水深火热之中，这些隐居的高人更是有感于黍离麦秀、荆棘铜驼之痛，或黄冠草履，彷徨徙倚于残山剩水之间；或庵居蔬食，悲鸣长号于笔墨文字之中，表现了亡国遗民的高风亮节。

冉闵的邀请很快传到辛谧那里，辛谧作为一位铁骨铮铮、拒做贰臣、宁为玉碎、不为瓦全的士大夫，面临毁家纾难，临危无惧，忠魂义魄。因考虑到冉闵是汉人，辛谧觉得机会来了，而且是他报国的最后一次机会。

深思熟虑后，他决定写信给冉闵，劝其归顺东晋，尽早结束南北分裂局面。"昔许由辞尧，以天下让之，全其清高之节。伯夷去国，子推逃赏，皆显史牒，传之无穷。此往而不返者。然贤人君子虽居庙堂之上，无异于山林之中，斯穷理尽性之妙，岂有识之者邪？是故不婴于祸难者，非为避之，但冥心至趣而与吉会耳。谧闻物极则反，冬夏是也；致至则危，累棋是也。君王功已成矣，而久处之，非所以顾万全远危亡之祸也。宜因兹大捷，归身本朝，必有许由伯夷之廉，享松、乔之寿，永世为辅，岂不美哉？"

在信里，他首先说自己为人清白孤高，安守清贫与富贵无缘，也不屑和蔑视功名富贵。其次他阐述了物极必反的道理，"君王功已成矣，而久处之，非所以顾万全远危亡之祸也。"最后他恳请冉闵归顺朝廷，尽早结束南北分裂局面才是明智选择。

此前，冉闵夺取后赵政权时，还惺惺作态地对属下说："吾属故晋人也，今晋室犹存，请与诸君分割州郡，各称牧、守、公、侯，奉表迎晋天

二十六、西晋覆亡之际的士大夫

子还都洛阳,何如?"尚书胡睦却说:"陛下圣德应天,宜登在位,晋氏衰微,远窜江表,岂能总驭英雄,混壹四海乎!"冉闵连声叫好,还夸奖说:"胡尚书之言,可谓识机知命矣。"于是立即做了皇帝,改元永兴,国号大魏(史称冉魏)。

古人说过:"富在知足,贵在知退。"福在哪里?在能受谏,能接受别人的劝诫,将是后福无穷。当我们能接受别人的劝诫,就好像人生多了很多双眼睛帮我们看路,我们就不容易东碰西撞,不会跌倒。这个在战争中获得极大快感的人,此时已经到了盲目膨胀、狂妄自大的地步,以至于忘记了古训,没有接受辛谧的苦苦劝谏,去主动归顺东晋。"无力回天辜苦昧,瞿痕逆梦共残城。"见此情景,辛谧忧郁于心,绝食而亡,史称:"因不食而卒。"

当然,冉闵的下场是凄惨的。不听劝告的他以区区之力驰骋中原,终被鲜卑慕容儁打败,遭到杀身之祸。冉魏也因此很快落幕,演绎出历史上的另一幕悲剧。

辛谧无意于官场,却心怀天下,但同处于西晋晚期的索綝,沉迷于官场,却置家国于不顾,两人相形,不禁让人扼腕长叹。

二十七、国灭前还想谋求高官厚禄，强烈私欲活活拖垮西晋王朝

公元299年的一个秋日，一个叫索靖的人有先见远量，他预知天下将要大乱，便指着洛阳皇宫门前的铜塑骆驼感叹说："大概以后会在荆棘中看到你吧！"

十年后，战死沙场以身殉国的他没看到这一幕，不过他的儿子索綝却刻骨铭心地经历着这段萧萧哀风逝的历史。

索綝，这个被历史学家称为"逸群之量"天使般的人，年轻时就有超凡的才能，深受父亲的赞赏，在西晋最后的时光里成为力挽狂澜的救命稻草。

公元311年，西晋都城洛阳和西北重镇长安先后被匈奴军队攻占。时任安西将军的索綝闻讯后哭着说："与其在此死去，还不如当个伍子胥。"于是与安夷护军麴允等人一同投奔安定太守贾疋，豪情万丈地与贾疋共谋复兴晋室，并举兵五万进攻长安。这期间，索綝经历百余场大小战役，奋力抵抗浴血杀敌，多次击败匈奴兵，并擒贼帅李羌，最终收复了长安。与此同时，又协助豫州刺史阎鼎将秦王司马邺护送入关中，并奉为皇太子，让西晋最后的皇权血脉得以延续。

在长安由索綝等人建立的行台（就是临时中央政府）里，除了能征善战的他以外，还有能把握大局、处惊不变的阎鼎，有勇有谋固守气节的贾疋，为人性情仁厚，有忠臣之心又是西州世家大族的麴允，大司马兼秦州刺史的司马保、辅国将军梁综、卫将军梁芬等，他们共同支撑这位临危的

二十七、国灭前还想谋求高官厚禄，强烈私欲活活拖垮西晋王朝

皇太子，都以恢复晋室为己任，君臣一致同仇敌忾。

没多久，成为俘虏的晋怀帝被刘聪毒死，消息迅速从平阳传到长安来。于是，群臣在长安扶立司马邺为帝，史称晋愍帝。司马邺登基后，随即便改年号为"建兴"，意思就是复兴国家。不过在国家几乎灭亡的时候再谈复兴显得有点晚了。

因为当时整个北方已经没有可用的兵马了，并州刺史刘琨虽然割据一方，但在石勒的压力下，自身难保。幽州刺史王浚总是想着自立当皇帝，他才懒得管一个落魄的皇帝。东面和北面都是匈奴汉的骑兵，西面倒是有勇悍的凉州兵，可远水解不了近火。屡经战火，此时的关中地区早已经是十室九空。司马邺坚守的长安就是一座孤城。

以司马睿为代表的皇室和士家大族纷纷逃到江南，以求偏安。形势万分严峻，有识之士祖逖义正词严地提出收复半壁河山，拯救中原同胞于水火的强烈要求。祖逖向司马睿进言："晋室之乱，非上无道而下怨叛也。由藩王争权，自相诛灭，遂使戎狄乘隙，毒流中原。今遗黎既被残酷，人有奋击之志。大王诚能发威命将，使若逖等为之统主，则郡国豪杰必因风向赴，沈弱之士欣于来苏，庶几国耻可雪，愿大王图之。"

为了敷衍天下人耳目，司马睿只得任命祖逖为奋威将军、豫州刺史、前锋都督出师北伐，但只拨给他一千人的粮饷，三千匹布，不给铠甲兵器，而且不给一兵一卒，让他自募士众，自制刀枪。祖逖的做法鼓舞士气振奋民心是不错的，但是，对于远在千里之外的岌岌可危的长安城，他心有余而力不足。

而雪上加霜的是，此时的西晋朝廷却在内斗，丝毫不顾什么叫大难当头枪口一致对外的道理。在长安政府里，出身士族的梁综等人见阎鼎统揽全局，运筹帷幄，靠前指挥，便眼红得不得了，于是想方设法抢班夺权。为了皇室的安全和政局的稳定，阎鼎无奈借故杀了梁综。

刚刚稳定了这头，那一头又起了风波。其实索綝、麹允也嫉妒阎鼎的功劳，并且也想专权，就联合梁综的弟弟冯翊太守梁纬、北地太守梁肃，想除去阎鼎，于是紧锣密鼓收集他"无君之心、专戮大臣"的所谓的证据，并联名向司马邺弹劾。

庶族出身的阎鼎，哪是索綝和麹允等久已盘根错节的中央士族官僚集团的对手，他虽有经天纬地之才，却斗不过他们。无奈之下，阎鼎逃离长安，直奔雍州，在途中，为氐族首领所杀，并传首长安，悲壮！此次内斗产生两大后果，第一就是让索綝成了西晋朝廷真正掌政的人；第二，本可以凭借潼关天险死守一段时间的，结果在八月让匈奴军轻轻松松地突破了潼关，继而大兵合围了长安。

此前，刘曜进围长安，附近诸郡有派军救援但皆不敢前进，而司马邺屡次向其借兵的秦州刺史司马保就派了胡嵩领兵救援，并在灵台击败刘曜。可是胡嵩随后就怕一旦助司马邺击败刘曜后，反会助长了索綝等人的威势，故此就退兵不再进攻，隔岸观火。

火烧眉毛了，怎么办？司马邺紧急召开殿前会议。麹允提议，既然旁边的司马保不愿意来，那我们干脆去找他，论官位你是皇帝他是臣子，论亲戚，他还是你远房叔叔，他总不会把我们拒之门外吧。这话颇有道理，在那种情况下，也许这是唯一的自救办法。

话音刚落，索綝坚决反对，他的理由是，司马保得到了天子，一定会放纵他自己的私心。说不定会重蹈曹操的挟天子以令诸侯的覆辙。这话貌似也有点道理。但是索綝并不是出于公心，而是从个人角度考虑，因为在长安这个政府里，虽然没有俸禄，虽然没有歌舞，但他好歹还是骠骑大将军、尚书左仆射、录尚书事，主持朝政的一把手啊。到了司马保那里，还能轮到他说话？典型的个人利益凌驾于国家利益之上。

这次内讧再次证明了魏晋以来的世家豪族的确已经发展到十分没落的

二十七、国灭前还想谋求高官厚禄，强烈私欲活活拖垮西晋王朝

地步，在如此国难当头的危亡时机，还竟然有人在争权夺利。天使和魔鬼只有一步之差。

此时长安城出现少见的景象，杂草丛生，荆棘成林，房屋坍塌，人烟稀少。朝廷也没有车马服饰，只能把官衔写在桑木板上作标志而已。剩下的军队不过一旅，朝廷只有马车四辆，器械缺少，粮饷运输不能接济。百姓也不满百户人家，各个方面都快揭不开锅了。

城外依然战鼓阵阵，狼烟四起。

司马邺没有办法，哭着对索綝和麹允说："如今城中危急，外无援兵，我为社稷而死也是应该的。但想想城中这些将士和百姓，与其等城陷后让他们遭受屠戮之苦，不如投降以保全他们的性命。"于是派侍中宋敞向刘曜投降。

都这时候了，索綝的私心还在作怪，还想在敌国谋求高官厚禄，他暗中将宋敞扣留，改命儿子作为使者，向刘曜说："现在城中粮食足够支持一年，你未能轻易攻占的了。但若果你答应让索綝为车骑将军、仪同三司和食邑万户的郡公，那就会开城向你投降。"刘曜一眼就识破，马上杀了索綝的儿子，并传话给索綝："我统领军队十五年来，没有试过以假消息和诡计击败对手，而会用军事力量完全压倒对方。你们就等着吧。"索綝和麹允随司马邺被俘后，索綝被刘聪以不忠之名所处死。倒是麹允见司马邺遭到刘聪百般侮辱，痛苦万分，愤而自杀。

可怜，索綝这个子不如父的亡国之臣，正如曹雪芹在《红楼梦》叹道："机关算尽太聪明，反算了卿卿性命。家富人宁，终有个家亡人散各奔腾。枉费了意悬悬半世心，好一似荡悠悠三更梦。急喇喇似大厦倾，昏惨惨似灯将尽。呀！一场欢喜忽悲辛，叹人世终难定！"

这一年的寒冬，刘琨听说司马睿在建康已立稳脚跟，就派温峤到南方去，向司马睿劝进做皇帝。在他的劝进表中，最有名的一句是"或多

难以固邦国，或殷忧以启圣明"。意思是说：国家这么多的危难，反倒可以激励我们团结起来，保家卫国；深深的忧虑，也可使皇上更加贤明。这是不是刘琨对西晋灭亡的沉重反思和对江东司马睿政府的美好愿景呢？

二十八、不为君王唱赞歌，只为苍生说人话

建兴初年（公元313年前后），南下建康已经好几年的司马睿，在王导等人的支持下，安顿北下干部，团结本土士族，社会人心渐稳，朝廷暂时太平。司马睿见一切都理顺，想放松下，举行一场盛大的音乐会，让人感受下偏安一隅的天籁之音，沐浴下司马王朝的皇恩浩荡，来个"盛世一曲安江南"。

但这种想法遭到大臣熊远的强烈反对，他上奏说，现在举行音乐会根本不是时候，晋怀帝不是刚被匈奴杀害吗，尸骨未寒，梓宫未反，豺狼当途，故土沦陷，人神共愤，你还有心思搞什么音乐会？还有，流民头子杜弢"蚁聚湘川，比岁征行，百姓疲弊"，各路征讨部队都还没彻底平叛他，我们心急如焚，你还好意思去享受靡靡之音？

"今荣耳目之观，崇戏弄之好，惧违《云》、《韶》、《雅》、《颂》之美，非纳轨物，有尘大教。""人心所归，惟道与义。"皇上想做的事是符合道呢还是符合义？依我看，皇上要按照古书《礼》说的那样"凶年，天子撤乐减膳"去做比较好，司马睿听后觉得有些道理，就采纳了他的建议，音乐会以后再说吧。

这个熊远不简单，他字孝文，豫章南昌（今江西南昌）人。但凡非凡之人必有非凡之处，年轻的时候有人请他做官，他一律予以拒绝，最后推脱不掉，只选了一个很小的官，他的意思是："辞大不辞小也。"

后来，他因为官清正，屡进忠言，成为司马睿十分倚重的大臣，司马睿经常当着他的面说："卿在朝正色，不茹柔吐刚，忠亮至到，可为王臣也。吾所欣赖，卿其勉之！"

晋诤：解读晋王朝那些决定国运民生的话语

司马睿登帝位后，就忙于政治斗争，他不满意王敦的骄横，想削弱王氏势力，就重用了善于奉迎的刘隗、酗酒放肆的刁协作心腹，疏远了忠心耿耿的王导。不过王导仍能保持常态，士族一般都同情他，刘隗、刁协反陷于孤立。王敦本来是个野心家，乘机以反对刘隗、刁协，替王导诉冤为借口，阴谋篡夺。结果率兵攻进了建康，几乎让司马睿下不了台："你如果想当皇帝，早和我说啊，我把皇位让给你，马上返回琅琊老家。"

就在这个背景下，估计是司马睿想找个台阶下，顺便想挽回几分面子和威望，"帝下书责躬引过"，想请大臣们指出自己治国理政的不足和过错。

这时，也就是这个熊远，上书公开指出司马睿三大过失。

"今逆贼猾夏，暴虐滋甚，二帝幽殡，梓宫未反，四海延颈，莫不东望。而未能遣军北讨，仇贼未报，此一失也。"熊远说朝廷的第一大过失是不能遣军北伐，不把雪恨国耻摆在第一位，要求朝廷改正。只有这样，才能"将绍皇纲于既往，恢霸业于来今"。

这话直达司马睿的痛点。他只想做个偏安皇帝，他的目光专注在江东内部的权利分配上，从来不作北伐的准备，而且还反对有人主张北伐。司马睿将要称帝，大臣周嵩上书劝他整军讲武，收复失地，到时候再称皇帝不迟。周嵩说忠直话，几乎被杀死。名将祖逖率亲友数百家来投司马睿，要求率兵北伐。碍于舆论压力，司马睿只给他豫州刺史名义，又给一千人的食粮和三千匹布，叫他自己去募兵、造兵器。祖逖军队屡次击败石勒军，收复黄河以南全部土地，朝廷也只给祖逖镇西将军的称号。随之祖逖的战绩扩大，司马睿却派仅有虚名的戴渊做征西将军，都督司、兖、豫、并、雍、冀六州诸军事、司州刺史，去节制祖逖，这显然是不信任祖逖的表示。估计是司马睿生怕臣下在北伐中立功，建立起崇高的威望，对自己的帝位不利。"人无远虑，必有近忧"，司马睿正是这样的一个庸人。熊远的劝谏自然令司马睿紧蹙眉头。

二十八、不为君王唱赞歌，只为苍生说人话

"陛下忧劳于上，而群官未同戚容于下，每有会同，务在调戏酒食而已，此二失也。"

前面半句是套话、客气话，不用管它。后面半句熊远痛心疾首地指出朝官们忘记国耻，经常以游戏酒食为正务，这是很悲哀的。

永嘉南渡后，北方士人和官员把两样东西带到了南方，一是洛阳口音，二是名士做派。这些出身士族高门的官员们热衷的是做名士，而不是当能臣。他们习惯于拿个麈尾，摇头晃脑地谈论老庄玄学，而不是坐在办公桌前阅读统计数字、共商国家大事。他们没完没了地谈天论地，没完没了地灌酒，不干正经事。本来他们愿意酗酒、穷嚼蛆，这也是他们自己选择的生活方式，对社会并无大碍，但是这些货色霸占了高级政府职位，将政务交托给他们处理，怎么能让人放心呢？

晋朝的名士毕卓，他出身士族，在西晋混了个吏部的郎官干，可是他唯一乐于投身的事业就是喝酒，因为喝酒耽误公事那是常事。他公开宣称自己的理想是"右手持酒杯，左手持蟹螯，拍浮酒船中，便足了一生"。这样一个酒鬼怎能干好公务？可是酒鬼的仕途并没有因此受到影响，在东晋接着当干部，还成了平南将军温峤的秘书长。

司马睿当然知道这样一个立志在酒船中拍浮一生的货色能给朝廷带来什么贡献，能给百姓带来什么福音，但司马睿更明白，东晋的政权是靠士族门阀支撑起来的，他还得靠这帮专门喝酒专门清谈的家伙去维持政治平衡。

熊远指出第三个过失更是糟糕，当今官员们的人生观和价值观存在很大的问题。"今当官者以理事为俗吏，奉法为苛刻，尽礼为谄谀，从容为高妙，放荡为达士，骄蹇为简雅，此三失也。"用现在的话来说，就是"当今的官场把处理公务当成庸俗，把恪守法律当成苛刻，把待人有礼当成谄谀，把游手好闲当成高妙，把放荡无行当成通达，把傲慢无礼当成

风雅。"

王羲之第五子王徽之就是个典型，他生性高傲，放荡不羁，对公务并不热衷，时常东游西逛。有一天他的上司桓冲故意问他："王参军，你在军中管理哪个部门？"王徽之想了想说："不知道，时常见人把马牵进牵出，我想大概是管马的部门吧！"桓冲进一步追问："你管多少匹马？"王徽之说："不过我从来不打听这个，怎么知道有多少马呢？"桓冲又问："那最近死了多少匹马你知道吗？"王徽之白了白眼说："我连活马都不知道有多少，怎么知道死马有多少呢？"王徽之的回话很有几分清谈的味道，有点思辨色彩在里面，让人听了能感到两腋生风，头上隐隐有光环闪动。桓冲无可奈何地摇摇头，便不再问。

王徽之就是这样一个高妙、通达、风雅的官员，他的那些马死光了他都未必知道！但就因为他是琅琊王家的人，居然还能升官，做到了黄门侍郎。

为何会这样，熊远只是提出现象，并没有分析原因，因为他没办法去分析，于是也就没办法提出解决方案。因为，士族依靠门第得到官职，如果让他们去认真处理公务、执行法律，就等于把他们和寒族官员放到同一考核标准上，那么士族官员的愚蠢无能必定昭然若揭，所以一定要打造另一个标准，而且在这个标准下，寒族的无能是无能，士族的无能就变成了风雅。否则如果让士族跟寒族同等待遇，那不是要断了士族的前程，动了朝廷的奶酪，甚至要了东晋王朝的命么？！

颇具讽刺意味的是，这位秉公直言而且一直被皇帝鼓励多提建议的重臣——熊远在上完奏疏后，不久就被皇帝赶出京城，从侍中（相当于宰相的职务）降到会稽郡（现在的浙江绍兴市）当内史，相当于一个地级市的市长。

不过，熊远并没有后悔，为君王唱赞歌，也许得到的是"宫室之美，妻妾之奉，所识穷乏者得我"的满足，失去的是天地之正气，失去的是铮铮傲骨和凛然傲气。不为君王唱赞歌，只为苍生说人话，熊远力透纸背的文字蕴含东晋官员的道义责任，在历史的广阔天空和发展选择中一点点地昭示出来、彰显出来。

二十九、倡导高薪养廉下的东晋为何还处处是贪官

在大多数人的印象里,东晋初期的名臣唯有王导,其余人多半是不重要的;但事实上,还有一些人物在此期间起到了至关重要的作用,比如温峤。

东晋刚刚在建康站稳脚跟,当时天下百业凋敝,国家财政费用严重缺乏,司马睿和王导绞尽脑汁,经过数年经营总算有所积累,朝廷府库中"布二十万匹,金银五千斤,钱亿万(当时'亿'是十万),绢数万匹",算是小康水平,晋明帝司马绍登基后,公元328年苏峻起兵造反攻入建康,将东晋中枢府库和财政搞得倾家荡产,"军国之用无所取给"。

苏峻之乱被平定后,晋明帝下诏让公卿以下的官员到京都讨论时政,商议大事,确定哪些是当前最要紧的事情。当时担任侍中的温峤提出了七件事是最重要的,就是后来成为著名奏章的《奏军国要务七事》,在除军事、农耕、刑罚之外,他提出要在削减机构的前提下实行高薪养廉。

说起温峤,他是平北大将军刘琨的外甥,刘琨非常喜爱器重他,让他担任自己的参军。当得知司马睿立足于江左,刘琨一片诚心系于晋室,便派温峤到建康劝说司马睿进位。结果温峤不辱使命,慷慨陈词,满朝为之瞩目,司马睿因之器重嘉奖他。王导、谢鲲、庾亮、桓彝这些重臣也和他很亲近。后来温峤到东宫辅佐太子,深得太子宠敬,两人建立了布衣之交。他数次上表规谏,献上《侍臣箴》,作用相当大,影响也很广。那时太子在西池修建楼台馆所,耗费劳力钱财巨大。温峤上疏规劝说现在朝廷初立,强敌未灭,应当节俭为天下做表率,务农兴稼,重兵经武。太子采

二十九、倡导高薪养廉下的东晋为何还处处是贪官

纳了这个建议。晋明帝即位后，拜温峤为侍中，朝廷重要决策都由他参与制定，诏书命令等公文都由他参与起草审定。接着他又转为中书令，担负着朝廷的重要使命，如栋梁一样，晋明帝非常信任并依靠他。

在《奏军国要务七事》里，他向皇帝建议，"建官以理世，不以私人也。如此则官寡而材精。""周制六卿莅事，春秋之时，入作卿辅，出将三军。后代建官渐多，诚由事有烦简耳。""然今江南六州之土，尚又荒残，方之平日，数十分之一耳。三省军校无兵者，九府寺置，可有并相领者，可有省半者，粗计闲剧，随事减之。荒残之县，或同在一城可并合之。""如此选既可精，禄俸可优，令足代耕，然后可责以清公耳。"

温峤指出，设置官职是为了治理国家，不能以此做人情奖赏给别人，应该是因官选人，而不能为人设官。这样就会官员虽不多而显得精干。他还援引古代的例子，周时制度是六卿举事，就是六卿几个机构就能处理朝廷大事。春秋之时，官员能文能武，入朝则任卿辅，出外则可统率三军。但到后代，官职设置越来越多，人浮于事的现象越来越明显。

然而现今东晋只有六州之地，尚且多有荒残，和过去的西晋繁华之时相比，只能是十分之一。建议朝中三省及军校机构中已无兵员的，九府各寺署下属部门，可以相互合并，这样省去一半的人力财力。已经荒废残败之县，如同在一城的，也将它们合并。这样选择官员就可以精益求精了，可以提高他们的地位，给他们较高的俸禄，然后就可要求他们清正廉明了。

这就是高薪养廉的提法。这些建议经过大家议论奏请，被晋明帝采纳。但倡导高薪养廉下的东晋，效果到底怎么样？后来的事实又是怎么样？由于士族垄断和朝野政坛世袭成风，加上中枢孱弱，纲纪不振，整个东晋一朝，吏治颟顸不堪，朝官腐、外官贪几乎成了司空见惯的现象，而清官典型则屈指可数。估计是温峤的建议当时就实施不了，或者是后来坚

持不了。理由估计有三点。

第一、东晋朝廷没办法真正做到高薪。

西晋是一个从分裂走向统一，权力和财富从全国向近畿聚集的时代，皇室和京城望族垄断了最多的权势和财富，且这种权势和财富还在源源不断向中枢聚集，有志聚敛者，自然唯有接近中枢这个"近水楼台"，方能大行其道。东晋则不然，开国皇帝司马睿本就是个"名望素轻"的"后座皇亲"，靠着王导、王敦等世家大族的扶持才得以立国，立国之初，方镇大员要么是前朝委任，要么是自己打下地盘，找朝廷要一纸追认诏书，此后的地方官更迭，则只能是皇帝和世家大族、封疆大吏们商量着办，加上疆域狭窄，生财无术，朝廷中枢穷得叮当响。由于中枢钱、物两缺，史书记载，东晋官员经常被拖欠工资，一度因为拖欠太狠，不得不征用京官家丁随员，每人从外地运送六斛米才算勉强应付过去。这种情况，对官员实行高薪本身就是天方夜谭。

第二、宰相王导的导向助长腐败的滋生。

王导是东晋王朝最重要的奠基人，挽狂澜于既倒、扶大厦之将倾自不必说，但他留给了后人一个大大的疑问：为什么容忍腐败？江东初定时，王导经常派人下去明察暗访，查查"父母官"们有没有贪污受贿、腐化堕落。一次，这些工作人员回来后拿着纪录详细汇报，只有顾和不说话。王导感到奇怪，问："你调查得怎么样啊？"顾和说："你是国家首辅，怎么能根据这些传闻，来判断地方官的好坏呢？即使鱼大得能够吞舟，也应该让它漏出网去。"王导大为惊叹，连连称赞"说得好"，其他的人都自悔失言。顾和的意思是：执政宁可粗疏一点，也不要捕风捉影。"宁使网漏吞舟"，这个原则此后就成了王导掌管这个国家的"指挥棒"，渐渐演变成：当官的不管怎么贪赃枉法，都不会追究他们。其实背后有深层的含义，就是：皇室允许官吏腐败，官吏转而支持皇权，双方做一个交换。

二十九、倡导高薪养廉下的东晋为何还处处是贪官

第三、实际上高薪跟养廉并无多大关系。

反腐倡廉问题以历史的观点来看是一个"吏治"问题。古代官吏待遇最为优渥的当属宋代，从赵匡胤开始，就着手改变五代的低俸禄制度，初衷是如果不给予官吏厚俸，很难促其廉政。官员的收入大大增加，就会更加谨慎，不敢以身试法。但这一方法实行效果却不好。据史料所载，王安石"增中书、审官东西、三班院、枢密院、三司、吏部流内铨、南曹、开封府吏禄，受财者以仓法论"——这是跟温峤所提的相类似的高薪养廉模式，但是结果却是官员收入大大增加的同时却没有达到"厚俸养廉"的效果："三司上新增吏禄数：京师岁增四十一万三千四百余缗，监司、诸州六十八万九千八百余缗"，"良吏实寡，赇取如故，往往陷重辟，议者不以为善。"由此可知，王安石采用的高薪养廉的方法在增加了无谓的财政负担的同时并没有起到预期的效果，而且"议者不以为善"。

虽说东晋高薪养廉不成功，但也有例外的。官拜尚书左仆射、护军将军的周顗虽然有贪杯的毛病，但为官清廉，王敦之乱时他被杀害，抄家时只搜出五瓮酒和几石白米；深受晋元帝司马睿信任的刁协、刘隗虽然被当时许多官员骂作"为政刻细"，但即便政敌也承认，他们的操守是比较清廉的。

我想，这可能跟制度无关，更多的是跟自身素养有关吧。比如周顗的弟弟周嵩。

三十、人是为活着本身而活着的

东晋官员周嵩似乎是个不招人待见的人，首先是他的清高自傲，史书称他：狷直果侠，每以才气陵物。其次是特别喜欢议论人家，尤其是同僚之间，议论的程度往往让人接受不了。平时与人交流，说的话也很直接露骨，一点也不给人留情面。什么心情都会随时写在脸上，没有一点遮掩。

一次，他跟散骑郎张嶷到侍中戴邈家里做客，高谈阔论之余，他忍不住对朝中大臣逐一进行点评，当然是褒的少贬的多，不管是有影还是没影的事，都被他说得有模有样，张嶷和戴邈都是清谈高手，对他的言词当作是茶余饭后的谈资，一笑而过。不料，周嵩觉得并不过瘾，直接点评起眼前的主人戴邈，估计是戴大人有些工作做得还不够到位，周嵩就当面嘲讽并诋毁他，一点情面也不给。

论职务，周嵩和张嶷都不过是郎官，而戴邈是侍中，相当于宰相，下级在上级面前如此大放厥词，实在有些过分，戴邈强忍着。等聚会一结束，戴邈马上向司马睿秘密控告周嵩。结果周嵩被司马睿狠狠地教训了一通，周嵩不服，顶撞了司马睿，司马睿大怒，叫廷尉把他收押在监狱。廷尉提请朝廷以大不敬的罪名判处周嵩死刑。由于周嵩的亲哥哥周顗是朝廷重臣，"时顗方贵重，帝隐忍"。周嵩这才躲过一劫。

周嵩还是个爱憎分明有点过头了的人，他非常鄙夷司马睿的心腹刁协等人。刁协简直就是投机分子，先后在成都王司马颖、赵王司马伦和长沙王司马乂手下任职，后跟随东瀛公，官至颍川太守。司马睿南渡时，他又紧抓机会跟随南下，是个谁有奶谁就是我娘的角色。东晋建立后，司马睿

三十、人是为活着本身而活着的

正想利用刁协与另外几人,来牵制王导等人。尽管刁协能力很强,但他最大的缺点就是刻薄寡恩,没有人格魅力,他的所作所为在朝中遭很多大臣反对,在崇尚名士、流行清淡的时代,大臣们更愿意与温和宽厚、风度翩翩的王导相处。

那天周嵩的哥哥周𫖮在尚书省值班,夜里突然发病,情况危急。刁协正好在场,立即采取急救措施,还派人喊来御医,尽心尽力地照料他。到了天亮时候,周𫖮病情终于好转。刁协让人通知他的弟弟周嵩,周嵩听到后急急忙忙赶了过来。刁协看到他马上介绍有关情况。然而周嵩十分冷淡,厌恶地挥挥手让刁协离开。刁协碰了一鼻子灰,只好走到户外,让他们兄弟交谈。谁知周嵩看到周𫖮,连病情都没问,就说:"哥,你以前在中原时很有名气,现在怎么和这样的佞幸小人有交情了?"说完就扬长而去。

这样的人在官场就是个另类,不过也有可爱之处,出于本真的他始终没有忘记人为什么而活着,他觉得要想活出真实的自己,必须要体现自身价值,必须要对得起自己良心。结果他写了两道著名的奏疏,一道差点毁了自己的前程,一道拯救了一位朝廷栋梁。

大兴元年(公元318年)三月,晋愍帝死讯传至建康。文武百官奏请司马睿登基,使用皇帝尊号,司马睿不同意。以纪瞻为代表的大臣们认为,第一,晋政权灭亡,至今已经两年,司马睿应当继承大业;第二,遍观皇室子弟,只有德才兼备的司马睿值得推让;第三,司马睿如果荣登皇位,那么国家就有救了,这是得民心顺天意的事情。现在洛阳、长安两座京城被毁,国家无主,刘聪在西北自立国号,如果司马睿清高地推谢帝位,这就如同急于救火却恭礼谦让。但司马睿还是不同意。

其实,这根本就是一个套路,皇帝登基前的必然程序,要推让几次。谁知,周嵩却在详细分析实际情况后,上了一道奏疏:"古代帝王,道义

晋诤：解读晋王朝那些决定国运民生的话语

周全而后撷取，谦让顺成而后据有，所以能长久地统治国家，恩泽被服万世。现在愍帝的梓宫尚未返国，故都耻辱尚未涤清，胸怀节义者痛心泣血，士子民女惶惶失措。应当广开言路征求良好的建议，训练士卒、整备兵器，先洗雪国家覆亡的大耻，实现天下人民的共同愿望，那么君临天下的大权还能给谁呢！"

于是引出东晋建立时先登基还是先收复故土之争。周嵩出于公心，认为国难当头，当务之急是先洗雪国家覆亡的大耻。结果可想而知，上疏违背了司马睿的旨意，被贬黜出京，任新安太守。

另一道奏疏跟王导有关。当上皇帝后的司马睿越来越觉得浑身不自在，这种感觉主要来自王导和他的王家。一是怕王导权力越来越大，成为权臣，从而架空自己；二是怕王导朝野的影响力实在太大。温峤说看到王导就看到了东晋的希望，众人在新亭被王导一语击醒等等故事，都让司马睿对王导不得不有所顾虑，尤其是他的堂兄王敦，手握重兵，对朝廷虎视眈眈。于是，司马睿开始对王导不冷不热，甚至有意疏远他。

这种情况下，很多大臣自觉不自觉地与王导保持了一定的距离，甚至唯恐避之不及，生怕有瓜田李下之嫌，更不用说向皇帝为王导洗脱什么了。其实王导也很苦闷，但不能向皇帝表忠心，说王敦是王敦，我王导是王导，这时候你越表说明心越虚，因为已经有嫌疑在先了。

这时候，周嵩觉得自己一定要站出来，在深思熟虑后，也不怕再次得罪司马睿，毅然上书，"今王导、王广等，方之前贤，犹有所后。至于忠素竭诚，义以辅上，共隆洪基，翼成大业，亦昔之亮也。虽陛下乘奕世之德，有天人之会，割据江东，奄有南极，龙飞海颛，兴复旧物，此亦群才之明，岂独陛下之力也。今王业虽建，羯寇未枭，天下荡荡，不宾者众，公私匮竭，仓庾未充，梓宫沉沦，妃后不反，正委贤任能推毂之日也。功业垂就，晋祚方隆，而一旦听孤臣之言，惑疑似之说，乃更以危为安，以

三十、人是为活着本身而活着的

疏易亲，放逐旧德，以侫伍贤，远亏既往之明，顾伤伊管之交，倾巍巍之望，丧如山之功，将令贤智杜心，义士丧志，近招当时之患，远遗来世之笑。夫安危在号令，存亡在寄任，以古推今，岂可不寒心而哀叹哉！"

意思是说，王导忠诚无私、尽心竭力，他分明就是诸葛亮的再版，他帮助皇上建立大业，稳定江山，所以皇上不应当听信个别臣僚之言，被似是而非的说法迷惑，放逐旧日的功臣，使其与奸侫同伍。这样会使往日的恩德荡然无存，为今后招来祸患。司马睿看了奏疏，颇有感悟，王导的职位乃至性命因此得以保全。

周嵩的本真和问心无愧导致他在大灾面前没有选择躲避，反而显得无畏无惧、生死度外。后来王敦起兵，杀害了周𫖮，又假惺惺派人慰问周嵩，周嵩愤怒地说："我哥是被天下人所杀，你还来吊唁什么！"王敦当然很不爽，没多久就找个理由诬陷周嵩与人勾结，密谋不轨，也把他给杀了。周嵩对佛道很精通，"临刑犹于市诵经云"，真不知道他为谁超度。为他自己？为这个不懂他的朝廷？还是为这个充满艰险的世道？

余华作品《活着》的序言里有这么一句话："人是为活着本身而活着的，而不是为了活着之外的任何事物而活着。"在我看来，这话放在周嵩身上再恰当不过了。

不过，相比周嵩，同时期的孔愉在为人处世上似乎做得更加完美。

三十一、活出自己的同时还活出道德来，
　　　　真是帅呆了酷毙了

人生应该做自己，而不是出卖自己去取悦别人。真正成功的人生，不在于成就的大小，而在于是否努力去实现自我，发出自己的声音，走出自己的道路。

东晋的孔愉不仅活出自己，还活出道德来。一个人有没有道德，其实就是一句话：根植于内心的修养，为他人着想的善良，无须提醒的自觉，以约束为前提的自由。

孔愉虽出身官宦之家，却是个命运多舛的人，十三岁时父亲去世，年轻时奉养祖母以孝闻名，与地方上的张茂字伟康，丁潭字世康齐名，被时人称为"会稽三康"。太康元年（公元280年），西晋灭吴，孔愉跟其他南方士人一起迁居洛阳。

晋惠帝末年，政局动荡，时势逼人，孔愉不得已回归家乡会稽。走到江淮之间，不凑巧遇上石冰、封云叛乱，鉴于孔愉的知名度，封云逼迫孔愉担任自己的参军，有很强的正统意识的他怎肯为叛逆之军服务？他当即就拒绝了。封云恼羞成怒准备杀了他，后来被封云的手下营救才获免。

回到会稽后，他隐居新安山中，以耕种读书为业，在乡里很有信誉。无官一身轻，他一直独自住在山中，歌咏吹弹，告诫自己谨言慎行，自称孔郎，在名山大川漫游散心。他这种修行纯粹是修身养性来约束自己的行为，不像一些隐者，厌恶尘世，通过隐居以寄托自己漠视世事的情怀，更不像另一些隐者，耐不住寂寞，借隐逸来沽名钓誉，获取高位。孔愉，这

三十一、活出自己的同时还活出道德来，真是帅呆了酷毙了

是一种根植于内心的修养。

直到建兴元年（公元313年），琅琊王、安东将军司马睿镇守扬州，孔愉才出来应召，任丞相掾，接连被授任驸马都尉、参丞相军事，孔愉这时已经五十岁了。后来因为讨伐叛军华轶的功劳，被封为余不亭侯。

建武元年（公元317年），权臣王敦自恃有功，而且宗族势力强盛，越来越骄恣跋扈，司马睿因畏惧而憎恶，于是提拔刘隗、刁协等人作为自己的心腹，逐渐抑制和削弱王氏的职权，王导也逐渐被疏远。担任中书郎的孔愉向司马睿陈述王导的忠贤，认为有辅佐王室的功勋，应当加以任用。司马睿十分恼火，认为违背了自己的旨意，就把他贬黜为司徒左长史。不过孔愉并没有后悔，因为他具有为他人着想的善良。

东晋之初也确实很乱，刚刚平息了王敦之乱，苏峻叛军又起。咸和三年（公元328年），苏峻叛军攻入建康，眼看着就要进入台城，就是东晋时期的台省（中央政府）和皇宫所在地。情况十分紧急，当时百官逃奔离散，宫殿、朝省悄然无声。司徒王导及光禄大夫陆晔、荀崧等人围住御床，护卫年仅八岁的晋成帝。而身为太常的孔愉则直奔宗庙，穿着朝服死死守在那里。

宗庙是供奉历朝历代国王牌位、举行祭祀的地方。它象征着皇权的一统和朝廷的尊严。在孔愉看来，越是动荡越是要追求内心宁静，越是动乱越是要守正持节。这是一种无须提醒的自觉。

在先前孔愉任司徒左长史期间，负责考核官员的品级。东晋大功臣、平南将军温峤母亲亡故但遭北方动乱不得归葬，原则性很强的他就不提升温峤的品级。因为在以孝治天下的晋朝是很讲究这点的。到苏峻之乱平定后，而温峤为平乱元勋之一，孔愉前往石头城见温峤，此两人级别相差很大，都说级别就是距离，可能是温峤真的触到泪点，不顾身份拉着孔愉的手流着泪说："当今天下丧乱，忠孝之道衰废。能保持古人的节操，在艰

难的情况下也不改变的，只有您一个人。"大家都称赞温峤身居公卿之位而能推崇孔愉守正的德操。

　　由于孔愉的出色表现，晋成帝下诏褒奖孔愉与尚书令陆玩，并赐陆玩亲信三十人、孔愉二十人。但孔愉上疏再三推让，晋成帝不同意。孔愉又上奏章说："臣凭借愚愦的才能，羞愧地充任朝廷要职，但因怠惰无能，无益于辅佐。"唉，此言此举让同样受赏的陆玩情何以堪！陆玩以为，孔愉谦让是君子之举，而我不这么做岂不让人嘲笑，但是我如果效仿他，岂不成了作秀？好在他俩交情不错，陆玩也知道孔愉的脾气，才没做计较。

　　而孔愉接着说的内容让一个人很不爽。

　　"当今强寇未灭，边境紧张，政务繁杂，徭役繁重，百姓困苦，奸邪官吏作威作福，坏人猖獗。大难之后，国库空虚，有功之人奖赏不足，贫困愁苦之后，没有受到拯救周济，呼号哀叹的声音，人神都有所感触。应当合并冗职减省官员，节省食用，尽力抚慰百姓，周济他们的困难。臣等不能辅助弘扬大化，纠正宣明刑法政令，而苟且安居高位，无缘无故受到宠信赏赐，没有功德而得到俸禄，祸殃一定会降临，不敢无缘无故接受特别的赏赐，来加重臣的罪过。"晋成帝赞同他的观点。

　　这个人就是王导，尤其是提到百姓困苦，奸吏为非作歹，豪强肆无忌惮。王导很不高兴，在公开的场合当面责问孔愉："你说的奸吏、豪强到底是谁，你给我说说清楚！"孔愉正想要大论一番朝廷为政的得失，被陆玩制止后才作罢。

　　孔愉当然知道，当时江东极不稳定，王导希望士族和皇室能同舟共济，所以实施愦愦之政，对一些的士族违法行为睁一只眼闭一只眼，主要目的是拉拢士族，求得彼此利益的均衡，特别是使庾、王之间相安无事。当然孔愉更知道，表面的稳定，眼前的平衡，换来是普通老百姓的苦不堪言。当时江东的万顷湖水，全部被世家豪族霸占。政府从来不管，但如果

三十一、活出自己的同时还活出道德来，真是帅呆了酷毙了

一个老百姓下网捕鱼，就要被没收鱼器和罚绢十匹。

孔愉之所以要把问题摆出来，主要是他有种强烈的意识：人固然要有自由，但是以约束为前提的自由。

后来王导又要让自己的亲信赵胤担任护军，这是个很重要的军事指挥岗位。孔愉对王导说："自东晋建立以来，担任这个官职的，是周顗、应詹。如今即使缺乏人才，怎么能让赵胤来担任这个职务呢？"言下之意是周、应都是忠义之士，德高望重，而赵胤算什么啊。

王导性情宽容仁厚，所委任的许多将领，如赵胤、贾宁等，大多不守法令，大臣们为此忧虑。这点曾受到庾亮的诟病，说他"多养无赖之士"，并以此为由想废黜王导。

孔愉就是这样恪守正道，但遗憾的是，王导不仅没听从劝告反而心生忌恨。王导评价孔愉：他有三公的才能而没有三公的名望。

公元330年前后，孔愉出为镇军将军、会稽内史、加散骑常侍。在会稽郡，他亲自巡行，修复汉代旧渠，灌溉田地两百余顷，皆成良业。任职三年后，他于山阴鉴湖南侯山下，购地数亩为宅，草屋数间，弃官居之。人家送给他数百万的资助款，他统统都不要。咸康八年（公元342年）他无疾而终，享年七十五岁。

孔愉历仕东晋三朝，作为王敦之乱、苏峻之乱的见证者，不畏勋贵，立身纯正，每历祸乱，始终保持守正的德操。因为对朝廷和百姓有功，百姓感念他，在他的德清县墓地旁兴建祠庙，至今已尊享一千多年的香火崇拜。

顺便提一下，《搜神记》里还记载了一个关于他的故事。说孔愉年少的时候，有事路过余不亭，看见有人把乌龟装在笼子里在路上叫卖，孔愉买下乌龟，然后将乌龟放生到余不溪水中，乌龟游到溪水中心后，从左边回头向孔愉站着的岸边看了好几次。后来，孔愉因战功显赫被封为余不亭

侯，铸官印时，龟形的印钮总是出现从左边回头看的姿势，经过三次改铸，龟形印钮还是保持着最初的样子。铸印的工匠将这事向孔愉做了汇报，此时，孔愉才明白，这是乌龟对他的报恩，于是，孔愉就将龟形印钮带在身上。

故事虽有些荒诞，但孔愉放龟作为有德之人的举动却实实在在地成为千古美谈！

因为他懂得敬畏，如同郭璞。

三十二、敬畏自然，然后才能敬畏生命

郭璞一直以风水学者的身份出现在晋朝历史上。

如果他仅仅是这种身份，那么后人自然很难记住他，史书也不会对他大书特书。他还有一重身份，就是没有泯灭良知的官员。他经常利用卜筮的形式，借敬畏自然之名，隐晦曲折地表示他对时局事态的看法，上奏朝廷规劝皇帝，减轻对人民的压榨。

这一切，源自他的一种观念：人要敬畏自然，自然这种无形的力量一直按照它的规律一刻不停，亘古不变地发展、演进，时间对它而言是不存在的。所以人们要承认自己的渺小和有限，永远对自然存有一分敬畏。

在郭璞看来，敬畏自然，才会敬畏生命。那年，太阳上出现了黑气，这其实是我们现在所说的太阳黑子，是正常现象，是太阳表面一种炽热气体的巨大漩涡，温度大约为四千五百摄氏度。因为比太阳的光球层表面温度要低一千到两千摄氏度，所以看上去像一些深暗色的斑点。但在古代，属于异常天象，曾有这样记载："公元前28年，三月乙未，日出黄，有黑气大如钱，居日中央。"

于是，有强烈忧国忧民意识的郭璞借题发挥，上疏说："此月四日，日出山六七丈，精光潜昧，而色都赤，中有异物大如鸡子，又有青黑之气共相薄击，良久方解。"他解释，上天与人虽相隔很远却息息相关，如形与影一样相互呼应。出现黑气说明阳气还不旺盛，阴气淤积还很浓厚，皇上若施以德政，就会呈现祥瑞，若怠惰荒戏，就会出现灾变。我听说君主有过多的快乐，国家就没有幸运。当今圣朝英明深谋远虑，应开启四门以纳入光辉，收集舆论以观民心，何况臣置身于朝班之中，能不竭尽忠诚以进谏吗？！陛下宜恭承灵谴，敬天之怒，施沛然之恩，谐玄同之化，上所以允塞天意，下所以弭息群谤。

从太阳的黑子到皇帝要广开言论、收集舆论，郭璞是动了一番脑筋的。

还有，那年阴阳错乱，从秋天开始阴雨连绵不断，各地郡县都有暴雨，洪水泛滥，收成管不到年底，而且阴雨一直延续到第二年，当时又恰逢朝廷大兴诉讼刑狱之事，于是郭璞把两者结合了起来，向皇帝上疏《省刑疏》，建议说：

"我认为这么长久的下雨，虽然我朝逢火之祥，但还是因为刑狱繁多，怨愤之气所致。皇上您要重视这件事啊，不然，恐怕将来一定会有不止的天灾、山崩地震日食之变、暴恶奸狠的妖孽，更会增加陛下的劳苦和忧虑。根据卦爻辞上的话：'君子应赦免过失宽恕罪恶。''知道有祸患而预防它。'我认为应该发布哀怜百姓的诏书，公布自己的过失责任，清理排除弊端，光明正大广布恩惠，使那些幽禁将死的人和苍生百姓一样得以快活地生存，让淤积的阴邪之气随着春风而吹散。这也是随时而改变方法，启开壅塞而委曲以求成。陛下宜侧身思惧，以应灵谴。皇极之谪，事不虚降。不然，恐将来必有愆阳苦雨之灾，崩震薄蚀之变，狂狡蠢戾之妖，以益陛下旰食之劳也。"

郭璞还呼吁，对老百姓扶持爱护的恩情还未广布，而严施刑法的风气已很浓厚了，治理国家的方略还未齐备，可约束民众的法规却经常变迁。法令不统一会使民众困惑不知所从，职务升迁频繁必定会滋长一些人的野心，官方不明察就会产生弊政，奖惩不明则会使善恶混淆，这都是管领国家的人要慎重对待的。

永昌元年（公元322年），皇孙诞生，郭璞上疏，再次恳请皇帝要居安思

三十二、敬畏自然，然后才能敬畏生命

危、广布恩泽，他说："现今皇孙诞生，上天使帝业有了继承者，天下百姓恭敬顺从，希望沾沐雨露之恩。可今年岁逢壬午，我朝运属金而以午为忌。应该乘此时广布恩泽，则会消除火气不会再生灾变。然后申明法典，整顿吏治，平息上天的怨心，宽慰安定人心，百姓有福，祯祥必定会出现。"

郭璞认为，有道的圣明之君没有谁不认为居于危难之中，而昏乱的君王都觉得自己一切都平平安安。虽存而不忘亡的危险，所以夏商周三代得以兴隆，快要灭亡了还觉得自己地位很牢固，这三代之末所以都灭亡了。正是这种理念支撑了郭璞，他觉得，历代的明主都会接受忠诚的谏规，以纠正缺失，批评得严厉直切，正好用来改正错误。"以雷电震，暴雨非时，深自克责。虽禹汤罪己，未足以喻。臣暗于天道，窃以人事论之。陛下节俭敦朴，恺悌流惠，而王化未兴者，皆群公卿士不能夙夜在公，以益大化，素餐负乘。秕秽明时之责也。"

他的数次上书，所言便公益民，对朝政多有匡益。接到这些疏奏，晋元帝司马睿很是赞赏，下诏给予了答复，并表示要根据郭璞的建议去做。

郭璞为什么喜欢这么做，一个跟他的学识背景有关，他是一位风水学者，擅长占卦。另一个原因就是他时时在关注国计民生。

他出生于相对稳定的西晋，却见识了战乱的东晋。他年轻的时候，中国曾经很安稳，但是他成年后中国北方开始狼烟四起，腥膻遍地，这一切都是因为政治的昏暗、朝廷的腐败、民族关系的复杂。当西晋朝廷陷入内乱的时候，北方胡人就趁势而起，直接导致中国陷入了三百年的内乱。这期间，郭璞目睹了颠沛流离、目睹了生离死别、目睹了生灵涂炭，深深感受到了人们对生命的渴望、对生存的希冀。

天道和生命看起来不相交，以天象说政治看起来有些荒诞不经，其实，郭璞感到，天和人两者在冥冥之中蕴含了某种宿命。之所以敬畏自然、敬畏生命，是因为生命是宝贵的，对于任何动物、任何人而言，生命

只有一次。动物没有思想，它们顺应自然适者生存，而我们人类不同，人类有怜悯之心，有良知。因为生命来之不易，所以我们要倍加珍惜和爱护；因为自然规律亘古不变，所以我们要遵循和顺应。因为敬畏，爱才会充盈这个世界；因为顺应，整个自然才会日趋和谐。作为东晋朝廷也一样，只有敬畏生命，以民为本，才能有更强大的社会基础。

当时有人曾对郭璞从事卜筮加以指责，郭璞在《客傲》一文中作了答复。他说这是和庄周之为漆园小吏、严君平之卖卜于成都，以及焦先之遁迹、阮籍之昏饮一样，乃是身处乱世以求自保的一种手段。然而，郭璞卜筮，侈谈阴阳术数，也不完全是为了明哲保身。从规劝皇帝到后来又以占卦预言的方式，劝温峤、庾亮起兵讨伐割据荆州的王敦，而借占卜"无成"阻止王敦图逆，都反映了他的政治态度。

对自然的敬畏、对生命的敬畏，郭璞受到了后人的尊敬。

当然也有不敬畏自然的主。建兴二年（公元314年）正月初一，正是家家喜迎春节的时候，在中原大地上，突然有个像太阳似的东西殒落到地下，又接连出现三个太阳，从西方朝东行。更奇怪的是，有流星坠落在平阳以北，变成肉，长三十步，宽二十七步。有人报告给了前赵君主刘聪，他感到很厌恶，就询问公卿大臣。大臣陈元达认为是"后宫女宠太多，亡国的征兆"。刘聪说："这是天象日月运转的道理，与人事有什么相关？"

这个不敬畏自然，也就不敬畏生命的前赵君主即位以来大行杀戮，又宠信宦官和靳准等人，甚至在在位晚期疏于朝政，只顾纵情声色，最后骄昏而亡。

三十三、千年前虞预奏章仍是今天的一面镜子

在晋朝，官员之间迎来送往是常态，铺张浪费，大吃大喝，奢靡消费，用的全都是老百姓的血汗钱。官员们忙于迎来送往，本身就是一种腐败先不说，还会衍生出其他腐败和违法犯罪行为，比如导致官员拉帮结派，结党营私。所以，自古以来社会民众对官场风行的迎来送往之邪风历来深恶痛绝。东晋的虞预就曾上书给皇帝，其中就提到官场上的迎来送往。

虞预是位史官，一辈子都在写历史，不管在秘书丞、著作郎岗位，还是担任谘议参军、散骑常侍职位，都勤于笔耕，著有《晋书》、《诸虞传》、《会稽典录》等作品。不过他不是那种掉书袋的酸文人，而是积极关注时政的敬业官员。

年轻时的他在太守庾琛麾下任主簿期间，目睹社会之怪现象，于是激情上书，题为《上记陈时政所失》。其中写道："自顷长吏轻多去来，送故迎新，交错道路。受迎者唯恐船马之不多，见送者唯恨吏卒之常少。穷奢竭费谓之忠义，省烦从简呼为薄俗，转相仿效，流而不反，虽有常防，莫肯遵修。""受迎者"乃是上任的新官，"见送者"则是卸任的故吏，前者"唯恐船马之不多"，越多越能显出自己的威风；后者"唯恨吏卒之常少"，越少越显得自己的凄凉。此"唯恐"与"唯恨"，很能体现此类官员对于世态炎凉特别敏感的心态，促成诸多官员荣辱倒置的价值取向，所谓"穷奢竭费谓之忠义，省烦从简呼为薄俗"，于是"转相仿效，流而不反"，互相攀比，愈演愈烈。

这种现象有其原因，主要是官吏的升迁与其上司的好恶密切相关。上司过境，能给自己打多少印象分，接待规格以及在迎来送往之上所花的功夫之深浅至关紧要；官吏的能耐与其在同僚之中的人脉密切相关。迎来送往又是建立或修复这种人脉的极好时机。假如官吏的能耐只凭着自身素质，官吏的升迁充分体现民意，那么，迎来送往的劣习未必就会有如此市场。

还有，官字与公字相通。凡是与官字相关的便都是公事，由官府"送往"的叫作"公送"，由官府"迎来"的自是"公迎"，无论是喝酒、看戏、备赏、馈送统统都由"公费"开支，更不要说人马车船等交通费用了。还把自己当成"公家人"，甚至顺便揩油，损公肥私。假如"公费"开支的阀门一关，一切费用都由好事者自己去开销，那么，迎来送往的风气也未必就会如此盛行。

在虞预看来，这种现象与现实境况非常不协调。那时外部正面临异族军队入侵，内部赋税徭役繁多，同时遇上荒年，百姓失去家业，他呼吁该到轻徭薄赋、宽刑省役的时候了。加上在迎来送往的作为接待用的地方，永远失去种植机会，一个男子不耕种，十个人就没饭吃，何况是很多人没地可耕种，这种影响不可估量。于是"虽有常防，莫肯遵修"，令而不行，禁而不止，大大加重了百姓的负担。

虞预还为革除这种官场劣习提出了建设性意见，所谓"人船吏侍皆具条例，到当依法减省，使公私允当"。对此，太守庾琛"善之，即皆施行"，大概也曾取得阶段性的效果。

从东晋到清代的一千数百年中，大概不乏虞预这样的有识之士，对迎来送往之官场劣习有过种种振聋发聩之谠论；大概不乏庾琛那样从善如流、励精图治、改革弊政的决策者。甚至在清朝，还出现像张集馨那样以"终日送往迎来"为耻的官员；在《清实录》中还多有严厉指责和禁阻官

三十三、千年前虞预奏章仍是今天的一面镜子

员之间"迎往送来，交际馈遗"的"上谕"。

除了关注时政革除劣习的奏疏外，虞预还有两道奏章同样值得后人借鉴。大兴二年（公元319年），大旱，东晋晋元帝司马睿，下诏求谠言直谏之士。虞预上书恳求皇帝能推举贤才。

上书称："今天下虽弊，人士虽寡，十室之邑，必有忠信，世不乏骥，求则可致。"意思是说，现在虽然天下荒芜，人虽然少，十室之城，必定有忠信，世上不缺乏骏马，只要你有需求就可以拥有。

他对开国以来的形式进行了分析，说晋朝受命，距离今天五十多年。自从元康以来，戎狄传到中国，宗庙被烧为灰烬，千里无烟火之气，中国没有做官的人，自从天地开辟，古书上记载，大混乱的局面没有像今天这样的。

他认为治理国家的关键在于得到人才，有才能的人要想方设法把他吸引到朝廷来。如果能很好地任用贤能之人，那么有再强大的外敌我们也可以抵抗。他还举了春秋战国时期的例子予以佐证。

跟很多的晋朝官员不一样，他喜欢经史，不喜欢玄学，喜欢务实，憎恨玄虚，其论阮籍裸袒，比之伊川被发，"所以胡虏遍于中国，以为过衰周之时。"他认为寇贼未平，当须良将，又上了一道求良将的奏疏。

他先是分析了形势，想当初汉武帝平定天下，还以勇士把守四方，大破匈奴，远征大宛，降服西域，收复南越，吞并朝鲜。西汉版图东抵日本海、南吞交趾、西逾葱岭、北达阴山，奠定了汉地范围。汉文帝乘车遇到冯唐，感慨自己没有廉颇、李牧一样的将领去抵御匈奴的侵犯，冯唐直言劝谏。文帝赞同冯唐劝谏，并派遣其去赦免战败的魏尚，使其复职云中郡郡守，冯唐也被任命为车骑都尉，辅佐战事。现在中原荒凉凋敝，百无一存。陛下登基，威畅四远，正好应该是有所作为的时候。异族没有什么禁忌，纵兵劫掠，罪恶已经十分明显。于是他提出了建设性的意见：

第一要找到良将。希望陛下向社会公开征选良将，从中发现人才，挖掘人才，使他更好地投身保家卫国的行列中，也希望朝廷大臣广泛推荐。

第二要支援良将。由于没有后方支援，大将祖逖被孤立了，前有强劲的敌军，后来没有被救援，尽管他有满腔的报国热情，也很有智慧和力量，也是不可持久的。

第三要重奖良将。他们用才能和生命换回国家的安宁，我们应该予以重奖。"厚加恩宠，足以让忘身"。

晋朝的历史人物大多寂寂无闻鲜为人知，虞预也不例外。不过他却因为这几道奏疏和他的历史著作而名垂千古。为什么虞预会连着上奏疏，原因只有一个，在于他的忧国忧民的拳拳之心。在一份奏疏里，他如此写道："诚知山河之量非尘露可益，神鉴之虑非愚浅所测；然匹夫嫠妇犹有忧国之言，况臣得厕朝堂之末，蒙冠带之荣者乎！"意思是我知道山河的量不是尘暴露可以增加，神灵明察的担心不是愚昧浅薄的测量；我的力量是微薄的，我的想法是肤浅的，但是普通人和寡妇尚且有忧国忧民的话，何况我居身朝堂之末，还享受着朝廷的荣耀呢！

千年前虞预这个人和他的奏章，仍可谓是今天的一面镜子。不过，在东晋，还有一面活镜子。

三十四、效仿东晋陶侃做一个知进知退的高人

咸和九年（公元334年）六月的一天，傍晚时分，如血残阳。

荆州城，州府衙内。

一位年老的大臣正费劲地翻阅着库存簿录，视力明显有些不济，但还是那么专注，军资、器仗、牛马、舟船、粮草等，当看到一笔一笔都详细记录在册时，向来严肃的老人露出一丝笑容。

"走，去库房看看。"他手轻轻一挥，在众人的搀扶下，他步履蹒跚，不停地咳嗽。

"把钥匙给我。"在库房前，老人低声地朝身边的人说道。只见他大致清点了下，"哐啷"一声，亲自上锁，封存仓库。

"这些都要原原本本交给朝廷，不许任何人擅自挪用。"说这话时，老人深邃的目光里流露出一股威严。他即将离开这片他热爱的热土，荆州城外是夕阳下远山的轮廓，连绵起伏若波涛，就像他此刻的心情。

他就是东晋朝廷重臣、荆州刺史陶侃。他的生命里跟荆州有过三次交集。

陶侃出道很迟，但运气很好，属于大器晚成。他清楚地记得，第一次来到荆州，是因为遇到他的好领导——刘弘。西晋末年，张昌在荆州辖区的江夏（今武汉）率流民叛乱，刘弘被任为荆州刺史，派兵镇压，同时邀请陶侃为南蛮校尉长史，领大都护，命他为先锋开赴襄阳，讨伐张昌。303年，张昌攻下了荆州、江州、扬州等大片地区，规模迅速膨胀。陶侃与他几次大战，大败张昌，前后斩杀数万人，张昌逃窜到下山，他的部众

全部投降。张昌后被处死，荆州平定。一直很欣赏陶侃的刘弘感慨万千，对陶侃说："我过去担任羊祜的参军，羊公说我日后一定能到达他的地位；今天看到你，你一定能到我的地位。"

那一年陶侃四十五岁，也是他飞黄腾达、驰骋天下的开始。

但好景不长，刘弘于306年患病去世，荆州刺史换成了野心家王敦，陶侃的好运也暂时画上了句号。跟前任领导对他无比信任不同，王敦却对他疑心重重，一是嫉妒他的才能，二是听闻该人过于正直，不容易驾驭。于是王敦对他横挑鼻子竖挑眼，不断地给他使绊子。但陶侃心胸坦荡，从容面对，从不怨天尤人。不论光明是否来临，他心中的希望之火永不熄灭。

第二次是司马睿占据江南后，陶侃升任龙骧将军、武昌太守，成为朝廷任命的市级领导。不久，建兴元年（公元313年），荆、湘两州杜弢又造反，刚刚任荆州刺史的大名士周顗遭到杜弢围困，四处求救。陶侃派部将朱伺前去救援，杜弢退守泠口。陶侃判断杜弢必由陆路偷袭武昌，因此迅速率军抄近路连续行军三昼夜，在武昌周围埋伏下来。杜弢果然来攻，陶侃令朱伺率伏兵迎头痛击，大破杜弢，缴获大批辎重，杀伤众多敌兵。杜弢败军退入长沙。

陶侃派遣参军王贡向已升任镇东大将军、开府仪同三司的王敦报捷，王敦说："要不是有陶侯，就会失去荆州啊。周顗刚到任，就被贼兵击败，不知道他怎么能当刺史？"王贡说："我们荆州正值多难之时，非陶龙骧（陶侃）治理不可。"王敦同意，即上表拜陶侃为荆州刺史。

但王敦很快就后悔了，因为凭陶侃的个性是不会跟自己站在统一战线上的。按照惯例，陶侃上任前要到江陵（今湖北荆州）述职。在江陵见到王敦后，立即被"软禁"，并接到了新的任命：调任广州刺史。那时候的广州是真正的边远蛮荒之地，很多人都把它视作危途，不愿上任。但陶侃

三十四、效仿东晋陶侃做一个知进知退的高人

二话没说就接受了新的职务,去广州发挥聪明才智去了。

陶侃到了广州,广州行政事务远没有其他地方多,很快就被陶侃治理得井井有条。于是,陶侃早上总是把一百块砖头搬到书房的外边,傍晚又把它们搬到书房里,每天如此。别人感到很奇怪,问:"你这样折腾为什么啊?"他说:"我的志向是收复中原大地,如果悠闲安逸的生活过惯了,就怕一旦遇到大事我没有精力啊。"这个典故跟祖逖的闻鸡起舞、刘琨的枕戈待旦一样有名。

第三次交集是在太宁三年(公元325年),王敦之乱平定后,晋明帝司马绍为避免重蹈覆辙,在一方面重用庾亮、郗鉴等制约王导的权力,同时拔擢江东士族,在侨、吴士族间搞平衡;另一方面改授荆、湘等四州职务,使方镇互相牵制。于是在同年五月任命陶侃为征西大将军、荆州刺史、领护南蛮校尉。荆楚民众听到这个消息后都互相庆贺。

陶侃治荆州很有一手,他重视社会秩序的稳定和农业生产的发展。王敦平后,荆州大饥,百姓多饿死。陶侃在秋熟收获之时常买米,等到饥荒时又减价卖出救济。使得官民欢悦,都依靠他救济得以生存。羊祜、刘弘等前辈在荆州劝课农耕使生产发展,颇得民心,这对陶侃影响不小。因此他"务勤稼穑,虽戎阵武士,皆劝励之。有奉馈者,皆问其所由,若力役所致,欢喜慰赐;若他所得,则呵辱还之。是以军民勤于农稼,家给人足"。在他治理下,"自南陵迄于白帝数千里中,路不拾遗"。

此外,陶侃派部下经营巴东,又派其子陶斌等人伐樊城,派侄儿陶臻等共同攻下新野,收复了襄阳。襄阳为荆州北门,它起着阻止后赵沿汉水南下的作用,又是东晋经略北方的一个重要阵地。东晋的西大门被陶侃牢牢守住,不让北方的一只苍蝇飞进来。

这时候,陶侃的人生荣誉到了极点:朝廷拜陶侃为大将军,赐予赞拜不名、剑履上殿的殊荣,这是王敦以及后来桓温梦寐以求的待遇,但被陶

侃上表坚决辞让。他目睹了王敦的狂妄自大，深知物极必反、日盈必亏的道理；也见识了庾亮的浮夸的作风和膨胀的权欲，于是在晚年更加注重谨慎做人，勤恳为官。也多次想告老还乡，但被佐吏们苦苦相留。

能者如斯，智者如斯，遗憾的是，两晋王朝鲜有类似陶侃的人，能者不智，智者不能，争权夺利的人多，贪图享受的人多，明哲保身的人多，在乱世得以全身而退，在乱世得以功成名就，在乱世得以好评如潮，陶侃做到了。我在《晋鉴》一书里说到，这归功于他千年不衰的家教和家风。他母亲的卖发待客、训子退鱼、孝子约酒等都深深烙在他的脑海里，在生活的点滴之中不断地践行，形成一种无言、无声的教诲，最为直观、最为直接、最为基本、最为经常的家庭教育。

就在亲锁仓库的几天前，那时陶侃也已病重在身，他连夜向晋成帝上了一道奏疏：要求辞去所有的职位，并派左长史殷羡将官印节传等送还朝廷，称自己虽位极人臣，但能"怀止足之分，不与朝权"。

顺便提一下，数十年后，东晋另一位重臣刘毅跟陶侃完全相反，不向朝廷汇报片言只语，居然擅自带走江州士卒及豫州西府文武将佐一万余人和江州的全部军资、粮草，跟他一起前往荆州上任。其结果，刘毅兵败绝望之下自缢而死，尸体被拖到街市上斩首示众，其余子侄皆被诛杀。而陶侃，八十多年后，刘裕代晋称帝，建立刘宋，出于对陶侃人格的敬仰和功绩的钦羡，前朝东晋的封爵中只有陶侃和王导、谢安等少数人的子孙爵位未被废除。

公元334年7月30日，陶侃去世了。

这也就成了他的最后一道奏疏。

三十五、人如果不要脸，真是天下无敌

陶侃去世后，庾亮成了东晋的最大权臣。

庾亮是东晋时期的一位很有魅力的青年才俊，当年庾亮所乘的马是"的卢"马，有人认为"的卢"马不利于主人，劝庾亮把马卖了。庾亮回答说："怎么能将自己的祸事转嫁给别人呢？"这件事差点让庾亮成为道德标兵。

庾亮才华横溢，姿容俊美，善于言谈议论，喜好老庄之学，为人严肃庄重，一举一动遵礼而行，属于兼通儒玄两学之人。王敦很欣赏他，与庾亮交谈后感叹："庾元规（庾亮）的贤能，远远超过了裴頠（西晋大臣、著名哲学家）啊。"

在《晋鉴》一书里，我给他的评价是喜欢瞎折腾的人，确实是因为他治国理政的水平一塌糊涂，不敢让人恭维。今天重读他的一份奏疏，发现他不仅瞎折腾，更是不要脸。

东晋建立之初，庾亮因为跟太子兼妹夫司马绍私交很深而被拜为中书郎，领著作事务，在东宫侍讲。当时晋元帝司马睿正以法家思想治理乱世，把《韩非子》赐给司马绍，庾亮认为韩非子的刑名权术之学，严厉苛刻有伤礼义教化，不应该去多读这些东西，司马绍对此也很赞同。

太宁三年（公元325年），晋明帝司马绍去世，年仅五岁的晋成帝即位。皇帝年幼，母后临朝，朝政大权很自然就落到了皇帝的大舅外戚庾亮手中。庾亮马上一改"严厉苛刻有伤礼义教化"观点，严厉执政任法，得饶人处皆不饶人，跟王导以宽和之政的理念完全不同，结果大失人心。大

臣陶侃、祖约等人就难免有些怨气。

王导的权威对他产生无形的影响和压力，尽管王导为人低调，识大局顾大体，处处让着庾亮，处处捧着庾亮。但庾亮总觉得他碍手碍脚，想率众废黜王导，于是写信给太尉郗鉴，陈述王导的种种过错，征求郗鉴的意见，郗鉴不同意。公元338年，都督江、荆、豫、益、梁、雍六州军事的庾亮野心膨胀，甚至准备武力讨伐王导，以达到他独揽朝纲的个人目的。幸亏他权衡再三，最终还是放弃了打算。

由于权欲太膨胀，为政太严苛，庾亮担心会引起内乱，于是一方面派平南将军温峤出镇江州以为后援，又修石头城以作防备。另一方面，利用手中的权力大斥异己杀掉了皇族司马宗。

司马宗的手下卞阐逃亡到流民首领、历阳内史苏峻处，被苏峻匿藏拒不交出。庾亮因此认定苏峻其后必为祸患，便多次以朝廷的名义征召苏峻入朝，并许以大司农等空头高位，想要借先下手为强除掉苏峻。满朝都认为不可这样，温峤数次上书制止，庾亮俱不采纳。苏峻也言辞恳切地上表"乞补青州界一荒郡，以展鹰犬之用"，但庾亮不予准许。这无疑是把苏峻往造反的路上推。

温峤听说苏峻不接受朝廷诏命，便要领兵东下守卫京都。盲目自大的庾亮不同意，还写信对温峤说："请足下千万不要越过雷池一步。"没多久，苏峻同祖约一起举兵反叛，庾亮指挥晋军迎战，被杀得大败，京都失陷。苏峻占领京都后表现残酷而极为凶暴，先是软禁了皇帝，随后又驱役百官，要他们负担登蒋山，甚至裸剥士女，令他们被逼以草席或泥土蔽体，哀号之声震动全城。同时尽掠库存的二十万匹布，五十斤金银，亿万钱和数万匹绢布。给这个刚刚在建康建国不久的王朝几乎是致命一击。

脸皮很厚的庾亮只得出逃投奔温峤。温峤并不责怪，反而加紧操练水军准备勤王。后来庾亮又找到陶侃欲联合起兵讨逆，陶侃嘲笑庾亮说："你

三十五、人如果不要脸，真是天下无敌

修石头城来防备老夫，怎么今天反过来又求我啊！"吃饭时，庾亮吃薤菜时，留下薤白，陶侃问："为何要这样？"庾亮不知羞耻地说："因为薤白可以再种。"意思是我逃出京城还是可以杀回去的。

苏峻之乱平息后，对该事件负主要责任的庾亮面对汹汹舆情，上疏为自己辩解：

"臣是凡夫俗人，没有经世之大才，只因是皇亲，才累次获得不该有的职位，这样得到的越多，天下对我的议论怨谤也越多。皇家正值多灾多难之际，我未敢抽身告退，于是听从朝廷派遣辗转奔波，不管安闲烦劳以尽职守。臣知道自己担当不了这样的重任，但不敢违背先皇的旨意。

"先帝当年恩顾于臣，情同布衣。皇恩深重，而臣命是轻，于是因感遇而忘身。再加上陛下年幼，尚且亲理万机，治理内外，臣处在这个地位上，只能是激励驱驰，不敢有一点马虎。虽然知道这也无济于事，但只能这样以死报效。自己才能低职位高，我进不能安抚朝廷内处，退不能崇贤敬长，才使行四海有所离心，非议四起。

"苏峻、祖约肆行凶逆之事，罪过由臣引发，即便寸寸斩割屠戮，也不足以向七庙的神灵谢罪，不足以平息天下人的责难。朝廷又有什么道理再将臣与他人相提并论，臣又有什么脸面跻身于人伦呢！

"臣欲自投草泽之中，是出于悔过愧疚之心，而陛下诏书称其为独善其身。圣旨没有体察到我的本意，是加重了我的罪责。愿陛下纠正先朝任用我的失误，虽然宽大为怀，保全性命，但应予以弃置，让臣自生自灭，则天下就会知道朝廷奖惩劝诫的纲纪了。"

检讨不可不谓深刻，煽情不可不谓到位，技巧不可不谓高明。读了这份奏疏，你不服都不行。第一，苏峻等谋逆之人早有异心，我这是为国除害；第二，我勤于国事，做得多错得多，难免会得罪人，但是我的一切都是出于公心；第三，其实我早有退隐之心，都是皇恩浩荡让我出山，我是

勉为其难啊；第四，请求杀了我，不杀不足以平民愤。当然最好是饶我一死，让我自生自灭。

避重就轻，以退为进。看似自己独揽一切责任，实则把所有责任往谋逆分子、皇帝身上推，自己倒落得个白茫茫大地真干净。

果然，"这是国家社稷之灾难，不是舅舅的责任"。疏奏上后，晋成帝下诏给庾亮定性。并且说："这封奏疏让朕不禁动容，所言恳切凄恻，令人读之感叹。实在是舅舅处在为天下责难的位置，你已把道理都说尽了。如果天下都不明大义，你所遵循的理既是完全正确，又何必要改变人们固有的观念呢！"意思是你庾亮所做的都是对的，人们对你的不理解，完全可以不管，那是他们的愚蠢。

"不仅不能处罚你，反而有功，为什么这样说呢，因为第一，叛贼苏峻作乱，其残暴程度连史书都没有类似的记载，是为天地所不容，人神所共怒。他今年不反，明年当反，这是人人都知道的。舅舅你毅然召他入京，正是不能容忍他的无礼于君。第二，如果说是你自己率兵征讨，导致失败，应该绳之以法，以严肃国法，倒有道理。可舅舅又求告方镇，合众席卷而下，舅舅亲着甲胄，使逆贼苏峻枭首伏诛。大事既平，天下安定，使朕得以返朝，社稷复安，宗庙有奉，这难道不是舅舅和两三位重臣忘身奋战的结果吗！"

人如果不要脸真是天下无敌。这个场景跟后来唐朝的一幕相类似。唐德宗说："大家都说卢杞奸邪，我为什么不知道？"宰相李勉说："卢杞奸邪，天下人都知道，唯有陛下不知，这正是他的奸邪之处！"

按理说，经历了苏峻叛乱后的庾亮应该吃一堑长一智，可很快这个老兄好了伤疤忘了疼。

三十六、善于把复杂问题简单化，才是大智慧

咸康五年（公元339年），司空庾亮当政，凭着皇后妹妹这层关系，大肆安插亲信，大玩政治权术，同时为了捞取更大的政治资本，他向朝廷上疏请求北伐，试图窃名邀誉，张皇中外。

先前他做了自认为铜墙铁壁所向披靡的军事部署。一是安排弟弟、临川太守庾怿，督梁雍二州军事，领梁州刺史，镇守魏兴；二是让弟弟、西阳太守庾翼，充任南蛮校尉，领南郡太守，镇守江陵；三是授权亲信征虏将军毛宝，督扬州及江西诸军事，与豫州刺史樊峻，同率精骑万人，坐镇邾城；四是庾亮自己调集大兵十万，分布江沔，想移镇石城。

北伐是不是时候，北伐又有多少胜算，年轻的晋成帝吃不准，就把庾亮的奏疏交给群臣商议。

太傅王导看后，掀髯微笑表态说："好啊，庾兄能行此事，还有何说，不妨请旨施行。"王导是什么人，他明知北伐时机不成熟，也不可行，但他更愿意看庾亮的笑话。因为此前，庾亮怕王导碍手碍脚，想废黜他，还写信给太尉郗鉴，陈述王导的种种过错，想拉拢郗鉴联手对付王导，结果郗鉴不同意，没戏。

郗鉴是个忠厚之人，看了奏疏后不痛不痒地说："我看是行不通吧，现在军粮未备，兵械尚虚，如何大举？"这个久经沙场的流民大帅，因考虑朝廷几方士族势力要平衡，所以既不想戳破庾亮的自不量力，也不想说穿王导的心思而得罪他。

其他文武百官，出于对权力的膜拜与对权贵的迎合，都赞成异议，支

持庾亮北伐。

只有太常蔡谟，一眼看穿庾亮的那点破事，奏章说得头头是道，天花乱坠，俨然有运筹帷幄、决胜疆场的状态，但说得好听是仅停留在理论层面，说得难听点就是画饼充饥。蔡谟认为盘踞在中原的后赵实力强盛，东晋朝廷实力不足，只可凭借长江天险防守，等待时机。

于是蔡谟上书提出自己的看法，他把北伐这么复杂的事归结为两段话："石虎独起于众异之中，杀嗣主，诛宠臣，内难既定，千里远出，一举而拔金墉，再举而擒石生、诛石聪，如拾遗，取郭权，如振槁，还据根本，内外平定，四方镇守，不失尺土。"

"今庾亮以重镇名贤，自将大军，欲席卷河南，虎必自率一国之众，来决胜负，岂得以襄阳为比哉？今征西欲与之战，何如石生？若欲守城，何如金墉？欲阻沔水，何如大江？欲拒石虎，何如苏峻？凡此数者，宜详较之。"

得出一个结论：后赵的石虎根本就不是你庾亮能够对付的。

这个观点晋成帝给众大臣一看，居然没一个人敢与他辩论批驳。晋成帝也认为兹事体大，北伐是一件难事，于是下诏庾亮停止北伐，不必移镇。

对北伐，蔡谟看得比谁都清楚。他亲自带兵平定过苏峻之乱，也目睹过失败的北伐之战。所以他撇开个人恩怨和其他考虑，把复杂的问题简单化，认为北伐的时机不成熟。这源自于他强大的内心，尽管外在会受到很多人的排斥，但也不会因外界环境变化受影响，其内心依然坚持自己的看法。日本著名实业家稻盛和夫说过：深深扎根于内心的信念，坚定贯彻正道，需要很大的勇气。反过来说，对自己的行为稍有不安或犹豫，自信就会立即动摇，随即失去勇气，也就无法强大。

果然，公元333年，石勒刚死，庾亮就有了恢复中原的计划，于是将

三十六、善于把复杂问题简单化，才是大智慧

豫州刺史之职授予辅国将军毛宝，让他与西阳太守樊峻共守邾城，随时准备举兵北伐。但郗鉴等人认为物质准备不充分，敌强我弱，不可贸然行事。庾亮又上疏，准备迁镇襄阳。正值敌人进犯邾城，公元340年，因为庾亮指挥北伐惨败，毛宝败退，投水而死。庾亮也因此忧愤成疾，病死在工作岗位上，终年五十二岁。

庾亮对军事并不了解却永远瞎战在第一线。善于演戏的他深深蒙蔽了两个人，庾亮生前，陶侃曾经这样评价他："不只有风流，也有从政的实际才能。"庾亮死后，何充感叹说："将玉树埋在黄土里，情何以堪！"

没多久，彭城王司马纮向朝廷上疏，认为乐贤堂有晋明帝亲手描画的佛像，经历屡次动乱，但此堂还在，这是很值得庆幸的事，建议由朝廷下诏为其作颂。晋成帝又把此事交给群臣讨论。蔡谟认为眼下国家还有很多重要的事情要做，像为乐贤堂作颂这类既不涉及国家利益，又不牵涉社会民生的事，私下找几个文人墨客作作赋颂就可以了，不用大张旗鼓以朝廷的名义来作颂。晋成帝认为很有道理，于是就停止了此事。

还有，皇后每年都要拜谒皇陵，程序烦琐，声势浩大，每次都花费许多人力、物力、财力，蔡谟认为不应该如此复杂，如此铺张，于是建议说："旧制皇后只要在太庙拜见就行了，不用拜陵。"这样一来，不管是在仪式上、程序上，还是在开销上都简单得多。朝廷采纳建议，于是改变了此项活动。

复杂问题简单化，源自他对法律制度的娴熟于胸。蔡谟学问广博，对于国家礼仪宗庙祭祀方面的规章制度轻车熟路，并大多提出过议案、作出过决定。他写了不少的著作在社会上流传，反响很好。

永和五年（公元349年），让东晋王朝为之忌惮的石虎终于死了，加上中原混战不休，东晋朝廷派兵北进，起初捷报频传。东晋朝野为之欢呼，都认为光复中原指日可待。

唯独蔡谟对和他亲近的人说:"敌人被消灭确实是非常值得庆贺的事情,然而恐怕这更给朝廷带来了忧患。"听到的人问:"您说的是什么意思呢?"蔡谟答道:"能够顺应天意、掌握时机把百姓从艰难困苦中拯救出来的事业,如果不是最杰出的圣人和英雄是不能承担的。不如老实地衡量一下自己的德行与力量。反观如今伐赵之事,恐怕不是当今的贤达之辈就能办成的。结果只能步步为营,分兵攻守,这是以劳民伤财为代价,来炫耀个人的志向。最后会因为才能和见识粗陋平庸,难以遂心,财力耗尽,智慧和勇气全都变得窘困,怎么能不给朝廷带来忧患呢!"

果不出蔡谟所料,随后的褚裒和殷浩率领的东晋北伐军先后大败,以至于差点一蹶不振。

蔡谟一语中的,缺少有德行和力量的英雄,是不可能北伐成功的。把复杂问题简单化,源自出于公心,不带私心。蔡谟认为,私心杂念一多,带来的不仅有摩擦、内耗,更有明争暗斗、你死我活,这直接关系到东晋能否完成统一大业。他的性格像他的父亲蔡克,禀性公正磊落,坚守正道,做事公道。对方品行假如不符合自己的标准,即使地位再高钱再多也不与之交往。

复杂问题简单化以后,人们处理问题起来就会更加高效,个人的价值在实际工作中也会得到相应的体现。就是这样一位人,东晋的辅政大臣是司徒,大多由皇族司马氏担任。可是,朝廷却破例让蔡谟做了四年的司徒。

但蔡谟还是看不惯朝廷的那番权力之争、士族之争,最终被权臣排挤出去,罢官免职。蔡谟被罢官之后,关了门不再外出,整天研究学问诵读诗文,教育自家后代。几年后,皇太后褚蒜子还是很挂念他,下诏书说:"前任司徒蔡谟凭学问深厚品行高洁享有盛誉,凭做事讲究规则拥有好名声,所以在过去的几个皇帝手下多次做官,一直做到宰相,从那时到现

三十六、善于把复杂问题简单化，才是大智慧

在，蔡谟能闭户思过，确实符合作为大臣能反省自己的道义。"朝廷想重新启用蔡谟，让他担任光禄大夫，开设府第、设置官吏，仪仗同于太尉、司空、司徒。

面对朝廷的盛情邀请，蔡谟做了最后的简单处理：不再复出，专心治学！他在给皇帝的辞谢信中说，自己才德有限，有愧于朝廷的厚爱，所以"惶惧战灼，寄颜无所"。后来，"寄颜无所"就成了成语，意思是说脸面没有地方放，无地自容。

跟蔡谟的做法相反，官场上有很多人喜欢把简单问题复杂化。其实，都是私欲太重惹的祸。他们往往通过引申、联想、发挥、解析、猜测、推敲……一件简简单单的事情可以被某些人穷折腾成面广量大的系统工程。简单事情复杂化，或令人焦头烂额，或令人精疲力竭。尽管不少人有应对错综复杂的社会环境的能力，但是假如能把"把简单搞复杂"的功夫用在其他方面，可以做多少有益于人民有益于社会的正事。

蔡谟这个故事给我们的启示是：善于把复杂问题简单化，才是一种大智慧。因为把复杂搞简单，是人们应当坚守的境界或是追求的目标，从艺术的角度，简单最美；从心理学的角度，简单最快乐；从经济学的角度，简单往往意味着成本低、效率高……

正如汉语词典里那个"人"字，一撇一捺，简简单单，清清爽爽，多好！尤其是身处职场的我们，更需要这种智慧，有了它，机遇就来了。

三十七、你的上司能不能遇上如你一样好的部下

人在职场，重要的不是你能不能遇上一位好的上司，而是你的上司能不能遇上如你一样好的部下。晋朝的应詹就是一位很好的部下，上司看不到、听不到、想不到和做不到的，他随时为自己的上司看到、听到、想到和做到。同时他也很幸运，遇到的都是好上司。在他看来，好的上司，就是在他的领导下，你能自律，在你的建议下，他能自省。

应詹一生命运坎坷，充满传奇色彩，所处的背景是乱世。都说越是动乱年代越能检验人心和人性。西晋王朝大厦将倾，有人想趁机捞一把，有人投靠依附胡人，有人慌忙逃窜南下，应詹却想力挽狂澜，如果救不了朝廷大局，那至少也得让一方百姓免于灾难。东晋立国之初，有人想玩弄权术，有人趁机及时享乐，有人整日沉浸在抑郁中，应詹想的却是怎么样稳定民心，造福社会，延长国祚。

晋武帝时，应詹出生在汝南南顿一个官宦之家，幼年时就成了孤儿，一直由祖母抚养。十几岁时，祖母又过世了，他在守丧期间，身体憔悴哀毁，需要拄杖才能起身，便以孝顺而闻名。失去亲人的痛苦和生活的磨炼，使应詹具备了顽强的性格和豁达的心胸，这为他以后功成名就打下基础。不过，他家境很富裕，年纪还小的他，就请族人与自己一起居住，把财产交给他们，就像对至亲的人一样，世人都惊讶于他的与众不同。他的性格宽宏雅正，他人虽然时有冒犯他而他却不与人计较，淡淡一笑泯恩仇。司徒何劭十分欣赏他："这个人是个君子啊！"

应詹最初被公府征辟，担任太子舍人，从此踏上仕途。从政不久后

三十七、你的上司能不能遇上如你一样好的部下

他遇到了一件事,就是他的好友诸葛玫背弃长沙王司马乂投奔司马颖,大谈司马乂的过错。他得知后,批评道:"诸葛啊,怎么像乐毅那样不忠诚呢!"并且与之断绝了来往。

他很幸运遇到第一位好上司,是时任镇南大将军的刘弘,他是应詹的祖舅,请应詹担任自己的长史。由于应詹的才华和能力很让上司欣赏,刘弘对他说:"你器识宏大深远,以后应该在荆南一带接替老夫了。"接着,托付他军政大事。刘弘在汉南的功业,有应詹很大的功劳。后来应詹调任南平太守,三十岁的他已是西晋王朝的地方大员。

第二位上司是荆州刺史王澄,这个人是个清谈分子,不务正业,整天夸夸其谈,不过他对应詹很是信任,除任南平太守外,又让他兼任督管南平、天门和武陵三郡军事。当得知洛阳被刘曜攻破的噩耗时,应詹撩起袖子痛哭流涕,劝他的上司王澄派军支援,王澄就让应詹写发兵檄文,应詹下笔便成,檄文豪壮激越,众人看了都情绪激动,但终究由于力量悬殊没有前往救援。

恰好在这时,他治下天门、武陵的少数民族也纷纷造反,蜀中有个叫杜弢的人趁机叛乱,率兵攻打应詹治下各郡。面对严峻形势,应詹沉着应对,一方面拜访少数民族头领,铸铜券和他们订立盟约,稳定民心;另一方面联络重兵在握的好友陶侃,在长沙大败杜弢,稳定了局势,同时截获金银财宝无数,但应詹一无所取,只搜集了一些图书,当地夷人都对应詹心悦诚服,好几个郡都因此获得安宁。

在那个动乱年代,只有应詹治下仍能保持安定,人民免遭涂炭,原因就是应詹主动为上司看到、听到、想到和做到,主动担当、有所作为。应詹后来迁任益州刺史,兼领巴东监军,他离开南平时,士庶百姓都拉着车子哭着不让他走,如同眷恋自己的亲人一样。人们作歌称颂他说:"乱离既普,殆为灰朽。侥幸之运,赖兹应后。岁寒不凋,孤境独守。拯我涂

炭，惠隆丘阜。润同江海，恩犹父母。"

第三位上司是晋元帝司马睿。东晋初年，皇权未固，面对世教日衰、虚浮日盛的颓废之风，上司没看到的，应詹替他看到了。应詹对时政提出建议，认为"今大荒之后，制度改创，宜因斯会，厘正宪则，先举盛德元功以为封首，则圣世之化比隆唐虞矣。"又上疏说，"自元康年间以来，轻视典籍，崇尚道学，把玄虚弘放视作平达，把儒术、清俭看作鄙俗，如今应当尊崇和奖掖儒官，来革新风俗教化。"司马睿很是看重他的才能，完全采纳了他的意见。从而应詹"独耽书史，置身名教，留心经世之学"，开一代敦行儒教之风，成为"行业聿修、文史足用、嘉谋屡陈，惠政斯洽"的贤臣。

社稷初建，国库空虚，为减轻百姓负担，应詹在管辖地方积极组织官兵和流民垦荒种田，兴修水利，治溪筑塘，修桥铺路，挖井引泉，开发荒蛮之地，既可治乱安民，减少国家开支，造福一方百姓。他还上表《请兴复农官》，"夫一人不耕，天下必有受其饥者。""一年中与百姓，二年分税，三年计赋税以使之，公私兼济，则仓盈庾亿，可计日而待也。"上司没做到的，应詹替他做到了。应詹的做法，很受司马睿重视，便颁布诏令在地方和军队实行屯田制，并作为官吏升迁依据之一，推广各地。

晋明帝司马绍是他遇到的第四位好上司。那年王敦叛乱，命王含等率军逼近建康，司马绍向应詹问计。应詹表情严肃情绪激昂地说："陛下应发出君王的威严，臣等当全副武装作为前驱，希望凭借宗庙之灵，不战而胜。如其不然，王室必危。"上司没想到的，应詹替他想到了。司马绍任命应詹为都督前锋军事、护军将军、假节，又都督朱雀桥南。叛军从竹格渡江，应詹与建威将军赵胤等率军将其击败，斩杀叛军将领杜发，斩首数千级。君臣同心，应詹表现出了超凡的政治才干和卓越的军事才能，为新生的东晋王朝兴国安邦立下赫赫功绩。

三十七、你的上司能不能遇上如你一样好的部下

他在平南将军、江州刺史的任上,针对汉宣帝以来官员选拔升迁制度"迁不足竞,免不足怯",以致"博采未精,职理多阙"的弊端,上疏司马绍痛陈,"参用天下之智力者,莫若使天下信之也"。他提出"今凡有所用,宜随其能否,即与举主同乎褒贬。则人有慎举之恭,官无废职之吝",主张凡用人失察或不当,举荐人应负举荐不当之责,这于今天仍有借鉴意义。

应詹平叛有功,从政有方,累迁封侯,却淡泊名利、志趣高洁。司马绍曾经赐食邑一千六百户,绢五千匹,应詹坚辞不受,还向司马绍上书明确提到"今之艰弊,过于往昔",他承受着故乡不存、故土难回、宗亲星散、宗系难继的家国之痛,目睹"经略区区,仅全吴楚"的东晋王朝,北伐遥遥无期,心头总是萦绕着一股"日暮乡关何处是,烟波江上使人愁"的思绪,所以他恳请皇上收回圣命,"乞回谬恩,听其所守",虽没被皇上批准,却表现出忧国忧民的情怀。

咸和元年(公元326年)七月二十五日,积劳成疾的应詹在任上逝世,享年五十三岁。临终时,仍然不忘国家安危,给陶侃去信,望他能"竭节本朝,报恩幼主"。他担心这个好友也会禁不住权力的诱惑,像王敦那样叛于朝廷。

应詹自幼受儒家思想熏陶,敢于担当,尽职尽责,以文韬武略平敌安邦、富民兴教、嘉惠一方,犹如一颗流星,在天际划出一道闪亮的弧线,在历史上留下了光辉的一页。西晋的高官和东晋的皇帝遇到应詹这样的部下,实乃幸事!

你的上司遇到像你这样的下级是幸事,但是你如果遇到像苻生一样的上司就遭殃了。

三十八、专制铁幕下：我虐你千百遍，你待我如初恋

自古以来，凡是吃国家俸禄的人大多是想有一番作为的，既然货与帝王家，就要敢于建言，敢于担当，否则难以对得起自己的良心和工资。如果你不幸遇上一个狂热症、自闭症、施虐症兼间歇性精神分裂症于一身的君王，估计你就离大难不远了。

这个君王就是苻生。苻生是前秦（与东晋并存的一个北方国家）的皇二代，但这人品行不端，从小就很无赖，他的所作所为很让祖父苻洪讨厌，加上苻生有残疾，少一只眼，小时候，苻洪跟身边的人开玩笑："我听说瞎子是一只眼流泪，这是真的吗？"身边的人回答说"是"。苻生听后发怒，立即用佩刀在自己身上刺出血来，说："这难道不是眼泪么？"苻洪大吃一惊，用鞭子抽打苻生。苻生说："生来不怕刀刺，岂能受不了鞭打。"苻洪说："你如果这样下去不改，我把你贬作奴隶。"苻生说："难道如石勒不成？"意思是说石勒也是奴隶出身。事后苻洪对儿子、苻生的父亲苻健说："这孩子很残暴，要早除掉他，不然的话，长大了必然会祸害家人。"苻健被弟弟苻雄劝阻，苻生才躲过一劫。

小时候的这段经历似乎已经注定苻生的未来前景。苻健去世后，苻生继位。他上台后，一心想把前秦打造成专制铁幕，他奉行的原则就是：我虐你千百遍，你待我如初恋。

做了皇帝的第一件事就是杀大臣。太子苻生当日即位，就急着想改元寿光。改元在古代是件大事情，要经过反复酝酿，详细论证和推敲，才能确定，而且注意不能犯忌。右仆射段纯和众大臣进谏说："先帝刚晏驾，

三十八、专制铁幕下：我虐你千百遍，你待我如初恋

不应当日改元，于礼不合，请待明年。"苻生勃然大怒，斥退群臣，并以污蔑罪处死了段纯。

接下去是一连串更让你目瞪口呆事情。前秦大将强怀与桓温之战中死去，其子强延没有来得及受封而苻健病死。强怀妻樊氏趁苻生外出闲游时，穿白孝服跪伏在道旁，愿为儿子请封。苻生问："你儿子有何功绩，敢邀封典？"樊氏说："妾夫强怀，与晋军作战而亡，未蒙抚恤。今陛下新登大位，赦罪铭功，妾子尚在向隅，所以特来求恩，冀沾皇泽。"苻生叱骂说："封典需由我酌颁，岂是你可以妄求？"按照苻生的说法，要给谁封赏是我皇帝的事情，哪有自讨封赏的道理？估计是樊氏多诉说了几句，苻生大怒，取弓搭箭，一箭射死樊氏。

更荒唐且残忍的是另一次苻生的出游，路上他看见有男女二人并行，容貌都很清秀，便让左右拉住二人，当面问："你二人真是佳偶，已结婚了么？"二人回答说："小民是兄妹，不是夫妻。"苻生笑说："朕赐你们为夫妇，你们即可就在此地交欢，请不要推辞。"二人当然不会接受苻生如此乱伦的要求，于是苻生拔出佩剑将兄妹二人砍死。见过残暴不仁的皇帝，没见过像苻生这样残暴不仁的。

苻生平时最爱吃枣，因此患了齿痛。太医令程延前来诊视，他对苻生说："陛下并无什么病，不过食枣太多，因致齿痛。"苻生一声狂吼："你又不是圣人，怎么知道我吃枣吃多了！"程延顿时寒战，打算下跪谢过，谁知苻生剑锋早到，程延的人头当即滚落在地。

没多久，另一个御医在配药，苻生嫌加入的人参太细小。御医说："小小一点就够用了。"苻生怒骂："你敢讥笑我吗？"命左右剜出御医的双眼，然后枭首。原来苻生误会御医讥讽自己瞎了一只眼。见过丧心病狂的皇帝，没见过像苻生这样丧心病狂的。

在如此残暴为政的情况下，还是有不少有良知有正义感的官员，为朝

廷、为苍生担忧着。寿光三年（公元357年），太白犯东井，这是种星象，但古人很喜欢拿星象做文章。一位叫康权的前秦太史令借此劝谏苻生："太白犯东井。东井，秦之分也，太白罚星，必有暴兵起于京师。"苻生狂笑说："哈哈，太白入井，想是渴了饮水，与人事有何关系？"说着他自己笑得跌倒了，估计是开心过头了，没拿康权开刀。苻生的幽默不仅没有逗乐，反而让康权更加担心。

要善待民众，大臣程肱规劝苻生不要为了修渭桥而征发三辅民夫，认为会妨碍农民耕种，结果被杀；舅舅强光规劝苻生不要应天灾起谣言起而杀所有传谣的民众，认为修德爱民就可以消灾，结果同样难逃厄运。

苻生看起来很不迷信，但有时候却很迷信，广宁公鱼遵就因为苻生的一个梦就丢了命，连同七子十孙全被灭绝。因为苻生曾梦见大鱼食蒲，以为不祥，又听到长安有歌谣："东海有鱼化为龙，男便为王女为公，问在何所洛门东。"

怎么办？惹不起那就躲吧。金紫光禄大夫牛夷见苻生如此暴虐，为避祸乞请外调。苻生却说："你这么忠厚敬业，适合在我的左右辅助我。"当场就任命他为中军将军，并调侃他说："你姓牛，牛性迟重，善持辕轭，虽无骥马之足，亦能负重百石。"牛夷生怕将来做鱼遵第二，回到家就服毒自杀了。

苻生日夜狂饮，每次喝醉必妄加杀戮。每逢苻生不上朝时，大臣们就互相庆贺，恭喜大家多活了一天。

苻生闲暇时问左右："我自临天下以来，外人怎么说我？你们应有所闻。"有人回答说："陛下圣明宰世，天下唯歌太平。"苻生怒叱："你竟敢阿谀！"立即被杀死。

隔日又问，这回大家学聪明了，不敢再阿谀奉承，有人改说苻生有点滥刑。苻生又骂："为何诽谤！"也当即处斩。

三十八、专制铁幕下：我虐你千百遍，你待我如初恋

众大臣皆度日如年，一时人情危骇，道路遇上不敢说话，只用眼睛示意。

不过，苻生自我感觉很是良好，我虐你千百遍，你待我如初恋。他甚至下诏宣布："我受天命称帝，没犯过什么错误，居然诽谤的声音到处都是！我才杀了不到一千人，竟然说我残忍暴虐！现在大街上行人肩并着肩，说什么稀少呢？我就是要继续用杀罚，谁能奈我何！"

当时猛兽豺狼在首都周围肆虐，不吃家畜专吃人，一年来被吞噬的有七百多人。群臣天真地请苻生想想办法解决兽灾，苻生居然说："野兽饿了当然就会吃人啦，饱了就不吃了嘛，总不会年年都吃吧。况且，老天岂有不爱人的，正因为百姓犯罪不已，所以老天帮我让野兽把那些罪人吃了。所以啊，告诉百姓千万别犯罪，不然会被野兽吃掉的！"

利在一身勿谋也，利在天下者必谋之。苻生正好相反，专谋一身之利，专显一己之欲，而弃天下利益于不顾。你视臣民为草芥，臣民自然视你为粪土，这是自然界等价交换的不二法则。

苻生的惨无人道，在前秦已经是人神共愤，就差哪个人振臂一呼，应者自会云集。长安的夜幕下，几个再也忍受不了惊吓的人暗暗密谋政变，终于苻生作茧自缚，被活活勒死。

到了清朝，康熙以苻生为镜作为反面典型：唯天好生，故立君以子民。其所以爱养生全之者，宜无所不至也。秦主（指苻生）生乃以杀千人为常事；又谓"野兽食人正天，所以助朕杀之"，草菅人命，自有载籍以来莫盛于此。

三十九、没有情怀，政治都是苟且

永和九年（公元353年）冬天，东晋发生一件让朝廷内外大跌眼镜的事情，朝野推崇、众望所致的名流殷浩率领七万大军大举北伐，几乎全军覆没，折戟而归。三年前，曾经有这种说法："殷浩不出来做官，百姓怎么办。"

如今，殷浩灰头灰脸地逃回京都，让人情何以堪。然而这一切，都在殷浩的老朋友王羲之的意料之中。在很多人眼里，王羲之是位书法家，其实他在政治上也很有作为，只不过他的书法成就太过耀眼，以至于掩盖了他的政治地位。

此前，丞相、会稽王司马昱认为殷浩素有声名，加上朝野对他都很推崇佩服，便以他作为心腹主力，让他参与总揽朝廷权力，想以此抗衡桓温，东晋时期"王与马，共天下"是公开的秘密，一直都是臣强君弱的局面，司马昱借殷浩之力对抗桓温也是不得已之举。殷浩一上任就和桓温互相猜忌，进而彼此产生了异心。

王羲之当时任护军将军辅佐殷浩，他希望大家以国家为重，企图调和双方的关系，多次劝说殷浩不要和桓温制造隔阂，认为只有朝廷内外融洽团结、和睦相处，国家才能安定，但殷浩没有听从。就在殷浩大军北伐前，又写信劝说殷浩不要轻开战端，劳民伤财，他深刻分析了当前的局势，提出了当务之急是巩固根本和应该采取的策略，并批评了以前北伐无果给国家所造成的危害，但殷浩同样没有采纳，并执意继续北伐。

王羲之不是不想收复故土，他对国家也是充满激情和希冀的，从他跟

三十九、没有情怀，政治都是苟且

谢安的一番话就可以看出。谢安没出山之前，很满足现状，有一次对王羲之说："人世茫茫，林泉高致，醉卧清谈，这样度过也当不负此生。"王羲之反驳他："我听说古时大禹勤于国事，以致手脚都长了胼子；周文王处理机要，往往忙到半夜，还觉得时间不够用。当下是多事之秋，四郊多垒，战乱不息，这是士大夫的耻辱！值此时刻，每个人都应想着怎么为国家出力。"

但关键现在不是北伐的好时机，王羲之从军事的角度分析主要有四点原因，这我在《晋鉴》一书里已有写到，这里不详述。更让他担心的是，个人的私欲和政治筹码让某些人头脑发热急着北伐。北伐到底是为了什么？有人把北伐当成了政治资本，桓温、庾亮以及后来的刘裕都是如此。桓温带部队都先后打到了关中灞上（今陕西西安东）和伊水（在今洛阳城南），后都撤回来，其中原因就是这个。这也就是只有祖逖为何能青史留名的缘故，他一门心思收复故土，不附带任何条件。

同时，王羲之了解殷浩是个谈辩之士，没有军事才能，出军必败，而司马昱之所以听从殷浩之言，以国本为孤注，是为抗衡另一大臣桓温的势力扩张。王羲之一再上书，试图阻止殷浩的北伐，结果是被司马昱视为另类。

这次大败而归，王羲之痛心疾首，愤怒形于言表："自寇乱以来，处内外之任者，未有深谋远虑，括囊至计，而疲竭根本，各从所志，竟无一功可论，一事可记，忠言嘉谋弃而莫用，遂令天下将有土崩之势，何能不痛心悲慨也。任其事者，岂得辞四海之责。"天下将有土崩之势，这简直是对殷浩当头棒喝严厉警告了。在这里，我们看到王羲之的疾言厉色和《兰亭序》中所见"天朗气清，惠风和畅"，"足以极视听之娱"，完全是两样笔墨两样心情。

于是王羲之又提起笔来，写信给殷浩说，"力争战功，不是现在该干的事情。近来在朝廷内外任职的官员们，没有深谋远虑，却任意挥霍摧残国家的根基，每个人都追求实现自己的志向，最终却没有一桩战功可言。"

您殷浩出身于布衣百姓，承担着天下的重任，掌管者督察统管之责，然而却失败到如此地步，恐怕满朝廷的那些贤士没有一个会愿意为别人分担责任。如果您还觉得以前的事情考虑得不周到、细致，所以应该再去追求分外之功，那么虽说宇宙之广大，恐怕也容不下您！

在王羲之看来，因为殷浩的贪功喜大到了反常识的地步，败亡自在不旋踵间。他从天下的形势、官员的思想、国家的当务之急以及殷浩本人的处境等，劝殷浩不要为一己之功而陷国家于深渊，同时也将自己推上绝路。

北伐失败后的殷浩既得罪掌握全国兵权的大司马桓温，又遭丞相司马昱抛弃，处于国人皆曰杀之险境。这时候，还是直言谠论一再被拒绝的王羲之出面为他说话。悲天，故有直谏；悯人，终出善言。

王羲之上奏疏给会稽王司马昱，首先他强调了客观原因，认为殷浩的动机没有错，希望国家繁荣昌盛、收复故土、稳定社会。"作为臣下，谁不愿意尊奉自己的君主，希望他的事业和前代一样兴隆昌盛呢？况且是在遇到了难得的时运的时候。只不过在力量有所不及的情况下，难到能不权衡轻重而随意行事吗？如今虽然有令人可喜的机会，但看看自身的情况，令人担忧的事情仍然多于令人可喜的事情。"

他把殷浩的失败归结为敌我力量的悬殊。"成功未可预期，遗民损失殆尽，劳役毫无时限，征敛日益严重，以区区吴、越之地去征服统治天下十分之九的广阔地区，不灭亡又会怎样呢！不权衡自己的德行与力量，不彻底失败就不善罢甘休，这就是国内人士所痛心疾首而又不敢直说的话。"

最后他还诚恳地劝谏会稽王，过去的已经无法挽回，但未来还可以补救。"希望殿下再度三思，先奠定不可战胜的根基，等到根基牢固、势力强大时再做图谋，那也为时不晚。如果不这样做，恐怕危险就会降临到我

三十九、没有情怀，政治都是苟且

们江南！希望殿下能暂时放弃虚华高远的想法，以挽救眼前千钧一发的危急局势，这才可以说是以亡图存，转祸为福。"

王羲之认为稳固东晋政权的上策莫若固守淮水的疆界。在淝水之战前，淮水是东晋与前秦的边界，也是建康的第一道防线，如果淮水不保，长江亦将告急，建康也就整个袒露在前秦的进攻范围之中。既然王羲之把淮水的战略位置看得如此之重，当然会有"厕大臣末行，岂可默而不言"的据理力争。对于当时的虚谈废务，王羲之指出，"今虽有可欣之会，内求诸己，而所忧乃重于所欣。"因此，他寄希望于会稽王的话，可以说是以退为进，积极进取的全局观。

从奏疏可以读出，王羲之毕竟不是彻底的政治家，而是人本思想者，为官为宦，固然忠君，但恤民之思往往更为固执。这样，每至关节，就不能把政治目的放在首位，往往向良心发问而终至忐忑。在他眼里，没有情怀，政治都是苟且。

王羲之的言论猛烈而急切，但又保留着善良淳朴之心。王羲之的人生出处，实际上筑基于儒家的仁爱之心，整个充满了一种清畅激扬的情调，只不过这种情调更富文人情怀而非政治诉求。在那个充满门阀之争、权势之争的东晋年代，恰恰最缺乏这种官场中的士大夫气。而这士大夫气在后世得到了发扬，到了唐朝，唐太宗明而求之，才有了"贞观之治"的盛况；到了宋朝，宋仁宗大胆用人，才有了庆历新政的局面。

四十、希望在对手的沦落里抬高身价

桓温跟殷浩根本就是两个世界的人。

一位是学界的泰斗，大儒级人物；一位是政界的权威，属于权臣类的人。

殷浩学富五车才高八斗，因此被那些风流辩士们所推崇。

有人曾问殷浩："将要做官而梦见棺材，将要发财而梦见大粪，这是为何？"

殷浩清高地回答："官本是臭腐之物，所以将要做官而梦见死尸；钱本是粪土，所以将要发财而梦见粪便。"

而桓温素怀政治野心，曾躺在床上对亲信说："如果一直这么默默无闻，将来死后定会被人所笑话。"见亲信无人应答，他随即霍然坐起，又喃喃自语，"一个人若不能流芳百世，那就应该遗臭万年。"

尽管是两个世界的人，但是经常在较量，暗地里争强斗胜。

殷浩比桓温大九岁，年轻时就与桓温齐名。桓温曾经问殷浩："你我相比，如何？"

殷浩回道："我与你交往非只一日，如果让我在你我之间选择的话，我宁愿做我自己。"

桓温以豪杰自许，经常轻视殷浩，殷浩也丝毫不惧怕桓温。

后来桓温对别人说："年少时，我与殷浩共骑竹马，我抛弃离开，殷浩就上前拣取，因此殷浩不及我。"

两人的志向也不一样。

四十、希望在对手的沦落里抬高身价

镇西将军谢尚年轻时，听说殷浩擅长清谈，特意去拜访他。

殷浩没有做过多的阐述，只是给谢尚讲了一些道理；只见殷浩不但谈吐举止有风致，而且辞藻丰富多彩，很能动人心弦，使人震惊。

谢尚全神贯注，倾心向往，不觉汗流满面。殷浩从容地吩咐手下人："拿手巾来给谢郎擦擦脸。"

而桓温向来看不起清谈。一次，桓温雪天打猎，碰到王濛、刘惔等人。刘惔见桓温一身戎装，问："你欲持此何作？"桓温说："我若不为此，卿辈哪得坐谈？"言下之意，没有我在保家卫国，哪有你们的清谈？

两人最大的较量是在殷浩出山从政后，摄政的司马昱感觉桓温权力过大，想找个有名的人来压压他的势头，殷浩便是他认为的最理想的人选。"足下见识广博，才思练达，为国所用，足以经邦济世。如今国家衰微，朝纲不振，一旦亡国，恐怕死无葬身之所。足下的去留就关系到时代的兴废，时代的兴废事关社稷存亡。"

一向视权钱为粪土的殷浩推托了数次，最后还是答应了。

要建功立业，北伐是条不错的渠道。殷浩不听好友王羲之等人的劝说，执意北伐。表面上看是为国家恢复中原，但明眼人一看就知道这是一场争夺权力的政治斗争。

当初，桓温听说后赵国石氏大乱，便向朝廷上书，请求出兵收复中原地区，但过了许多时间也没有回音。

此时听说殷浩要带兵北伐，桓温何等聪明，这是明摆着朝廷依仗殷浩对抗自己，对此十分愤怒。这里不让桓温出兵，那里却倾全国之力助殷浩北伐。

天下事常常事与愿违，天不随愿，中军将军、扬州刺史殷浩连年北伐，却屡吃败仗，无功而返，最后粮饷武器全都消耗殆尽，搞得民怨沸腾。于是桓温借机发难，借朝野上下对殷浩的怨愤，上书列举殷浩的罪行,请求将他黜免,希望在对手的沦落里抬高身价。

奏疏说:"殷浩深受朝廷恩典,身居要职,朝廷对他宠信不疑,两次让他参与朝政,而他却不能恪守职分,擅自离任或超越他人职守,随心所欲。"大概是指殷浩先前的拒绝出仕,桓温先给他扣个大帽子,说他不尊重朝廷。

奏疏接着说:"前司徒蔡谟,为人纯朴,坚持正义,位居台辅,为先帝之师、朝廷之元老,年至七十高龄,以礼请求隐退,即使天子临轩征召仍执意辞官,虽然不合朝廷旨意,但正足以显明谦让之风,弘扬优贤之礼。而殷浩无中生有,狡说诡辩,扰乱朝廷视听,致使蔡公险遭杀害。"

要处理蔡谟这件事虽由殷浩执行,但其实是司马昱的意思。司马昱曾对大臣们说:"蔡谟傲慢地违抗皇上的命令,这是没有臣下之礼的行为。如果陛下在上卑躬屈膝,臣子在下又不履行君臣大义,那么也就不知道靠什么来处理朝政了。"

这两条是前奏。奏疏继续弹劾:"殷浩受命北伐,却无报仇雪耻之志,树立朋党,制造事端,终使仇敌大肆杀戮,奸逆蜂拥而起,华夏大地纷扰动乱,百姓困苦不堪。殷浩惧怕朝廷怪罪,为求恕罪,声张进讨敌寇。

"驻兵寿阳,却长期按兵不动,竭尽国库的资财、五州的人力,纠合无赖之徒,以求自强,封赏无定规,猜疑陷害无所顾忌。

"祸乱丛生,自殷浩开始,又不能乘势扫荡敌寇,放纵无能小人,施行残害奸计,致使朝廷大军惨败于梁国,自身狼狈于山桑,舟车焚烧,辎重丢弃一空,三军粮草,反而资助了敌寇,精甲利器,更是武装了盗贼。"

奏疏提出鉴定结果:殷浩所为,天怒人怨,成为大众所唾弃的对象,所带来的灾祸,将危及国家社稷。

桓温在最后提出处理建议:"只有主持正义,才能训导人民,只有赏

四十、希望在对手的沦落里抬高身价

罚分明,才能众心同一。臣恭请陛下上追唐尧时代放逐的法典,下鉴春秋时代目中无君的事例。倘若陛下宽宏大量,不忍心诛杀殷浩,也应将他放逐到边远荒芜之地。这样做虽抵消不了殷浩弥天的罪责,但可以使后人引以为戒。"

殷浩不懂军事是真,桓温把他上纲上线到政治也是真。

朝廷迫于压力,不得已,将殷浩罢官,贬为庶人。从此,朝廷内外大权统统集中在桓温手中。殷浩的失败其实是会稽王司马昱的失败,本想倚重殷浩抗衡桓温,避免桓温独揽大权,现在看是彻底失败了,而且还把殷浩也给赔了进去,殷浩从布衣又回到了布衣百姓,走了一个循环,所不同的是先前深孚众望而现在却是以流放之身而名誉扫地了。

如果殷浩知道今天的结局,肯定是不会出来任职做官,保持一份清望,持一份悠闲,那该多好。像殷浩这种人清淡可以,做事则差一点,如果能听从王羲之的意见,恐怕不会落到今天这种地步了。

殷浩被贬为庶人后,桓温对手下人说:"殷浩品格高洁,能言会道,假使让他担任尚书令和仆射,足以成为朝廷百官的楷模,朝廷用才不当,以致有今日。"

不知是英雄相惜,还是桓温想拉拢殷浩的朋友圈,桓温准备任命殷浩为尚书令,写信告诉了他。殷浩对此欣然应允,在准备差人送出复信的时候,担心信中还有不妥之处,便拆开封皮检查了十多次,最后忙中出错,送达桓温手中的竟然只是一个空信封。桓温接到这个空信封,以为殷浩在戏弄自己,勃然大怒,从此断绝了启用殷浩的想法,殷浩后来竟死于流放之地东阳郡的信安县,也就是今天的浙江省衢州市。

久怀异志的桓温,在整垮殷浩后,更加不可一世,诛除庾氏,甚至还废帝立威,威势极盛。对此事,前秦的苻坚如此评价:桓温十五年内两次使国家军队遭受重大打击。不但不反思过错,向百姓谢罪,竟还废黜君主。六十岁的老叟如此举动,如何自容于天下?

桓温想一步步实施篡位计划,但由于谢安等人的阻止,最后因桓温病重而亡并未得逞。

桓、殷两人最后较量的结果是两败俱伤,殷浩输在不懂政治上,桓温输在太懂政治上。

四十一、让寒族的人冒出来朝廷才有希望

桓温在晋朝历史上一直是个有争议的人物,有点类似于曹操的角色,不过政治谋略、治国手段要比曹操逊色得多。但有一点,我们不得不佩服他,就是他的用人策略,尤其他倡导让寒族的人冒出来为国家做事,也就是这点,让后人对他的评价多了几分肯定和褒扬。

北伐前秦后,桓温率部回荆州休整了近两年。在这段时间内,朝廷"外难未弭,内弊交兴"的现状让桓温很是焦虑和担忧,他在苦苦思索着究竟是何种力量导致中原沦陷,是何种原因导致北伐未能倾尽全力。深思熟虑后,他上奏朝廷提出了著名的《七项事宜疏》。这道奏疏将目前东晋朝廷内部的几大矛盾和急需解决的问题都做了一一罗列和分析,针砭时弊,鞭辟入里,尤其提到要大胆提拔使用寒族人士,为国家效劳效力。

奏疏里,桓温坦言了当时官场七大弊病,比如风行朋党之争,因政见不同而相互倾轧。"荆扬之争"是东晋内耗的最大问题,从早期的王导和司马睿,再到庾亮和陶侃,再到后来的自己与殷浩。整个东晋朝廷内部被割裂成两块,这两块时时刻刻在较劲着,所以中央集权在东晋实现不了。

比如冗官现象突出、办事效率低下。东晋这个政权冗官现象突出,在很大程度上是"衣冠南渡"带来的负面影响。人浮于事的直接后果是朝廷事务处理效率低下,办事相当拖沓。一个分散无法集权,又因冗官而人浮于事的政府又如何能高效运转呢?

还比如提出要重视机要政务,对公文案卷的处理要限制时日,有点类似于今天的即办制,简单事立即办,复杂事限时办,特殊事紧急办。此

外，还指出要明确长幼之礼，奖励忠实、公正的官吏等等。

在这篇传世的奏疏中，桓温提出了一些改革方案，最核心的一条：让东晋寒门素族接受教育，给他们晋身之阶。桓温以雄浑的文笔论证一个道理：士族高门把持教育会弊端丛生，要想富国强兵、光复中华只有一个途径，那就是兴办教育、实现社会阶层流动。用现代的眼光来看，要想摆脱历史的宿命，必须有一个条件，让教育普惠于国民，只有教育，才能使下一代人比我们过得更好，才能建立一个公平的社会阶层流动渠道，在这种不停地流动中，一个民族、一个国家会更加富强。桓温这种不拘门第、选贤任能的言行，对当时以家世为标准选才的"九品中正制"，无疑是很大的冲击。

因为东晋是典型的门阀政治，世族门阀完全垄断中央政权。九品中正制成为门阀贵族仕进、升迁和垄断政治的工具，进一步确立了"举贤不出世族，用法不及权贵"的政治准则，导致了"贵仕素资，皆由门庆，平流进取，坐至公卿"的现象。高门士族世代担任高官美职，寒门青年则无晋升之阶。

桓温打破了东晋士族垄断教育，给寒门素族一个希望。同时借助这些机会，让东晋寒门素族涌现出大量优秀人物。只有靠自身才学晋身的寒门素族才是朝廷最忠诚的支持者，他们一旦离开皇权就会变得一无所有。《三字经》里有一句"如囊萤，如映雪；家虽贫，学不辍"，其中借萤火读书的人就是被桓温重用的素族车胤。

车胤的父亲曾任南平郡主簿，主簿是为主官掌管文书的官员。南平郡太守王胡之很善于识人，《世说新语·识鉴第七》记载，王胡之来南平当太守时，车胤十余岁。王胡之每次出门都看见竹篱之内的车胤总在刻苦读书，聪敏好学，与其他的小孩不同，于是对车胤的父亲说："你这个儿子一定会振兴你们车氏家门，可让他专心学习。"

四十一、让寒族的人冒出来朝廷才有希望

车胤在父亲去世后,没有经济来源,家里穷,缺少灯油,夏天夜间他就捉来许多萤火虫,装在丝质的袋子里照明,夜以继日地读书。所谓"囊萤夜读"就是指这个故事。车胤长大后"风姿美劭",是个长得很帅的年轻人。加上"机悟敏速",很聪明,思维反应很快,深得家乡父老的赞誉。

桓温镇荆州时,听说了车胤这个人,就召其为从事,也就是办理具体事务的小官员。因为车胤深明大义、深通义理,桓温非常器重他,后来升他为主簿,不久又升为别驾、征西长史,于是在朝廷里的名气渐渐大起来了。因为博学多闻,善谈论,当时名人家里举行宴会都邀请车胤参加,都说聚会如果没有车胤就了无趣味("无车公不乐")。当时的名士、尚书仆射谢安家里设宴请客,都要等车胤到了才开席。车胤当时与同在桓温手下做事的吴隐之齐名。吴隐之也是出身寒门,家贫而博学,美姿容,善谈论,以孝亲、清廉与博学而被起用。

车胤也没辜负朝廷的厚望,耿直仗义的他因反对奸臣王国宝,得罪了权臣司马元显。隆安四年(公元400年),车胤被司马元显逼令自杀。车胤自杀前愤怒地说:"吾岂惧死哉?吾求一死以露权奸耳!"车胤为皇室尽忠而亡,朝廷上下都非常悲痛。

桓温不仅器重寒门官员,而且用心培养他们。手下有个叫罗含的下级官员,为人仗义,才华过人,就是谨小慎微,也有点"滑头"。桓温派他到江夏相那里去检查工作。没想到罗含到了以后,经不住热情高规格接待,居然一点都没有过问郡中的事情,喝了几天大酒就回来了。桓温好奇地问他:"江夏相那里难道没有什么事吗?"罗含反问道:"您认为江夏相是个什么样的人呢?"桓温说:"他是个胜过我的人。"罗含接口说:"哪有胜过你的人却做坏事的呢?"这一句话,不仅将自己的责任推卸得干干净净,还让桓温无言以对。

面对部下的"滑头",桓温没有责怪,而是反思自己,注重用人之长,

设法力避其短，对他仍很器重，以情暖心，关爱有加，显现出容人容言的雅量和过人识人的胆识。时间长了，罗含领悟了桓温的用意，时常悔恨不已，也甚为感动，逐渐改掉了"滑头"的坏毛病，用心做事，尽心履责，最终不负重托，卓有建树。

还有一例，桓温属下的一名令史因犯错而领受杖刑，行刑者按桓温的意思只是将刑杖从那人的官服上掠过。桓温的儿子不知缘故，不满地对父亲说："我刚才从官府前经过，看到令史受刑，上拂过云彩，下掠过地面。"这分明是在讽刺行刑者徇私情，没有打到正地方，桓温说："人犯错了，知改就好。打又有何用呢？我还担心打得厉害了呢！"对寒族官员，桓温不靠酷刑威慑，不靠特权恐吓，没有煽情、没有调侃，只有温情的叮嘱。

他不仅辟举寒门士人，还寻访隐逸之士为朝廷所用。两晋时期，很多志士仁人修身自保，"藏声江海之上，卷迹嚣氛之表"。据《晋书·隐逸列传》记载，桓温曾先后推荐、拜访孟陋、谯秀、瞿硎等人。

让寒族的人脱颖而出，于是桓温有了寒门的军队、寒门的官员，终于把事业推上了巅峰：灭西蜀成汉、兴三次北伐，一度甚至光复故都洛阳。

桓温的《七项事宜疏》以及由此衍生的改革也使东晋获得了重生。桓温死后五年，正是寒门素族组成的北府兵，以八万人击溃了前秦一百万南侵大军，汉族在江南一地延续了民族血脉，晋祚得保。

四十二、桓温迁都：一场挂羊头卖狗肉的闹剧

公元362年5月，权倾朝廷炙手可热的桓温向皇帝建议，从建康迁都到洛阳。桓温的前提是经过数年的北伐，东晋已经逐渐收复黄河以南的大片失地，具备了迁都故土重新统一中原的基础。

桓温在《请还都洛阳疏》里写道，"巴蜀既平，逆胡消灭，时来之会既至，休泰之庆显著。"同时他还声情并茂地说，"而丧乱缅邈，五十余载，先旧徂没，后来童幼，班荆辍音，积习成俗，遂望绝于本邦，宴安于所托，眷言悼之，不觉悲叹。"

永嘉南渡是东晋人永远的痛，光复洛阳是东晋人心中的梦。桓温在给朝廷的奏疏中建议，自永嘉之乱播流江表者，请一切北徙，以实河南，资其旧业，及其土宇。意思在迁都的同时，把所有当时南渡的人一律迁往北方老家，在北方发展生产，巩固河洛一带。而且事关重大，请皇帝下旨定夺。"夫人情昧安，难与图始；非常之事，众人所疑。伏愿陛下决玄照之明，断常均之外，责臣以兴复之效，委臣以终济之功。此事既就，此功既成，则陛下盛勋比隆前代，周宣之咏复兴当年。"

尽管此前桓温已经多次向皇帝提出迁都建议，但朝廷都认为只是他说说而已，并不是很在意。

因为朝廷定都或迁都需要考虑的问题极其复杂，得认真权衡军事、政治、文化、经济、历史乃至自然地理等因素。尽管从历史渊源上看，迁都洛阳没有问题，但时过境迁，很多因素都在发生变化。正因如此，

晋诤：解读晋王朝那些决定国运民生的话语

迁都从来都不应是一个八卦话题，嘴上说说就算的，它需要被严肃对待和详细论证，更需要谨慎决策。无论被迫迁都还是主动迁都，统治者常常要冒着很大的政治风险和社会压力，更考验他们的勇气和智慧，主动迁都者尤甚。

这次桓温正式提出迁都建议，引起了朝廷上下恐慌。为什么？因为东晋君臣都志在割江自保，无意恢复失地，加上桓温权势日增，朝廷对其深怀戒心，因此其北伐得不到真正的支持，更何谈迁都北上。当桓温大军进展顺利之时，大臣申胤就曾预料说："以温今日声势，似能有为，然在吾观之，必无成功。何则？晋室衰微，温专制其国，晋之朝臣未必皆与之同心。故温之得志，众所不愿也，必将乖阻以败其事。"

朝廷不愿迁都当然还有一个重要的因素，就是条件并不成熟，在南北对峙局面既成以后，在阻碍统一的原因没有消除、促成统一的原因没有出现以前，靠一两次北伐战役以克服神州，完成统一，是完全不可能的。站在我们今天的角度来看，十六国东晋与南北朝历史的出现，并不只是一次偶然的民族入侵造成的，而主要是汉魏以来北方边境地区民族关系长期发展的结果。

看来桓温是醉翁之意不在酒。更多的人慑于他的淫威，看穿而不说穿。当然也有例外的，大臣孙绰就上奏疏反对。他反对的理由有三：第一，江东政权为什么能持续至今，主要原因就是划江而治；第二，江东的流民后代虽然偶尔会思念北方的故乡，但和眼前的父辈感情更深。如果让他们抛弃现在的家业到荒芜危险的地方去，不是仁爱的领导应当做的，还可能引起社会动荡；第三，如果迁都，晋元帝以来的皇帝陵墓都被抛在江南。

否定了桓温的建议后，孙绰又提出了建设性的意见：现在的洛阳很不

四十二、桓温迁都：一场挂羊头卖狗肉的闹剧

安定，朝廷应当派有能力、有名望的将领去镇守，等到黄河以南地区完全平定，运河粮道完全打通，豫州的粮食充足了，敌人远远逃窜，再商量迁都的事不迟。

桓温听到该消息后，很生气地大吼，谁这么大胆，居然有人敢跟我唱对台戏！他让人带话给孙绰："你这个书呆子怎么不去好好研读你的《遂初赋》，来管国家大事做什么？"意思是你赶紧退休隐居山林吧，这里轮不到你说话。

怎么办？忧惧归忧惧，总得要给桓温一个答复吧，朝廷准备派遣侍中婉言劝阻桓温。这时候，大臣王述直接点破了桓温的想法，说："桓温不过是想虚张声势威慑朝廷而已，并非真心想迁都。只管依从他，你看他会不会真的去做。"

面对朝廷的疑虑和大臣们的猜忌，桓温也是不停地向朝廷表忠心，他向皇帝上疏说："我近期亲自率领所统辖的部队，想北上扫平赵魏，军队到达武昌，得到了抚军大将军、会稽王司马昱的书信，说是目前社会上是非纷纭，疑惑丛生，信中谈到形势危急，令人忧及社稷的安危。静心思索，让人惊愕不已，不解怀疑产生的原因。孤独无助，如沉深渊。我以鲁钝之材，肩负重任，虽然无与此相称的才能，但职责是平定祸乱。如今，国耻未雪，寇仇未灭，幸好遇上开明泰世，敌人又有机可乘，就是有志匹夫，尚且心怀愤慨，我又如何忍心而坐观国家的祸败呢！所以，挥戈奔驰，不敢安歇，先后上表陈情，到今天已一年多了。坦荡忠诚，公私可察，哪里又有丝毫差错，竟招来如此猜忌？这不正是奸佞之徒心怀恐惧、搬弄是非、惑乱朝政的伎俩吗？"

桓温见迁都阻力太大，又建议迁移洛阳旧宫里的大钟及钟架，进行分步实施。王述又有不同的看法："永嘉时为强胡所逼，暂时定都江东。如

今正要平定天下，返还旧都。即使不还旧都，也理应先改迁先帝园陵，不应先张罗钟之事。"桓温终因无法驳倒他而悻悻不爽。

最后朝廷下诏令说："从前的丧乱，恍惚间已经历了六十年，如今戎狄蛮族继续肆意施暴，眷恋西望，满怀悲叹！得知你想亲率三军，扫荡敌寇，收回中原，光复旧京，假若不是舍身忘我报国，谁能这样做呢！各方面的指挥谋划，一并托付给你了。只是北方一处荒芜破败，处处都得辛苦经营，尤其在开始时，更是举步维艰，这都是值得忧虑的。"

迁都之议，在权臣的野心、皇帝的猜忌、大臣的反对综合作用下，变成了一场闹剧。为了安慰桓温，朝廷又加封他侍中、大司马、都督中外诸军事和假黄钺，桓温集军政于一身，位极人臣，权力到达顶峰。

寿阳之战后，太和六年（公元371年）十一月，桓温终于撕下忠心的伪装面纱，露出贪权恋位的最丑恶脸孔，直接带兵入朝，以当今皇帝司马奕阳痿不能生育为由，威逼褚太后废除司马奕的帝位。从而改迎司马昱入朝，拥立为帝。飞扬跋扈、骄横放纵的他给他的儿子桓玄提供了榜样，最终动摇了东晋的百年根基。

清朝的王夫之是重民族气节的，他抨击蔡谟、孙绰、王羲之等人反对北伐，但对桓温请迁都洛阳一事，也说："然温岂果有迁都之情哉！温果有经略中原之志，固当自帅大师以镇洛，然后请迁未晚。惴惴然自保荆楚而欲天子渡江以进图天下，夫谁信之！"

美国有个理论，就是杰克逊反重力倾斜的原理。据说杰克逊为了加强自己和舞蹈演员在跳舞时的视觉效果，常常设计一些向前倾斜四十五度的反地心吸力的动作。既要让舞蹈跳得更好，又要成功控制住自己的身体。

治理国家也一样，成功的人既要有治理国家的能力，又要具备控制自己的能力，桓温完全有前者的水平，但缺乏后者的能力，结果导致聪明一世的他功高盖世、声名显赫，却在这场挂羊头卖狗肉的政治权术上留下了败笔，也给历史造成了无法弥补的损失。

桓温有良好的自身条件，但膨胀的欲望让自己一步步走向绝路，下回说一个人，身处绝境的他通过自救，慢慢走向成功，并名垂青史。

四十三、没有人愿意雪中送炭，
　　你唯一的办法就是自救

沈劲是东晋历史上为数不多的英烈。在那个贪生怕死酒肉穿肠的时代，面对外族入侵，东晋士民或"只把杭州当汴州"，或"懦夫在未死以前就已经死了好多次"，而他却例外，像是一颗流星划过中世纪的天空留下深深的印痕。

他的出身很糟糕，是罪臣的儿子，父亲沈充，原是东晋权臣王敦的心腹死党，王敦曾密谋篡逆，想推翻皇帝，沈充参与其中。但在谋反前夕，朝廷察觉了，派人来说服沈充，让他临阵起义。沈充却对来者说："与人共事当始终如一，我在这时出卖朋友，天下人会怎么看我？容吾不能从！"王敦兵败后，沈充逃回老家吴兴，误入其故将吴儒家，遭到吴儒出卖而被杀。沈充在临死前对吴儒说："尔以大义存我，我宗族必厚报汝。若必杀我，汝族灭矣。"

沈充助逆而死，这是覆家之祸。其子沈劲年幼，自然受到株连，按律当斩，危急时刻，他父亲的一个同乡把他藏起来，直等到朝廷发出大赦令，他才开始正常的生活。

有志气的沈劲成人后杀死了仇人，应验了其父的话。不过沈劲的复仇没有受到法律制裁，因为在以孝治天下的晋朝，为上辈复仇是被社会所推崇的。跟桓温枕戈泣血、终报父仇一样，沈劲因此为时人所称许。何况吴儒作为沈充的部下先参与叛乱，见大势已去又卖主求荣，被认为是不忠不义之举。

四十三、没有人愿意雪中送炭，你唯一的办法就是自救

复仇之后，沈劲"哀父死于非义，志欲立勋以雪先耻"，认为父亲参与王敦之乱是不义之举，是家族的耻辱，欲为朝廷立功以雪耻，恢复家族名誉。但毕竟是叛臣之子，有政治阴影，拿现在的话来说有历史污点。每个朝廷官员看到他都唯恐避之不及，更没人愿意帮助他。所以到三十岁时，仍因出身问题而不能入仕。史书上是这么记载的："年三十，以刑家不得为官。"

然而在那种环境里，他没有自暴自弃，反而洁身自好，志存高远，被乡人称之有节操，远近很有口碑。这引起了一个人的注意，那就是吴兴郡太守兼守城将领王胡之，王胡之是琅琊王家王廙次子，年少时就很有声誉，成人后才能卓著，历任吴兴郡太守、侍中、丹阳尹，颇有作为。

王胡之觉得沈劲不是一个普通的人，在他被朝廷擢升为平北将军、司州刺史，将要前往镇守洛阳之际，排除世俗的偏见，大胆向朝廷上疏说："臣当藩卫山陵，式遏戎、狄，艰难急病，非才不济，吴兴沈劲，清操著于乡邦，贞固足以干事，若令参令府事，义附必众。劲父充，昔虽得罪先朝，然其门户累蒙旷荡，可特垂沛然许臣所上，诏听之。"

意思是说，戎狄来犯，国家有难，眼下正是用人之际，吴兴男子沈劲，清廉的操守闻名于乡里都，办事能力也不错。吴兴人最多，如果让沈劲参与我的队伍，估计会有带动效应，肯定会有很多的人前来投靠。不知道皇上能否答应我的请求？冲着王胡之的威望和作为，朝廷答应了。

先插叙一段。朝廷调王胡之到洛阳是有原因的。当时东晋内部对北伐和收复中原积极的人少，权臣桓温打的北伐、迁都的旗帜，实际上扩充自己的实力，同时为了保存实力，桓温离开洛阳，却驻防合肥，在这种情况下，朝廷让有能力的王胡之任司州刺史（治所在洛阳），东晋担任过司州刺史的很少，因为跟火线近在咫尺，周围被外族的军队团团围住，都不愿意去任职，这岗位经常空缺。

得到这个消息，沈劲很兴奋，一直想找"以雪先耻"的机会终于来了。但很快令他失望了，当沈劲赶赴王胡之帐下听令时，意外的情况发生了，王胡之因病离职，去不了洛阳前线了。

怎么办？沈劲又得面临人生选择，他可以在吴兴郡当个太平小官混混日子，也可以选择回归老家韬光养晦伺机再出，但出乎意料的是，他决定"自表求效"，面对前燕进攻中原，河洛哀鸿遍野，慕容恪侵逼山陵，沈劲雄心勃勃，直接向皇帝写了请战书，要去保卫洛阳。

朝廷很快批复了，任命他为守城长史（相当于副司令），同时让他自己组织军队，结果他招募到一千多壮士赶赴前线。一到洛阳，他看到战争形势已经十分严峻，举目四望，洛阳已经是一座孤城，没有任何外援。面对敌军围困，沈劲英勇奋战，配合守城主将陈佑击贼，频频以少胜多，击退敌军。

这样坚持了一段时间，洛阳城终于粮尽援绝，储备的粮食也快吃完了。此时，保卫洛阳的总负责人河南太守戴施，此人惧怕燕军，不愿坐守孤城，逃往宛城（今南阳）了。主将陈佑因兵马太少，连连向朝廷告急，但朝廷始终派不来兵。于是陈佑也感到洛阳难以久留，便以救援许昌为名，率三千士兵东去，一溜烟逃跑了，仅给沈劲留下五百人。

太守和主将先后弃城逃跑，这样一来，守卫洛阳的重担就落在沈劲一人身上。地球人都看得明白，以区区数百人来守卫洛阳，真是连城头都站不满，再说都是吃了上顿没下顿的主，而敌军后续部队可能有十来万人，精兵强将，后援十足，谁胜谁负，已了然，城内的士兵都为沈劲发愁。

结果，沈劲不但不发愁，反而高兴地说："多少年来，我常常为父亲陷于不义而遗憾，早就想为国立功，以雪先人之耻。现在，有了保卫洛阳的机会，让我做一名烈士，以实现我的夙愿！"

士兵们听了他的话，都表示愿意留下来和洛阳共存亡。沈劲又在城中

四十三、没有人愿意雪中送炭,你唯一的办法就是自救

招募流民一千多人,发放兵器,帮忙守城。

兴宁三年(公元365年)二月,前燕军队两路人马联合攻城,总计八万余人。此时洛阳粮食断绝,在奇迹般坚守了一个月后,终因寡不敌众,洛阳城破,沈劲被俘。

前燕统帅慕容恪怜惜其才,因为沈劲以区区数百将士,杀伤杀死燕兵上万人,令人震惊,于是劝沈劲投降。沈劲却说:"我的志向就是死得其所!"慕容恪听后很佩服,想放了他,但他手下劝道:"沈劲,壮士也。秉智勇,重节义,他不会为我所用,若不杀之,必为隐患,只能杀之。"慕容恪遂杀沈劲,命人厚葬。后来慕容恪对僚属们说:"我以前平定了广固,却没能救助辟闾蔚;如今平定了洛阳,又使沈劲被杀。这些虽然都不是我的本意,然而身为军中主将,实在有愧于天下。"

为保卫洛阳,沈劲献出了年轻的生命。东晋朝廷听说后嘉许了沈劲,追赠为东阳太守。莎士比亚说过,懦夫在未死以前,就已经死了好多次;勇士一生只死一次,在一切怪事中,人们的贪生怕死就是一件最奇怪的事情。

沈充与沈劲这一父一子,沈充想通过依附逆臣而谋求家族的仕进与地位的提升,而沈劲则通过勇赴沙场建功立业来突破世俗的偏见,都是试图实现个人价值光宗耀祖,但在实质上有天壤之别,沈劲的自救,用自己的忠义改变了家庭叛逆的名声,解除了禁锢,子孙也入仕成为朝廷官员。其结果,沈劲之事入《忠义传》,其父之事入《贼臣传》。

难怪司马光赞叹道:"沈劲可谓能子矣!耻父之恶,致死以涤之,变凶逆之族为忠义之门。"

四十四、这个女人不简单，用三次糊涂换回一世的清明

公元373年前后，东晋王朝连续发生几件大事，做了八个月皇帝的简文帝驾崩，年轻太子的孝武帝继位，篡位未成的桓温恚恨病逝。桓氏家族的势力依然逼人，桓温的弟弟桓冲兼领扬豫二州刺史，都督扬雍江三州军事，另一弟弟桓豁担任荆州刺史，都督荆扬广三州军事。

东晋政局面临重新洗牌。谢安担心桓冲等人干政，上奏《请崇德褚太后临朝启》，拟请太后褚蒜子垂帘听政。因褚蒜子居住崇德宫，被尊称为"崇德太后"。

"王室多故，祸艰仍臻，国忧始周，复丧元辅，天下惘然。若无攸济，主上虽圣资奇茂，固天诞纵。而春秋尚富，如在谅闇，蒸蒸之思，未遑庶事。伏惟陛下德应坤厚，宣慈圣善，遭家多艰，临朝亲贤，光大之美，化洽在昔，讴歌流咏，播溢无外。……伏愿陛下抚综万机，厘和政道，以慰祖宗，以安兆庶，不胜忧国，喁喁至诚。"

意思是说，国家正处于变故之中，皇帝年少，千头万绪，天下惘然，只有请有威望的太后您出来主持大局，才能稳定朝政、振兴朝纲。不料尚书仆射王彪之并不赞同：先前皇帝，幼在襁褓，母子一体，故可请太后临朝。如今皇上年逾十岁，将及冠婚，反令堂嫂临朝，这样不妥吧。但谢安等人不管，执意要这样做。

其实，褚蒜子此前已经两次垂帘听政。她是位传奇人物，出身名门望族，从小就聪明伶俐，气质见识都不同于常人，因此被琅琊王司马岳选

四十四、这个女人不简单，用三次糊涂换回一世的清明

作王妃。晋成帝司马衍病死，由于其子年幼，就传位给其弟司马岳，于是十九岁的褚蒜子也被册封为皇后。

司马岳当皇帝才两年便去世了，两岁的幼子司马聃继位，褚蒜子便晋升为皇太后。由于司马聃年幼根本无法执掌国政，因此朝臣上表要求褚蒜子临朝执政。"伏唯陛下德侔二妫，淑美《关雎》，临朝摄政，以宁天下。"褚蒜子审时度势，"敬从所奏"，抱着儿子开始了她的第一次垂帘听政。

就在褚蒜子开始临朝摄政不久，朝廷发生了一件大事，荆州刺史庾翼死了。荆州乃朝廷战略命门，历东晋百余年，谁掌握了荆州，谁就是掌握了军事主动权。本来也没啥，庾翼死了，再换个统帅，难就难在庾翼死前上了表，请求让儿子庾爱之接掌荆州，想开藩镇世袭的恶例。庾家以外戚跻身权贵，和王家、谢家鼎足而三，是否允准，需要褚蒜子决断。

廷议时，辅政的何充推荐了新生势力桓温，丹杨尹刘惔坚决反对，明确指出桓温有野心，不可大用。面对纷争，褚蒜子第一次装了糊涂，同意由桓温执掌荆州。至此，庾氏式微，再也没了昔日风光。此次装糊涂，褚蒜子有如此收获，既削弱了庾氏势力，又安抚了王、谢以及吴地士族的积怨，看似顺应了清谈人士的建议，不经意地却起用了实干派的桓温。果然，后来在褚蒜子的支持下，桓温灭掉了西南的成汉政权，尽收蜀地，又领兵三次北伐，使东晋军威大振。

不过，日益骄横起来的桓温给褚蒜子的执政埋下了隐患，于是就有了褚蒜子第二次装糊涂，那是在永和五年（公元349年）。这年后赵皇帝石虎病死，北方大乱，正是用兵之时，桓温随即上表要求北伐。令人不解的是，他的奏疏被留中，褚蒜子既没答应，也不回复，却采信了父亲褚裒的征讨请求，结果惨败，京口守备力量严重受损，褚裒亦愧恨而死。此役的失利，冒进是主因，缺乏协同，但是褚蒜子应该还有着其他方面的考虑，她不可能存心害自己的父亲，更不可能存心拿家国社稷当儿戏，她不过是

担心重蹈王敦之乱的覆辙罢了。

如果答应桓温的请求，不加抑制让他北伐，王、谢两大族就会有意见；如果自己代表帝室过分集权，这三家势力就会枪口一致对付自己。不如装糊涂，假装不知道有桓温的奏疏，以京口之兵就近赴彭城参战，以殷浩守扬州专门制约桓温。这么一来，北伐之民意、士族之怨怼、桓温之狐疑，都能有所交代。

公元357年，司马聃十五岁时，褚蒜子归政其子，下诏群臣以国家社稷为重，全力辅佐幼帝："愿诸君子思量远算，戮力一心，辅翼幼主，未亡人永归别宫，以终余齿。仰惟家国，故以一言托怀。"其言切切，其心悠悠。褚蒜子退隐崇德宫后，桓温更是变本加厉地横行霸道起来。

数年后，年仅十九岁的司马聃暴病而死。此时晋成帝的儿子司马丕也已长大成人，于是褚蒜子便将皇位归还给司马丕，立其为帝。谁知司马丕对政事不感兴趣，却迷信方士，成天不吃饭，只吃金石药饵，年纪轻轻便病倒在床。大臣们只好上表请求他的婶母褚蒜子第二次临朝执政。不到一年，司马丕"登仙"而去。褚蒜子于是又颁布一道册帝的太后诏书，立司马丕的弟弟司马奕为帝。

此时桓温功高盖主，已有篡位之心，桓温用郗超之策，"废帝以立威"，向褚蒜子提将皇帝司马奕废为东海王，改立司马昱为帝。当时褚蒜子正在佛屋烧香，内侍启云："外有急奏。"她倚着门框看了数行，即说"我本自疑此"，至半便止，索笔答奏云："未亡人罹此百忧，感念存没，心焉如割。"原本怀疑还答应了桓温的请求，这是她第三次装糊涂，她不能不装！其时桓温不仅握着兵权，朝廷中枢亦尽在其手，不装，立马就要生乱。她在最后一次临朝诏书中曾解释，"但暗昧之阙，望尽弼谐之道"。装糊涂，不顶真，为的是求个暂时和静，坐等出现转机。

果然等到了机会，次年，被桓温架空的司马昱忧愤而死，谢安因遗诏

四十四、这个女人不简单，用三次糊涂换回一世的清明

而上位。褚蒜子随即联手谢安与王坦之，成功狙击了桓温的野心，使晋室重获安稳。

这次谢安等人再次上表，请求退隐崇德宫的褚蒜子第三次出山。已经五十岁的褚蒜子，第三次垂帘听政，这次她回复得很坚决，也不再装糊涂，"王室不幸，仍有艰屯，览省启事，感增悲叹"，"苟可安社稷，利天下，亦岂有所执，辄敬从所启"，义不容辞的责任感，让这个女人充满着正能量。

诏书既下，次日褚蒜子便即临朝，任命王坦之为尚书令，谢安为仆射，王谢两人同心辅政，控制了朝中局面。褚蒜子仁行天下，将国家治理得头头是道。她曾下诏抚恤受灾的百姓，"水旱并臻，百姓失业，夙夜惟忧，不能忘怀，宜时拯恤，救其雕困。三吴义兴、晋陵及会稽遭水之县尤甚者，全除一年租布，其次听除半年"。这些政令清明、与民生息的政治举措，也让社会经济得到长足发展。

公元376年，褚蒜子再次下诏，归政于孝武帝司马曜。她垂帘听政的政治生涯正式结束，从此她深居内宫，烧香拜佛，不问朝政。

她用三次糊涂换回一世的清明，不贪恋权位，不颐指气使，不但与民为恤，还与权臣周旋，有着令人信服的胆识谋略，又有难能可贵的霁月胸怀，这在中国的历史上是绝无仅有的。为褚蒜子点赞！

她的成长及成功跟其父的教育有莫大的关系。

四十五、低调做人，始终保持生命里的一份恬淡

做一个低调的人，做一个留下好口碑的人，从而，保持生命里的一份恬淡。

东晋褚裒（字季野）的一生就是这样践行这句话的。浮夸、务虚、清谈的魏晋风度好像跟他没半毛钱关系。

原本他完全有高调的资本。

论身世，褚裒的家里世代为官，祖父和父亲都是官员。他少年老成，史书上记载"褚裒少有简傲高贵之风范"。名臣桓彝很欣赏地说："季野有皮里《春秋》。"说他凡事不露声色、面无表情、从不对事物表态、更不评价人与事的优劣高低，实际上心里对一切都看得清清楚楚、曲直褒贬自己有数。谢安也对褚裒颇为敬重，他经常说："褚季野虽不言，而四时之气亦备。"意思是虽然不说话，可春夏秋冬的冷暖炎凉都装在胸中，心中小九九可不少。

原本他完全有高调的资本。

论命相，褚裒的貌相是一等一的，东晋最著名的占卜大师郭璞曾经给他算了一卦。褚裒小时候曾到庾亮家里玩，恰好郭璞也在。庾亮让郭璞给褚裒卜筮。卦象一出，郭璞脸色大变，吓得庾亮以为有什么凶兆，赶紧询问。郭璞说："这不是人臣的卦象，不知道这位少年怎么会显示出这种祥兆呢？二十年以后，我的话才能应验。"到了康献皇后临朝，征褚裒入朝任职，成为极为尊贵的人物，此时离占卜恰好二十九年。

原本他完全有高调的资本。

四十五、低调做人，始终保持生命里的一份恬淡

说实话，他的资本除了自身才能和德行高尚之外，更大的是来自女儿。他的女儿叫褚蒜子，这位可算是历史上的奇女子了，她的一生历经了数位皇帝，其中三次垂帘听政，力挽狂澜，将东晋硬是撑了起来。这种情况下，父以女贵，作为父亲的褚裒是不想当官也有人非得拉着他做官。女儿位居高位，父亲的地位也跟着水涨船高。

凭借皇亲国戚的身份而飞黄腾达的例子数不胜数。不过褚裒并不这么看，当年在女儿褚蒜子当王妃的时候，他就早早地离开了京城，远离是非圈，去当豫章太守。在当太守期间，褚裒官声清廉，就连自家厨中所用的木柴，都让自家的仆人去山上采斫。到女儿当皇后的时候，他更拒绝了皇帝女婿给予自己的侍中、尚书官衔，千方百计地离开了京城，以建威将军、江州刺史的职位出镇江州刺史。后来女儿成为太后，垂帘听政、自己以姻亲身价暴涨的形势，褚裒冷汗直冒，更不愿意成为众矢之的，于是再一次选择了避嫌，坚决要求只做地方官，无论如何不入朝。

史书说，"裒以近戚，惧获讥嫌"。在他呈给皇帝的奏章《上疏固请居藩》里，称自己凭着虚名陋才，才干不能备用，过分地蒙受国恩，多次担任不能胜任的职位。没有功劳却接受了恩宠，他实在觉得非常惭愧，怎么还可以再加授特殊的官命，显耀的称号一再加封！同时还向皇帝建议针对极为繁多的日常政务，最好对宰辅们推诚相待，完全遵循先帝任用贤能的做法。最后劝皇帝"无宜内示私亲之举，朝野失望，所损岂少！"意思是不宜在内显示偏爱亲戚的举动，朝野丧失希望，损失岂能微小。这样的历史教训实在很多。

他百般推辞入朝，原因应该有两方面，其一是他自身的教养，德行高尚，懂得谦让，知进退；其二是女儿成为皇后，这就是置身于权力中心，所处的地位可以说一个不小心就得家破人亡。最后皇帝只好任命他为都督徐州兖州青州及扬州二郡军事，兼徐州兖州二州刺史，卫将军，出镇

京口。

殷鉴不远，在夏后之世。西晋时期的杨骏凭借是皇后父亲的身份骄傲自大，大臣胡奋对杨骏说："你仗着女儿越来越强横了。历观前代历史，凡是和天子结亲的，没有不遭灭门之祸的，只不过早晚而已。看你的举止，正该因此而加速祸患的到来。"杨骏说："您的女儿不是也在天子家里吗？"胡奋说："我的女儿只是给你的女儿当仆人而已，不可能造成什么好处或害处！"最终飞扬跋扈的杨骏三族被诛灭，株连而死的共有数千人。

做人低调，做事却高调。褚裒虽然身在地方，但是其意只在避嫌，实际上对于女儿所执掌的朝政情况无时无刻不关心。为了稳定政局，他向褚蒜子推荐会稽王司马昱为扬州刺史，随后再晋级为抚军大将军、录尚书事。司马昱这时才二十五六岁年纪，正是年轻气盛的时候。他的入朝辅政，使得当时威胁皇室的何充得到制衡。随后，褚裒再举荐名士殷浩为扬州刺史、建武将军，参与朝政。在褚裒与褚蒜子父女的一连串动作之后，东晋形成了一个全新的局面：司马昱在朝，而顺着长江天险，分别驻扎着上游桓温、下游殷浩，褚裒本人则坐镇江北。几大重臣互相制衡，东晋朝局相对稳定了下来，也给此后一段时间东晋的军事渐兴赢得了机会。

永和五年（公元349年），后赵主石虎死，后赵宗室争权，国内大乱。正是北伐兴师的大好机会。褚裒上表《重陈北伐事宜》请伐赵，朝廷恐褚裒深入不利，宜持重。而褚裒以为应该迅速出兵，以造成声势。"前所遣前锋督护王颐之等径造彭城，示以威信，后遣督护麋嶷进军下邳，贼即奔溃。嶷率所领据其城池，今宜速发，以成声势。"

于是朝廷加封褚裒为征讨大都督，都督徐、兖、青、扬、豫五州军事。褚裒率领三万人马，前进到彭城，声威所至，北方士民降附者日以千计。褚裒派遣部将王龛等率领精兵三千接应鲁郡归附的民众，结果遭到了后赵南讨大都督李农两万多骑兵的攻击，在代陂全军覆没。褚裒被迫撤退

四十五、低调做人，始终保持生命里的一份恬淡

到广陵，全线溃败。当时河北大乱，北方的遗民二十多万渡过黄河想归附东晋。由于褚裒的失败后退，使遗民得不到接应，在路上死亡殆尽。

战败后褚裒自请处分，朝廷不许，只是解除了他征讨大都督的职务，仍然让他镇守京口。胜败本乃兵家常事，可褚裒回朝以后，听到阵亡将士家属的哭诉，良心上很过意不去，天天在自责，惭愤而去世。

顺便提一下，褚裒还是个很有雅量的人。《世说新语》记载，褚裒由章安令调任太尉庾亮的记室参军。他早已名声很高，但官职低，因此多数人还不认识他。一次他东行，乘商船送他以前的几个属吏，投宿到钱唐亭。当时吴兴人氏沈充任县令，要送客人去浙江。客人到了后，亭吏把褚裒赶到牛栏旁去住。涨潮时，沈充起来漫步，问："牛栏旁是什么人？"亭吏说："昨天有一个伧父（对北方来的人士的蔑称）来亭中投宿，因有贵客，权且移到那边。"沈充乘着几分醉意，便远远地问："伧父想吃饼不？姓什么？可以聊聊天。"褚裒便挥手答道："我是河南的褚季野。"沈充久闻褚裒大名，听了极为窘迫，不敢叫褚裒过来，便去牛栏旁递上名片拜见褚裒。随宰鸡杀羊准备宴席，送到褚裒面前。褚裒与沈充对饮，言谈神色如常，好像什么误会都没有发生过。

世态纷扰，选择低调做人，是人生成熟的儒雅，平和恬淡，不争不抢，如此甚好。

四十六、不听劝谏，一个快速崛起的帝国转眼就烟消云散

建元十一年（公元375年）六月，就在东晋褚蒜子主政国力得以恢复期间，前秦帝国传来不好的消息，一直奋斗在第一线、鞠躬尽瘁死而后已的宰相王猛终于积劳成疾，病倒了。

国君苻坚闻讯后十分着急，王猛对他而言不仅仅是左膀右臂，简直是心脏和大脑。他亲自为王猛祈祷，并派侍臣遍祷于名山大川。不久，王猛病情稍有好转，苻坚欣喜异常，下令特赦死罪以下的囚犯。

自知将不久于人世，王猛拖着一身病体，给苻坚上疏，希望国君能像古代明君一样把前秦的这块蛋糕做大做好。他在奏疏里说："想不到陛下因贱臣微命而亏损天地之德，自开天辟地以来绝无此事，这真使臣既感激又不安！臣听说报答恩德最好的办法是尽言直。慑八方荒远之地，声望德化光照六合之内；九州百郡，十居其七；平燕定蜀，如拾草芥。然而善作者未必善成，善始者未必善终。所以，古来明君圣王深知创业守成之不易，无不战战兢兢，如临深渊。恳望陛下以他们为榜样，则天下幸甚！"

苻坚每读一行字，抹两行泪，擦三把涕，悲恸欲绝。

都说苻、王配是魏晋南北朝时期最默契的一对君臣搭档。两人相辅相成，合力将一个矛盾重重的前秦打造成当时实力最强的国家，并有望统一南北。

看完奏章，苻坚眼前不禁重现王猛的以往作为。在他眼里，王猛不仅是诤臣，还是能臣。

四十六、不听劝谏，一个快速崛起的帝国转眼就烟消云散

他对他信任日深，委任日重。王猛辅助执政以来，做的第一件事就是着力整顿吏治，严明赏罚，裁汰冗劣，擢拔贤能。

当时朝廷内外有一批氐族显贵，仗恃与皇室同族或"有功于本朝"等，身居要津，恣意妄为，无法无天。王猛的矛头首先对准他们。皇太后之弟强德仗势犯法，王猛对其快抓、快审、快斩，"奏未及报，已陈尸于市"。紧接着，王猛又与御史中丞邓羌通力合作，弹指之间即将横行不法的权贵二十多人铲除干净。于是，百僚震肃，豪右屏气，路不拾遗，令行禁止。苻坚感叹道："吾始知天下之有法也！"

趁热打铁，王猛又建议苻坚下令挑选得力官员巡察四方及戎夷地区，查处地方官长刑罚失当和虐害百姓等劣行，整顿地方各级统治机构。

同时，王猛还力求做到"有才必任"。他曾力荐在职官员苻融、任群和处士朱彤等人，使他们各得要职。灭燕后，他又很快推荐房默、房旷、崔逞、韩胤、田勰等一批关东名士担任朝官或郡县官长。"木秀于林，风必摧之"；"行高于人，众必非之"。王猛从自己的亲身经历中，对贤才遭嫉有着深刻的体会，所以他也像苻坚一样保护贤才，用才不疑。苻融为人聪辩明慧，文武出众，善断疑狱，见识远大。他曾因微过而局促不安，王猛赦而不问，信用如初。燕臣梁琛于亡国后仍然不屈其志，因而未得重用。王猛不避嫌疑，推荐他做了自己的重要僚属。

居官从政者，自然都有一定的才干，能出将入相的则智慧一定超过常人。王猛敏锐地感觉到，国家需要人才，人才也需要一个平台，应该有更多像他一样的人才为朝廷所用，于是他创造了考试制度。

在魏晋南北朝时期，实行的是"九品中正制"，就是一个"主考官"叫"中正"，把管辖区域的"学子们"分成九品，品越高，官做得越大。全凭"中正"的个人眼光，没有客观的标准。最后造成的结果是：大家忙着走后门，基本靠"拼爹"。

王猛打破了这个规矩，在我国古代率先建立了考试制度，规定了进入公务员队伍的程序：地方官长分科荐举名为孝悌、廉直、文学、政事的人才，上报中央；朝廷对被荐者一一加以考核，合格者分授官职；凡所荐人才名实相符者，则荐举人受赏，否则受罚；凡年禄百石谷米以上的各级官吏，必须"学通一经，才成一艺"，其不通一经一艺者统统罢官为民。意思就是三点：1.主考官推荐；2.被推荐的人必须参加笔试、面试，如果合格才会被录用。如果不合格，主考官就要受罚；3.各级官员要精通一门技术。

主考官害怕被"打板子"，于是不得不到民间去寻找有真才实学的人。王猛本人出身寒门，他靠个人的力量扭转了几百年来的传统。当时的前秦，随便到大街小巷转转，都会看到在捧着书勤奋苦读的人。社会风气和社会治安也为之一变，贿赂请托、恣意妄举的腐败现象逐渐消灭，而养廉知耻、劝业竞学之风日盛。

王猛辅政期间，除了对内整顿吏治、奖掖人才外，更让苻坚感到有成就感的是，王猛还对外统兵敢于与北方群雄角逐，并且愈战愈强，十年之间便基本统一了北方。在这个过程中，王猛经常统兵征讨，攻必克，战必胜，表现出卓越的军事才干和大将风范。

两人一联手，这个曾经被困长安，穷困潦倒的前秦，就被他们打造成资金雄厚、规模巨大的统一北方的大国家。后世崔浩对两人有一个贴切的比喻："若王猛之治国，苻坚之管仲也。"

在王猛人生最后的时候，还是牵挂着前秦、牵挂着苻坚，这让苻坚不感动涕零才怪。不过，这年七月，在上完最后一道奏章的一个月后，王猛病情再次恶化，到了病危，苻坚赶紧跑过来，询问后事。王猛睁开双眼，望着苻坚说："晋朝虽然僻处江南，但为华夏正统，而且上下安和。臣死之后，陛下千万不可图灭晋朝。鲜卑、西羌降伏贵族贼心不死，是我国的仇敌，迟早要成为祸害，应逐渐铲除他们，以利于国家。"说完便溘然

四十六、不听劝谏,一个快速崛起的帝国转眼就烟消云散

长逝。

他的遗言两重意思:一、东晋是正朔,所以不要"以晋为图";二、应当清除异族势力,才能保证国家安全。

苻坚对王猛之死极为哀痛,他说:"天下欲使吾平一六合耶?何夺吾景略(王猛的字)之速也?"老天爷是不想让我统一天下呀,怎么这样快就夺去我的景略啊!这跟后赵开国皇帝石勒在谋士张宾死时也曾发出"何夺吾右候之速也?"的感叹一样,顿足捶胸,痛彻心扉。

王猛走后,前秦好比一个人突然迷失了方向,各种副作用慢慢显现出来。

少了王猛这般的诤臣,苻坚个人生活上开始懈怠,追求享受。"大修舟舰兵器,饰以金银,颇极精巧";把后赵都城的铜驼、铜马、飞廉、翁仲搬到长安,"骄矜已甚"。

少了王猛这般的能臣,法制日趋败坏。"自王猛之死,秦之法制,日以颓靡"。且不说一般的犯法,就连苻坚的两个儿子和一个侄子先后起兵谋反,都未受到应有惩罚,甚至仍被任命为一方军事统帅,手握重兵。

少了王猛这般的智臣,自王猛之死到淝水之战前的七年间,前秦吞凉、灭代、拔襄阳、攻彭城、征西域,共用兵百万之众。每次军事行动都大大加重了北方人民的负担。

更糟糕的是,野心一度膨胀的苻坚彻底抛弃了王猛的临终遗言,挥师南下掷鞭填江,发动淝水之战企图一举吞没东晋王朝。

这个从谏如流的苻坚在王猛的劝谏下,迅速平定了北方实现了雄主的愿望,可遗憾的是,不听"勿以晋为图"的劝说,使这个以旋风般快速崛起巍然耸立的前秦帝国,转眼间破败到无法收拾的境地,以至于轰然倒塌,土崩瓦解成为废墟。

历史学家范文澜曾说过:"苻坚在皇帝群中是个优秀的皇帝。他最亲

信的辅佐王猛，在将相群中也是一流的将相。"倘若苻坚始终恪遵王猛遗教，则前秦必不致速亡，至少可与东晋继续对峙下去。历史就是这么残酷！当然，历史也容不得假设！

西北另一政权后凉也在酝酿着另一场阴谋，几个儿子视先父的遗教为无物，兵刃相见，自相残杀，血流成河。

四十七、道德沦陷，后凉政权在一夜之间崩溃

吕光是个能知生前事，也能料身后事的主，他原为前秦将领，战功赫赫。淝水之战前夕，受命西征，威震西域，诸国尽皆归附。公元384年，在班师返回途中，接到苻坚死讯，便占据凉州，驻兵割据，史称后凉。

公元399年，吕光病重，册立太子吕绍为君主，任命大儿子吕纂为太尉，二儿子吕弘为司徒。三个儿子各有特点，吕纂很勇猛、吕弘有心计、吕绍偏文弱。

吕光语重心长地对吕绍说："现在国家正处在多灾多难的时候，秃发氏、乞伏氏和段氏这三个强邻，正在等待时机吞并我们，我死之后，让吕纂统领六军，吕弘主管朝廷政事，你自己恭顺地坐在那里，无为而治，把大事委托给两位哥哥，或许可以渡过难关，如果内部相互猜疑，祸起萧墙，那么像晋、赵那样的变乱迟早就会来！"

知子莫若父，吕光不放心，又对吕纂、吕弘说："永业（即吕绍）他不是具有拨乱反正之才的人，只因为他是嫡出的儿子才居于君位，现在外面有强大的敌人，人心又动荡不安，你们兄弟之间如果能紧密合作，精诚团结，皇位就可以流传万代，如果内部互相争斗，大祸就在转眼之间了。"不愧是优秀的政治家，吕光把话给挑明了，没有遮遮掩掩。

吕纂、吕弘都哭着说："我们不敢的。"

过不了多久吕光就病逝，接下来的故事是阴谋加阳谋一幕加一幕。权力的诱惑是巨大的，什么老爸的嘱托，什么以前的教训，在这三兄弟面前一文不值，甚至可以抛到九霄云外之外。你没办法想象对方说的是真话还

是假话，也没办法想象道德在权力面前是如何的不堪一击。

因强敌环伺，吕绍封锁了吕光去世的消息，暂时不办丧事，吕纂推开东侧的小门，进去恸哭不已，发泄完心中的哀痛才出来。

吕绍很害怕，要把皇位让给他，说："兄长功劳即大，年龄又长，应该继承皇位。"吕纂断然说："陛下是国家的嫡子，臣怎敢犯上呢！"吕绍坚持让位，吕纂只是不答应。估计两人都是惺惺作态。吕纂不是不想上位，因当时尚未筹划完备，不敢轻举妄动。

吕绍的堂兄骠骑将军吕超对他说："吕纂当大将军已经很多年，威震内外，面对老父亲的丧事，他并不悲哀，反而昂首阔步，心中一定有叛逆的想法，应该早点把他除掉。"

吕绍说："先帝的话还在耳边，我怎么能不听呢！我以弱冠之年来担负国家的大任，正要依赖两位哥哥的帮助而使国家安定，纵然他们真的要图谋我，我也视死如归，怎么也不忍心有这种想法，你不要再说了。"话虽有道理，但有些迂腐。

吕超又说："吕纂一向威名很大，残忍而无视亲情，现在不解决他，以后必定后悔莫及的。"

吕绍说："我想到袁尚兄弟自相残杀的事，没有不痛心得忘掉寝食的，我宁可坐着等死，也不会做那种事。"袁尚是东汉末袁绍的第三子，受到袁绍的偏爱，并于袁绍去世后继承了袁绍的官位和爵位，也因此招致长兄袁谭的怨恨，兄弟之间经常兵戈相向。

吕超伤心地说："圣人说能看透先机的人是神人，陛下面临关键时机不下决断，我看大事要完了。"

吕纂去拜见吕绍，吕超手里拿着刀侍立在吕纂身边，用眼睛示意吕绍允许自己把吕纂抓起来，吕绍只是不答应。

二弟吕弘一向对吕绍不满，一天秘密派人对吕纂说："主上昏庸懦弱，

四十七、道德沦陷，后凉政权在一夜之间崩溃

承受不住灾难，大哥向来恩威并重，应该为国家社稷考虑，万万不可拘泥小节啊！"好一个为国家社稷考虑！

受到挑拨，本已蠢蠢欲动的吕纂，就在当天夜里，带领着几百名身强力壮的士兵翻越过北城，进攻皇城的广夏门，吕弘也带着东苑的士兵，用斧头砍开皇城的洪范门。

左卫将军齐从据守在融明观，迎面质问说："国家正面临大的变故，主上刚刚即位，太原公（指吕纂）不从正道上行走，深更半夜深入禁城，难道是要谋反不成！"

齐从拔出佩剑往前冲，砍中了吕纂的前额，吕纂的左右侍从抓住了他，吕纂说："真是个忠义的好汉，不要杀他。"

在吕纂兄弟俩逼宫之下，吕绍走投无路只好"登紫阁自杀"，吕超则逃奔了广武。吕光当时的遗言一语成谶。吕绍字永业，可见吕光对他寄予了多大期望，可惜他立业不足一个月。

吕绍死后，吕纂忌惮吕弘的兵势强盛，试探性地劝说吕弘即位。吕弘断然地说："以前是因为吕绍是弟弟却继承了大统，众人心中不服气，因此违背了先帝的遗命废黜了他，已经感到很惭愧对不起九泉之下的先帝了，如今再越过兄长而自立的话，我还有什么脸面活下去！大哥年长而且贤明，威名震动内外，应该尽快登上大位，以安定国家。"

吕纂也不客气，登上君主位。即位后的吕纂觉得吕弘功劳高，名声响，心中很是忌恨他，吕弘也疑心自己会受猜忌，于是索性带着东苑的军队实行叛乱，进攻吕纂。吕纂派部将回击，吕弘的部队溃散，自己也逃走了。

吕纂纵容士兵在城中大肆抢掠，并把东苑中的妇女全部赏赐给军卒们，吕弘的妻子女儿也在其中。吕纂哈哈大笑地对着周围的大臣们说："今日这场战斗怎么样？"

侍中房晷回答他说:"老天是在降灾祸给我们凉国,所以忧患和祸事才会频繁不断地降临到我们头上。先帝刚刚去世,隐王便被废黜;先帝的坟墓刚刚掩埋,大司马又发动兵变;京师血流不止,兄弟之间白刃相接。"

房晷也毫不客气地批评吕纂,这是道德底线的沦陷。"这次虽然是吕弘自取灭亡,但陛下也没有兄弟的恩情。陛下应当反省、谴责自己,以此向老百姓致歉道谢才是,反而纵容士兵大肆烧杀抢掠,囚禁、侮辱官员的妻女。况且吕弘的妻子是陛下的弟媳妇,吕弘的女儿是陛下的亲侄女,怎么能使她们被那些卑鄙无赖的人侮辱呢,天地神明,怎么会忍心见到这样的惨事!"于是泪流满面,抽泣不已。吕纂听后很是感动,马上予以纠正。

兄弟相残、权力倾轧,西晋的教训刚刚过去,真是晋人无暇自哀而后人哀之,后人哀之而不鉴之,亦使后人复哀后人也。

吕纂的丑陋秉性很快就显露出来。昏昧暴虐放纵自己,出游打猎没有节制,常常和左右乘酒醉而在坑洼沟涧中追逐打猎,沉溺于酒色,大臣们纷纷劝谏,吕纂"虚心"接受,但坚决不改,结果两年后就被堂弟吕超所杀。

此前,太常杨颖也从道德的角度劝谏道:"臣听说皇天明察人间,只帮助有德的人。德要靠人来光大,上天然后降福给他,所以兴隆的美事落在圣上的身上。大业已经得到,应该用道来维护它,在盛德的基础上发展基业,谋求万年的洪福。

"自从陛下登基,疆土没有开辟,处在崎岖的二岭之内,法纪没有在九州施行。本当兢兢业业小心谨慎,治理四方,完成先帝的遗志,从苦难中拯救苍生。却反而饮酒过度,出入没有定时,安于宴游的快乐,沉湎在美酒里,不把仇敌放在心中,窃为陛下感到危险。糟丘酒池,回不了洛油,都是陛下的殷鉴。"

四十七、道德沦陷，后凉政权在一夜之间崩溃

后凉自吕纂被杀两年后宣告灭亡。史家所称"诸子竞寻干戈，德刑不恤，残暴是先，饥馑流亡，死者太半"，极好地揭示了其必然迅速灭亡的命运。

其实，这样的历史镜头一点也不奇怪，因为世人都忘记了一个规律：道德沦陷后，规则被践踏，因一己之念得到的权力和地位是不可靠的，为一己之欲利用劝谏者的真心同样是不持久的。

那么道德的力量来自哪里呢，东晋的谢石给出了答案。

四十八、谢石的劝谏：唯读书和事业不能辜负

这是东晋时期再常见不过的镜头：

溪边山坡上，随意地点，哪儿舒服就在哪儿，两三个、七八个或者十几个，大家高兴地凑在一起，开始了所谓美轮美奂的清谈玄言，越说越亢奋，毫无倦意，直至日薄西山，日落而息。

名士府邸里，只见一群人中几个绝顶清谈高手，来回辩论，相互驳斥，精彩无空隙，让其他人都插不上嘴。不分白天黑夜，只要觉得爽，通宵也可以。比如殷浩的家，有次王濛、刘惔前来清谈，不知不觉"堕其云雾中"，谢尚听其高论，"不觉流汗交面"。

朝廷宫殿上，官员们对干实事嗤之以鼻，管马的不认识马，靠吃米维系生命的不认识稻谷，却对清谈口若悬河滔滔不绝，彼此愉悦交流着"世界万物生于有，还是生于无？""一个人听了音乐会高兴或者悲伤，那么高兴、悲伤是源于音乐，还是源于人本来的心情？"

司马昱的相府更为如此，这位史称"清虚寡欲，尤善玄言"的政治家对治国比较无能，对清谈却是个狂热的组织者，许多著名的清谈事件都发生在其府邸。在他提倡下，东晋被一股浓浓清谈之风所包围。

相比之下，作为弘扬儒家文化、培养修身养性治国平天下之人才的学校，不管是官办或私办的，却空无一人，年久失修，杂草蔓延，荒败不堪。经国济世的人才少了，清谈误国的人多了；爱慕虚荣的人多了，务实肯干的人少了，已经引起了有识之士，尤其是谢安的弟弟谢石等人强烈不满和深深担忧。

四十八、谢石的劝谏：唯读书和事业不能辜负

清谈为什么成为两晋时期的特产呢？有两个原因，一是贪污腐败的现实让读书人不满，二是选拔制度让读书人感到没有出路。

东汉末年至两晋这两百余年的乱世，随着东汉大一统王朝的分崩离析，统治思想界近四百年的儒家之学也开始失去了魅力。读书人眼里的儒家是这样的：社会是有病的，所以读书人要立志成为拯救天下的"医生"，良方是"仁"和"义"。

可到了西晋初年，贪污受贿盛行、国家糜烂不堪，卑鄙无耻的人做大官，正直有学问的人被排挤，甚至被砍头。读书人越来越困惑：读这些"破"儒学经典有什么用？难道为了当官就可以不要脸？同时由于选举名实不符，欺世盗名、贿赂公行的现象比比皆是，在意识形态上居于支配地位的儒家思想开始动摇，而且越来越严重，曾经的精神支柱轰然倒下。

当上帝关了这扇门，一定会为你打开另一扇门。此时，道家不失时机地涌进读书人的视线，你心中有烦恼吗？是想不开吗？那是因为你没有放下。人生的痛苦和快乐，都是来源于你的内心。心是苦的，人生便如苦海无边；心是甜的，人生处处都是旖旎风景。此后，"自然"、"无为"的老庄思想开始抬头，人们开始崇尚贵生、避世，随时可以忘记现实的苦痛，在麻醉中得到暂时的快乐。

到了东晋，这时司马氏政权南迁，社会矛盾尖锐复杂，进一步导致思想上的空虚。因此超生死、得解脱的问题便更成为清谈玄学的中心内容。甚至有人提出"群有以至虚为宗，万品以终灭为验"的思想，把世界和人生视为瞬息万变，稍纵即逝，虚伪无常，主张采取"肆情任性"的纵欲主义人生观，把玄学引入了绝境。做事有何用？读书有何用？一切都是空的啊！及时享乐才是放之四海而皆准的硬道理。

看世人取的名字，也是如此这般的玄学味。名字可以看出一个时代的特征，如同我们在新中国成立之初叫建国、中华、爱国、解放，等等。两

晋诤：解读晋王朝那些决定国运民生的话语

晋南北朝含有"玄""道"字的人名就是这种思潮的反映。如傅玄、谢玄、桓玄、耿玄、卢玄、郦道元、宋钦道、宋游道、司马恬之、申恬、谢晦、山简、山遐、光逸、郭默、陶淡、周澹、朱长生、宋子仙等人名老庄味、神仙味也很浓。

仿佛人们处在一个虚无缥缈的神仙世界里。光阴被虚度，人生被虚度！谢石看在眼里痛在心里，他早年历任秘书郎、黄门侍郎等职，淝水之战后以功迁任中军将军、尚书令。他深深感到清谈对国家带来的切肤之痛，东晋为何苟且一隅，为何不能光复北方？因为九品中正制，使得寒门青年根本没报效国家的机会；而士大夫贵族上承祖荫沿袭公卿，却文不足以治世，武不足以安邦。

皇帝能以身作则讲学，从而带动朝廷和社会形成浓厚的学习氛围。谢石很期望这样的场面经常出现。那是宁康三年（公元375年）九月，晋孝武帝司马曜亲自讲解《孝经》，谢安侍坐，陆纳伴讲，卞耽伴读，时任黄门侍郎的谢石与吏部郎袁宏手执经书，车胤与王混选取文句，几乎朝廷的高官都在听讲，这在当时是一件很荣耀的盛事。

在担任尚书令之际，正值清河人李辽曾想上疏朝廷，令南兖州府修建孔子庙和学校。这是个契机。谢石对此表示支持，"又出家布，薄助兴立"。

但谢石觉得光靠一个地方还是不够，于是在太元九年（公元384年），因学校败坏，上疏请兴复国学，教导士族子弟，并命各州郡都兴修乡校。让寒门之人通过读书报效国家，让士族通过学习来约束自己放浪狂狷的行为，让整个社会回归正途。

谢石先强调了儒家思想的重要性，他在奏疏里说，"立人之道曰仁与义，翼善辅性，惟礼与学，虽理出自然，必须诱导，故洙、泗阐弘道之风，《诗》《书》垂轨教之典；敦《诗》悦《礼》，王化以斯而隆，甄陶九流，群生于是乎穆。"

四十八、谢石的劝谏：唯读书和事业不能辜负

他还举刘秀和曹操的例子阐述修学的重要性。"世不常治，道亦时亡。光武投戈而习诵，魏武息马以修学：惧坠斯文，若此之至也。"

如今"大晋受命，值世多阻，虽圣化日融，而王道未备"。所以，"请兴复国学以训胄子，班下州郡，普修乡校"，达到这样一个效果："则人竞其业，道隆学备矣。"

不知是谢家的影响力所致，还是被他的忠诚所感动，他的建议获得晋孝武帝接纳。

不过令他失望的是，情形并没朝他所想象的那般发展，学校并没有蓬勃发展，清谈依旧盛行天下。晋孝武帝迷上了佛教，甚至连寺庙也成为东晋后期清谈的重要场所，无论在首都建康还是在会稽，都是如此。寺庙中，不仅有高僧，而且往往云集了一流的玄学名士，许多重要的学术论战，就是在寺院中发生的。

冰冻三尺非一日之寒，毕竟个人的力量微乎其微。谢石的本意是维护朝纲，忠于皇权，一心一意维护儒家道统和大一统的朝廷，但这个他一心维护的政权，已经完全腐败，所以他得到的只能是一次次的失望。

当然，谢石仅仅开出了治标的药方，焉知在这个朝代里，如果体制机制不改变，哪怕修缮再多的学校，估计也没人去读书，因为读书是没有出路的。

三十多年后，清谈这个"慢性毒品"被东晋帝国越吸越猛，终于有人轻轻一挑，毒液喷涌而出，轰然倒塌，当然这次倒塌的不是人的精神信念，而是整个国家大厦。

倒塌前，谢石的侄儿谢玄曾经道出了自己心中的痛。

四十九、淝水英雄谢玄心中的痛：
今我来思，雨雪霏霏

（一）屋漏偏逢连夜雨

时光流转，朝代兴替，埋没了多少英雄。有多少豪杰志士曾经功高盖世，声名显赫，但最终却被后人遗忘在了斜阳荒草间；又有多少达官贵人曾经位极人臣享尽荣华，最终一切也风流云散皆成过眼烟云，一生弥散在历史风云间已再也难觅到踪迹。

公元383年的那场淝水之战改变了东晋王朝的命运，同时也改变了谢玄的命运。战场上谢玄叱咤风云驰骋疆场得心应手，但是战后的士族之争、皇族之争让他和谢家心力交瘁。因为晋孝武帝是个有个性有想法的皇帝，他想改变以往权臣天下的局面，集中皇权，所以就在谢安他们全力部署应敌之际，重用了皇弟司马道子，参与机要政务。由于孝武帝的这种心态，淝水之战以后，谢安、谢玄不仅功高不赏，反而让皇帝产生权臣会不会震主的忧虑。最后谢安为了不引起皇帝的疑心，不得不出镇广陵以避祸灾。

在这个背景下，谢玄的角色就比较尴尬了。淝水战役后，谢玄接替司马恬担任了东线的指挥，向彭城方向攻打，晋军攻占彭城后，前锋渡过黄河，前秦的苻丕也归附求援，与晋军联合对抗慕容垂，北伐形势一片大好，包括三魏地区在内的河北大片领土也被晋军收复。

四十九、淝水英雄谢玄心中的痛：今我来思，雨雪霏霏

谢玄本来打算让豫州刺史朱序镇守梁国，自己坐镇彭城，北可以巩固河北之地，西可以援救洛阳，内可以捍卫朝廷。这时候朝廷却派谢玄回镇淮阴，休兵养息，改派朱序镇守彭城。这一不经意的人事调整，等于把谢玄对北府兵的指挥权给剥夺了。此时正碰上谢玄的手下叛乱，敏感的他自认为处置不当，便上奏朝廷，奉还符节，说既然不能履行职责，恐怕会荒废军务，请求解除全部职务。朝廷不同意，下诏慰劳谢玄，只是命令他暂且回镇淮阴。

（二）亲人们相继离世

谢玄便奉命上路，政治失意的他不幸得病，而且越来越严重，他写了《疾笃上疏》，向朝廷申述报国之忠心及壮志未酬的遗恨，并以病重恳求解职。奏疏里，谢玄围绕忠孝难两全，悽恻婉转，字字哀痛，声声落泪，表现了一个臣子的拳拳之心，读之令人感动不已。文章一开始，先陈述了自己过去的"驱驰十载，不辞鸣镝之险，每有征事，辄请为军锋，由恩厚忘躯，甘死若生也"的境况，以引起晋武帝的共鸣；然后写了自己"哀毒兼缠，痛百常情。臣不胜祸酷暴集，每一恸殆弊。所以含哀忍悲，期之必存者，虽哲辅倾落，圣明方融，伊周嗣作，人怀自厉，犹欲申臣本志，隆国保家，故能豁其情滞，同之无心耳"之处境，并表示出对这种状况的不满，意在请求晋武帝的理解。

尤其提到自己家族的不幸，有"上延亡叔臣安、亡兄臣靖，数月之间，相系殂背，下逮稚子，寻复夭昏。"主要是说自己罪孽深重，自己的叔叔谢安去世的同一年，几个月内谢家就死亡了三个人。一个是谢安，谢玄的叔父；一个是谢靖，谢玄的弟弟；还有一个是谢玄的小儿子。谢家本来是迷信的，谢玄把罪过引到自己身上。而此后谢玄的另一个不慧的儿子

为他生了一个绝顶聪明的孙子。这个儿子叫谢瑍，孙子就是谢灵运。谢玄就以为是这个孙子的命硬，把谢家的几个亲人都克死了。然后不敢在家养这个孙子，就把谢灵运送到外面他人家里寄养，后来回家归宗，族里人反称他为谢客。

最后是恳请皇帝应允自己的请求，并指天为誓表示自己对朝廷的耿耿忠心。"使臣得及视息，瞻睹坟柏，以此之尽，公私真无恨矣。伏枕悲慨，不觉流涕。"奏疏溢情于词，把自己的一片孝心和内心的苦衷渲染得淋漓尽致。

显然，谢安的去世对他打击很大。淝水之战两年后，谢安因病重返回建康，旋即病逝，享年六十六岁。谢玄对谢安是有特殊感情的，不管是谢玄年轻时谢安通过"打赌"的方式帮助谢玄改掉不良习性，还是后来谢安支持谢玄组建强大的北府兵打胜淝水之战，谢安都是手把手在帮助他。两人除了是叔侄这层密切关系外，还都是性情中人。有这么一个插曲，谢安曾经问谢玄："《诗经》中最喜欢哪句？"谢玄答："昔我往矣，杨柳依依；今我来思，雨雪霏霏。"这是《诗经》中的名句，出自《诗经·小雅·采薇》，后面还有四句是："行道迟迟，载渴载饥。我心伤悲，莫知我哀！"这是一个普通士兵诉说长期在外征战的艰苦、对故乡的思念之情。如果翻译成现代文，就是：回忆当初出征时，杨柳依依随风吹。如今踏上回家路，雨雪纷纷满天飞。眼前的艰难想到了往日的温暖，悲从中来，情感如潮水涌出，让人无限感伤。谢安是性情中人，顿时觉得他和自己很相似。

奏疏递上去之后，朝廷还是没有答应他的请辞，而是为谢玄派了一名医术高明的医士，并让他好自调养休息，又让他回京口治病。

（三）事业家庭的两难选择

此时的谢玄，恐怕也是心情复杂矛盾到极点，忠于国家的谢玄，在

四十九、淝水英雄谢玄心中的痛：今我来思，雨雪霏霏

这种历史风云变幻的时刻，想要做出权衡抉择又是何其艰难！儒家忠孝仁义的伦理浸润多年，历代忠臣烈子的往事犹在眼前。家人的先后离世，让他心如刀绞，应该趁有限的时光，跟家人多聚聚，多享受天伦之乐。这辈子大部分的时间都献给了国家，践行着一位忠臣的道德情操。但是，朝廷给了他什么？有些事可以等，但是唯独对待父母的爱，孝敬父母是不能等的。子女希望尽孝时，父母却已经亡故。他少年丧父，但母亲和其他家族成员还健在，要回家陪陪他们。否则事业再红火，挣的钱再多，但是等那时再回来看他们时，往往会让人们产生一些歉疚，有些事过去了是没法补偿的，会令人们一辈子不能释怀。世界上最遥远的距离，不是形同陌路，而是天人永隔；世界上最大的悲哀，不是不亲不孝，而是子欲养而亲不待。

遭遇"风树之悲"的谢玄决定持之以恒地向朝廷打报告，要求辞职回家养老。相信谢玄在接到皇帝不予辞职的消息的那些日子里，在无数次想起生离死别的家人和那片深爱的故土时，他会面对那一纸诏书，辗转反侧，难以入眠。他无数次悄悄地起来，在昏黄的油灯下，思考如何写下一个让皇帝满意的答复。腥风血雨的战争，情深意切的叔父，忠孝之间抉择的痛苦，仕途与命运的艰难表白，都开始一一涌上心头并倾泻于笔端，终于写就了那篇"凄恻千古"的奏章——《病久不差又上疏》，道："臣兄弟七人，都先后凋谢陨灭，唯有臣一人，孑然独存。经历的艰难困苦，谁可与臣相比！臣之所以含悲忍痛，希求继续苟活人世，是因为满怀无穷忠心，欲上报朝廷恩德，或许能恢复康健，便可以完成此志。况且臣家中遗孤甚多，想起他们，心中就不胜悲伤，为此求生之心，不能即刻付与尘土。臣一片勤恳之情，实可哀怜。恳求陛下怜悯臣的忠诉，霈然降恩，不使臣含恨九泉。"

（四）生命的意义在于什么

如此戚戚的哀求仍然打动不了朝廷，所上奏的奏疏被扣住不予答复。已值不惑之年的谢玄，在世事奔波中，也更加体会到了家族这几十年来的艰辛，也明白了家人的生命对于他自己的真正意义。他说，他忍着悲痛，苟活在世上，只是想上可以报答朝廷，下可以照顾家庭。恳请陛下允许我的请求，回到家乡。谢玄前后上了十余道奏疏，很久之后，朝廷才改任谢玄为散骑常侍、左将军、会稽内史。谢玄抱病登车去任会稽内史，总算回到老家任职了。

若干年前，王羲之对谢安倾吐的苦恼深有同感："年在桑榆，自然至此，正赖丝竹陶写。恒恐儿辈觉，损欣乐之趣。"王羲之的"桑榆之年"在今天只能算中年，他本人还不到六十岁就病逝了，与谢安对话的时候大概五十左右的光景。年近桑榆自然容易感伤，王羲之只好靠音乐来排遣苦闷，宣泄忧愁，而且还老是怕儿辈们发觉，破坏了自己陶醉于音乐的"欣乐之趣"。儿辈们大多"少年不识愁滋味"，哪能理解父辈们"伤于哀乐"的苦衷？

如今，面对死亡，面对无定的人生，个体何思，个体何为？这不能不引发出谢玄强烈的忧患意识。虽然个体生命的短暂使他负荷着这么多的忧患意识，但他并没有走向消极颓废。个体生命意识的觉醒不仅引发了他对群体大生命的关怀，也使他们产生了强烈的终极关怀情绪。他对个体生命的终极关怀是建立在对群体生命关怀的基础上的，即把个人建功立业与济世弘道、救弊时政结合在一起，因而这种对生命短促的感慨与忧患并非恐惧死亡，而是担心、忧惧个人价值不能实现：对朝廷这个大家，也对家族这个小家。

四十九、淝水英雄谢玄心中的痛：今我来思，雨雪霏霏

他返回老家后，与家人享受天伦之乐，安详地走完了人生的最后岁月。太元十三年（公元388年）春天，谢玄在会稽去世，英年早逝，年仅四十六岁。他的一生始终实践着这样一个信念：生命的意义在于付出，在于给予，而不是接受。

谢石谢玄叔侄俩曾并肩作战，取得淝水之战的大捷。但对谢石功劳巨大的评价，有人不这么看。

五十、因迂腐得罪了顶级权贵，
看他是怎么生存下来的

文人迂腐算不上优点，但是他们的观点坚守，他们的一意孤行，他们的逆潮流而动常常令人敬佩。文人迂腐，是过分地依赖规章制度渐言渐行，拘泥于陈旧的和固定的模式，不懂得变通，更不可能知道什么是"随机应变"，什么是灵活多变。不过文人迂腐归迂腐，他是不会以个人的私欲谋害第二者或是第三者。这，大概算是老祖宗留下来最宝贵的道德品质了。

晋孝武帝太元十四年（公元389年），朝廷重臣谢石病逝。谢石是当朝宰相谢安之弟，曾任秘书郎、尚书仆射、卫将军等职务，因他指挥军队打败苻坚，取得淝水之战大捷，收复徐、兖、青、豫等州，有功于朝廷并获得高官厚禄。他死后朝廷下令礼官议论，按其生前事迹进行评定褒贬，确定称号。

但是，另一方面，谢石又是一个"聚敛无餍，取讥当世"的大贪官，尤其在敛财方面很不注意。面对这样一位朝廷宠信的已故权贵，礼官范弘之为他命名一个什么谥号呢？是颂其德？是罪其过？结果，范弘之不畏强权，不怕朝廷，他选择了后者。"淮肥之捷，……石也与焉。……货黩京邑，聚敛无厌，不可谓厉身；坐拥大众，侵食百姓，怨毒结于众心，不可谓爱人；工徒劳于土木，思虑殚于机巧，纨绮尽于婢妾，财用縻于丝桐，不可谓惜力。此人臣之大害，有国之所去也。"范弘之向皇帝直言上

五十、因迕腐得罪了顶级权贵，看他是怎么生存下来的

书：谢石曾统兵抵御前秦，取得淝水大捷，以及他开建学校等，是有功绩的。但他酷好财货，聚敛无厌，不能算是砺身；大兴土木，用尽心机追求奇巧，靡费财物用在婢妾和歌舞作乐上，不能算是惜力。今按谥法规定，因事有功称为"襄"，贪财败官者称为"墨"。他建议对谢石应谥为"襄墨公"。

好一个"襄墨公"！丝毫没顾及陈郡谢家在东晋王朝德高望重的地位，丝毫没顾及谢家与司马皇族你中有我我中有你的紧密关系，也丝毫没顾及江东人们还沉浸在淝水之战胜利中的情绪，一丝不苟，严格对照古制，客观予以评价。当然，这个直陈谢石贪腐的谥号，遭到朝廷反对，最终只取彰显其功勋的"襄"为其谥号，谥为襄公。

事后，他写信给会稽王司马道子说："自己与谢石'生不相识，事无相干'，属于我认识他他不认识我的那种关系，为维护国体以及朝廷尊严，才无法计较以弱犯强的危险。"看样子，范弘之真是率真得可以。

这位范弘之何许人也，他是东晋安北将军范汪之孙，名儒范宁之侄。据《晋书·范弘之传》所载："雅正好学，以儒术该明，为太学博士。"不过由于范家正直的家风，在仕途上都不太顺利。祖父范汪曾遭桓温排挤，被废为庶人。叔父范宁专心勤学，博览群书，辅政的会稽王司马昱却打算辟命他，但也在桓温反对下作罢，桓温在世时范氏一门都没有人任官。范弘之也颇有乃叔范宁的遗风，性格不畏权贵，遇事敢直言不隐，时人称他正直。

这次尽管朝廷没有全部采纳他的建议，但是谢家人对他肯定有想法，这梁子算是结下了。不过，范弘之仿佛觉得还不过瘾，没多久，他又拿已逝的桓温和殷浩做文章，上奏疏主张应该为桓温所攻讦而遭受罢官的殷浩赠谥，就是为他鸣冤平反。

同时，他严词斥责桓温在太和六年（公元371年）十一月改立简文帝，以大司马握兵权镇姑孰（今安徽当涂），专擅朝政。致使上至天子，下至百官，无不畏惧。并胁迫袁宏作九锡，使"先皇受屈于桓氏"，文件赫然尚存，可谓铁证如山。同时指出，现在左仆射王珣以下的官员，却认为给殷浩赠谥，"不宜暴扬桓温之恶"，足见王珣是报桓温"提拔之恩"。而自己与殷浩的关系，则是"世不相及"，与己无关痛痒。所求的是尽到臣子之节，事君"惟思尽忠而已"。文中的这个重臣王珣，是王导的孙子，又是桓温所宠信的故吏。

范弘之怕矛盾面不够大，转而又写信给王珣说，"足下不推居正之大政，而怀知己之小惠，欲以幕府之小节夺名教之重义，于君臣之阶既已亏矣，足下感桓温小顾，怀其曲泽，公在圣世，欺罔天下，使丞相（王珣祖父王导）之德不及三叶，领军（王珣父王洽）之基一构而倾……足下言臣则非忠，语子则非孝……"在道德的制高点和执政的大局上声色俱厉地把王珣大骂一通。

范弘之的这些言论和主张，虽然符合事实，但此时桓、王两大家的势力依然极盛，尤其是桓温的宗族。王、谢、桓是东晋顶级门阀，很多人想去拍马屁都来不及。偏偏这个迂腐的人活在自己的世界里，不依不饶地跟三家搞僵关系。这种书生气十足的性格在官场上显然是吃不开的。果然，见信件后，王珣被彻底激怒了，于是外调范弘之为余杭令，而且对他做出最严厉的决定：终身不得升迁。在桓、谢、王三大家对其交怨的情况下，范弘之倒没有怨言，效仿起也曾任余杭令的叔父范宁，在当地大办教育事业，造福于民。最后病逝在余杭令任上，时年四十七岁。

在封建社会暴君独裁一切的政体内，范弘之坚守人格独立，"抗言立

五十、因迕腐得罪了顶级权贵，看他是怎么生存下来的

论，不避朝权"，敢于发出不同声音，敢于抗言朝廷，敢于同极权专制不保持一致，实属难能可贵。因为生活在封建专制政体内的士子才俊，面对暴政暴力，他们中的大多数，为了衣食之利，卑躬屈节，放弃人格良知，不敢挺身而出，不敢抗言权力，成为明哲保身的"软骨"之徒。更有甚者，拜倒在权力脚下，充当权力的智囊和帮凶，成为士子之中的败类。像范弘之这样有骨气的士大夫，确实难得。

范弘之以儒家思想，提倡节俭和礼、义、廉、耻，反对世家豪族聚敛无度、淫糜奢侈以及在其位而不谋其政的官员。比如他对谢石的看法，说他身居高位，不见忠君谋国的主张，只是"守职容身"，不能算作事君。比如他对当下社会风气的看法，指出"风轨陵迟，奢僭无度，廉耻不兴"的弊端，为杜绝这种人人交相争利，应该从根本上着眼，才能"以绝其流"。他提出的办法则是：严刑执法，树立正道，生者依据过错予以惩处，死者则贬其所恶。

范弘之的侄儿范晔也是位耿直的士大夫，因得罪权贵，屈伸荣辱与宦海浮沉，使得范晔心情十分苦闷。后来他从事后汉史的编纂工作，企图以此排解这种痛苦。史事的研究，打开了他的心结。范晔说："本未关史书，政恒觉其不可解耳。既造后汉，转得统绪。"这就是说，原来现实中的许多不能解答的问题，在同历史的经验相对照后，他逐渐悟出了一些头绪，但坚持说真话的性格没有改，并在他三十五岁时写就了他的历史名作《后汉书》。

在钱把人弄得团团转的今天，很多人为达到目的，想方设法变通渠道寻找门路，不顾法律、不顾制度、不顾规矩，甚至肆意践踏，奉行"原则是死的人是活的"的理念，想方设法钻制度的空子，脑中所想心中所念无非就是个人私利最大化，实质上不过就是一个"精致的利己主义者"！

相比之下，迂腐有它的可爱之处珍稀之处。迂，在坚守品质上，值得提倡。因为，它固执己见不去赶时髦、找实惠，最善引领潮流者永在潮流之后；有人说，迂常常站在自己的位置上，面对潮流，领潮流之先，即使被大潮吞没，留下的必是一方让人心仪的热土。这话放在范弘之身上再恰当不过了。

他的叔叔范宁也遭遇了政治漩涡。

五十一、恶人当道的后果连鬼也要怨恨三分

身处政治漩涡中的范宁提出要主动调离岗位,皇帝问他想去哪儿,他说就豫章吧。"豫章?我曾经找人算过一卦,这不是个好地方,你估计待不了多久,要不换个地方?""不了,就豫章,臣只想早点启程。"因为他既恨这帮奸臣小人,又想替朝廷做点实事。

说这话时,范宁其实很郁闷。幼年笃学、博览典籍的他是一位从基层一步一个脚印上来的能臣,如今却被几个小人诬陷排挤将不得不离开京城。多年前,范宁的父亲因得罪桓温,一家都没有出仕的机会。

宁康元年(公元373年),好不容易等到桓温去世,范宁才被任命为余杭县令。范宁在余杭做了不少实事,其中最突出的就是兴办学校,培养学生,还自己掏腰包供给食宿,施行儒家礼教并以身作则,"洁己修礼",有志行的人都很尊重他。就在他的努力下,一年后当地就大行儒家风化,史书称"风化大行"。因为政绩斐然,六年后就迁任临淮太守。没多久就调往京城,改任中书侍郎。

中书侍郎,就是掌管一切诰命文件的官,相当于副宰相,皇帝身边分量很重的人。而当时孝武帝喜好文学,所以文采飞扬的范宁也因此特别受到亲待,凡是朝廷议论未果的政事孝武帝都喜欢去问范宁意见。

范宁也利用在皇帝身边服务的机会,多次进献忠言,弥补修正朝中错误遗漏的地方,抨击不良的社会风气。他把"礼崩乐坏,中原倾覆"之祸的根源归咎于清谈,以为王弼、何晏之罪比桀、纣为重,说是"一世之祸轻,历代之罪重"。指斥他们"蔑弃典文,不遵礼度,游辞浮说",致使仁

晋诤：解读晋王朝那些决定国运民生的话语

义沦丧，儒业受到摒弃，社会伦理道德陷于崩溃，中原文明遭到倾覆，古人所谓"言伪而辩，行僻而坚者"，便是对他们真实的写照。

他不仅批判故人，同时他还当面痛斥在朝的奸邪今人。他对摄政的会稽王司马道子的亲小人远贤人的行为很不满，于是还借王弼、何晏二人嘲讽司马道子之流，仗恃富贵而高傲放诞，贪冒声誉，画精怪以为巧，倡导邪说，危害邦国。

还有他那个外甥、谢安的女婿王国宝，无底线地阿谀奉承司马道子，以及把朝廷搞得乌烟瘴气的做法让范宁感到很想吐，经多次劝说无效后，范宁找到机会要孝武帝罢免革除王国宝的官职。

王国宝知道后十分畏惧，马上采取危机公关，不知道是他的狗屎运不错，还是孝武帝被蒙蔽了眼，王国宝总算躲过一劫。事后王国宝觉得范宁是颗定时炸弹，不能不除。于是联合司马道子诬陷造谣中伤范宁，让他在朝中无法立足。

山雨欲来风满楼。范宁知道不妙，但又不甘心。他也知道自己多管闲事，但是一想到社稷江山黎民百姓，他就管不好自己的那张嘴。现在，面对他的调动想法，孝武帝也挤出几滴鳄鱼的眼泪，依依不舍地说："唉，爱卿啊，我也是极不情愿答应你的请求啊。"

范宁很快就整理行李，安排行程。大有风萧萧兮易水寒，壮士一去兮不复还的感觉。临走前，他觉得还是有些话要告诉皇帝，因为酒色皇帝、贪婪权臣、奸诈小人、清谈官员，实在让他放心不下。

他觉得当今最重要的是国计民生，虽然无战事之虞，但国家虚耗人力物力，对人民劳役过甚，这是很可怕的。

"皇上啊，我看到荒郡民众纷纷外出逃荒求生，远者千余人，近者只有数百。但所有的徭役租赋，都由他们负担。如果有违期限，便要犯法坐牢。民众不堪其苦，只有铤而走险，叛为盗贼。如此下去，荒地越来越

五十一、恶人当道的后果连鬼也要怨恨三分

多,刑狱愈来愈甚。过去的徭役,一年之中不过三天,现在服徭役,一年里几乎没有三天的休息。老百姓生下儿女不能抚养,鳏夫寡妇不敢嫁娶。好比在着火的柴草上睡觉,国家的危亡就在眼前。

"皇上啊,现在边境上虽然没有战事,国家仓库里却空匮无物,财政更没有储存。可是有些人终日樗蒲博戏饮酒,一席菜肴,靡费十金;服饰的耗费,更是难以计算。歌舞满堂,奏淫靡之乐;锦衣玉食,连犬马都穿华美之服。他们终日讲不着边际的空谈,却不问田地荒芜和国家的前途。恶人当道所致的苛政连鬼也要怨了!我们应该收集'乡党'对这些人的反映,考察他们的所作所为,检验他们施政的优劣,然后确定对他们的升降。只有如此,才能使'贤人'接踵而至。"

上完奏章,范宁长吁一口,头也不回地向豫章迈去。到了豫章,远离了是非纷争充满阴霾的京都,范宁又好似活了过来一样。

地方官毕竟不同于在皇帝身边的近臣,有更大的自由裁量权和决定权。范宁在郡内大兴学校,读"五经",并以私禄资助生徒。又派人到交州采磐石以建学校使用,同时又改革旧制,不依往常规则。在玄学充斥庙堂江湖的东晋,大力倡导儒学并实践的范宁确实有些另类。当时范宁吸引到千余人到来,驰名于时。

身在地方心系朝廷。孝武帝下诏公卿和地方刺史、太守议朝政得失,有丰富基层经验的范宁提议实行土断,并言明考官员的内容,修平民之法;又提议将小郡县整合,郡至少要有五千户,县则至少要千户,以利调役管理;更提议修改礼文,以二十岁为全丁而十六岁至十九岁为半丁,以取代当时十三岁为半丁而十六岁为全丁的礼文,免于"伤天理,违经典,困苦万姓"。

正当豫章全城老百姓享受太守范宁给他们带来福利的时候,真心做事的范宁激怒了一个人,就是他的上司江州刺史王凝之(王羲之的儿子)。

这个平庸得近乎愚蠢、守旧得近乎迷信的人，在他的眼皮底下，范宁不守旧制又不报告，他很生气，后果很严重。豫章是个敏感的地方，因为它是江州刺史的治所。于是王凝之向朝廷弹劾，说他"肆其奢浊，所为狼藉"，自立家庙，波及所属十五个县；又改筑郡城，夺人居宅，耗费大量人力和物力。

王家的威望和势力之大，加上司马道子和王国宝对范宁一直心怀怨恨，正愁没机会报复，于是马上以皇帝的名义将他就地停职调查。得知消息后，范宁的儿子范泰放弃天门太守的官位而为父上诉，孝武帝也以范宁所做的一切为教学，但又拗不过司马道子，于是一直拖着未决。

那段时间，接受停职调查的他在焦急地等待朝廷给他一个说法。他不在意自己的宦海命运，也不在意自己的起起落落，而在乎自己呕心沥血播下的教育火种有可能因为他的离去而销声匿迹。但天不遂人愿，范宁还是被免职处理。

不过，这下也好，远离官场是非之地的他，清净居家，埋头钻研经籍，著书立说，直到六十三岁时于家中安详去世。所有的故事都会有一个答案，所有的答案却未必都如最初所愿。重要的是，在最终答案未到之前，你是否耐得住性子，守得住初心。

黑格尔曾经说过，世上大概有两种人，一种人毕生致力于拥有，另一种人毕生致力于有所作为。一心渴望拥有，一旦没有达到目的，就会失落、痛苦和绝望。心无旁骛，专心于事业的追求，就会忘掉许多烦恼，找到许多努力过程中的快乐。范宁大概就是属于后者，默默耕耘的人其实是最智慧的人。而另一个叫桓玄的人，则属于前者。

五十二、追求权力到底是对还是错

个别贪官在落网时会有这样的交代:"我行贿受贿是想再上一个台阶,拥有更大的施展舞台和政治空间,为更多老百姓贡献自己的聪明才智,以造福人类造福社会;都怨我,我太想为群众做事了。"

乍一听,貌似有点道理,感觉追求权力是件好事。其实,大家都知道,这些冠冕堂皇的理由在法律面前都是苍白无力的,甚至是可笑的。因为他们的动机,谁知道你得逞后是为百姓谋福利,还是为自己享福受。

朋友、中央党校刘玉瑛教授在一篇文章里说过,读大学时,严忠济的越调《天净沙》里面的"宁可少活十年,休得一日无权"给她印象很深,她感到不可思议,权力居然比生命还重要。这句话在东晋的桓玄那里也有类似的体现,他对权力实在是太痴迷了。

公元373年,东晋大将桓温篡位没成就去世了,其弟桓冲统率其军队,并接任扬州刺史。两年后,桓温的儿子桓玄服丧期满,桓冲也要离任扬州刺史,扬州文武官员与桓冲告别,桓冲摸着桓玄的头说:"这是你家的旧官属呀。"七岁的桓玄听后竟然泪流满面。这不得不令人吃惊,才七岁的儿童,听到这样一句充满感伤的话,竟然会有如此大的触动。

因为父亲的缘故,当时的朝廷对桓家的人都很不放心,但从小就有极强权力欲的桓玄对自己的才能和门第颇为自负,总认为自己是英雄豪杰,然而朝廷一直对他不敢任用。直至公元391年,桓玄才被任命为太子洗马,主要是教太子政事和文理,是个边缘化的官员。几年后出京城任义兴(今江苏宜兴)太守,但还是颇觉不得志,感叹道:"父为九州伯,儿为五

晋诤：解读晋王朝那些决定国运民生的话语

湖长！"

喜欢权力、向往权力的桓玄十分隐忍，默默积蓄实力，坐等时机到来。后来在几方的角逐中，桓玄占据了优势，并以讨伐执政的司马元显为名，举兵东下，直入建康，诛杀了司马元显，控制朝政。没多久，桓玄废黜了晋安帝，自立为帝，国号楚。

许多历史人物、英雄豪杰，都追求权力，而且追求绝对权力。拿刘玉瑛教授的话来说，喜欢权力，追求权力，本身无可厚非。问题的关键是，喜欢追求权力，拥有权力，要有正确的目的。如果一个人追逐权力，是为了光宗耀祖，为了一己之私，他是不可能全心全意为百姓服务的。桓玄就是这样一个反面典型。

东晋末期百姓经过连年战乱，只希望能过上几天安生日子，并不在乎究竟谁当皇帝。刚开始，百姓对桓玄期望值很高，不管是桓玄摄政还是当了皇帝，新官上任三把火，肯定会有新气象。但是，很快就令他们失望了。善于作秀、善于造假、善于欺骗，外加生活骄奢荒侈，成了他掌政后的全部内容。

善于造假，以显示自己的丰功伟绩。

篡位前，桓玄一下子谎称一向淤塞的钱塘平湖忽然自行开通，乃是天下太平之兆。一下子又说江州降下了甘露，让百官庆贺，作为即将受命于天的符瑞。皇帝下诏说：这样的祥瑞与朕没有什么关系，都是丞相的功劳啊。天下太平，老百姓都颂扬他，朕都找不到什么词来表达对他的赞美。

除了假托祥瑞，还假装北伐。一天，桓玄突然上疏朝廷：将亲自带兵北伐中原，兴复晋室，还于旧都。大臣们纷纷赞叹：有英雄气概，是个铁血男儿。可是过了几天，晋安帝给桓玄下诏：国家现在还不安定，离不开您，不许北伐。桓玄对别人叹息：我有一腔热血，可是圣命难违。大家听了暗自发笑。

五十二、追求权力到底是对还是错

善于作秀，满足自己的权欲。

篡位后，桓玄就开始作秀了，因前世禅让都有隐士出山，比如周武王时有伯夷、叔齐、汉高祖时有商山四皓、东汉光武帝有严子陵、晋武帝时有皇甫谧。唯独自己没有，于是找来西晋隐士黄甫谧的后人黄甫希之，给他一笔钱，让他"归隐"山林，再征他出来做官，又令他辞官不做，然后下诏旌表，称他为高士。当时人讽刺为"充隐"，是冒充隐士的意思。

他也学前任的样子，亲临讼庭审理案子，却不分罪行轻重，一律释放。出行时，碰到拦路的人，时常给点衣食，以示恩惠。

为了显示工作认真勤奋，兢兢业业，他专门挑错别字。他对奏事的官员特别苛刻，如果发现奏章里有一个不合字体或者语词错误，必加严惩。有官员将诏书中"春蒐"字误写为"春菟"，结果经办人员连同他的上级全被免职或降级。小事如此细致，大事却一点也不抓，也不知道该如何处理，致使很多重要的奏章堆积如山。

官员们天天把马拴在家门口，一接到命令就策马狂奔。稍微迟到就要挨骂或者丢官，但是到了桓玄面前，什么指令也得不到。好不容易想实施点新政，又打算废铜钱而用谷帛（是不是想恢复到奴隶社会），如此等等，变化无常，结果越搞越乱。

善于欺骗，制造所谓的政绩。

繁华富裕的东南沿海，经过孙恩、刘牢之两个强盗轮番抢劫以后，转眼"回到解放前"。三吴地区户口减半，会稽地区户口减少十分之三四，临海、永嘉一带千里无人烟，断墙荒草，饿殍遍地。桓玄宣称：老百姓生活很贫困，从上到下要勒紧裤腰带，共渡难关。朝廷高层与天下共甘苦，提倡节俭，反对浪费。但朝廷高层指谁呢？是晋安帝。皇宫的费用大幅度削减，晋安帝吃了上顿没下顿。因为他是个白痴，吃喝无法自理，就作为正面的典型宣传。但桓玄自己不仅吃好的穿好的，穷奢极欲，还大兴土木,征调百姓新建豪宅。

他还发出公示:逃荒的人赶紧回家去吧,政府拨的粮食一定让你们吃饱。实际情况是:下拨的粮食非常少,又经过各级官僚层层克扣,到底层基本没有了。老百姓在外面采菱角充饥,听到消息后满怀希望回去,发现根本没有粮,一个个倒毙在家门口。不仅是穷人,就是土豪,也穿着绫罗绸缎、抱着珠宝玉器,饿死在家里。

国家穷困不堪,到处是流离失所的百姓,他没有出台一项救国救民的政策,四处起义连绵不断。这等情况,百姓更加疲惫困苦,民心怎能不思变?果然,三吴大地发生大饥荒时,很多人饿死在道旁,桓玄也失去了人们的信任和支持。

他不管是作秀,还是骄奢荒侈,游猎无道,都是很认真的,唯独有一件事他忽略了,那就是他当上皇帝后,只追尊桓温为"宣武皇帝",却没有追尊祖父桓彝或以上的祖宗。只置一庙但及于父而不及于祖的做法,引起当时很多人的议论,大臣徐广、卞范之等也都予以劝谏。但是桓玄对此却执意不改,于宗庙大事如此固执,违礼悖俗,难于理解。后来的朱元璋当了皇帝,不仅父亲,连同做了一辈子农民的爷爷朱初一也被追封为皇帝明熙祖。何况桓玄的祖父还是赫赫有名的东晋大臣呢。

后来,桓玄遭受刘裕义军来势汹汹的进攻时,大臣曹靖之称,这是桓玄令晋室神主流离漂泊、追尊不及祖父而触怒神明。桓玄为此很是恐惧愤怨。

对此,资治通鉴里有一段精彩的描述:

玄(桓玄)闻二将死,大惧,召诸道术人推算及为厌胜。问群臣曰:"朕其败乎?"吏部郎曹靖之对曰:"民怨神怒,臣实惧焉。"玄曰:"民或可怨,神何为怒?"对曰:"晋氏宗庙,飘泊江滨,大楚之祭,上不及祖,此其所以怒也。"玄曰:"卿何不谏?"对曰:"辇上君子皆以为尧、舜之世,臣何敢言！"玄默然。

西方哲人塔西佗讲："用罪恶手段得来的权力决不会被用于正当的目的。"同样，一个靠造假作秀支撑的政权和君主决不会长久的，是不能指望他把权力用于国家和人民的事业，更不能指望他公正、公平、公开地运用权力的。

果然，桓玄当了三个月皇帝后，刘裕带着一千多人仅用两个月，击垮了他的十万大军。桓玄被杀后，桓楚政权旋即轰然倒塌。

不过，东晋也随之走上穷途末路了，尽管此前有种种迹象已在预示着这个王朝的命运。

五十三、东晋灭亡的征兆：酒色天下、朝纲混乱

公元389年11月，左卫领营将军许荣向晋孝武帝司马曜进献奏疏《上疏陈五违》，力劝司马曜以江山社稷为重，戒除嗜酒、贪色、纵佛、气盛的不良习气。

他陈述道："臣闻佛者清远玄虚之神，以五诫为教，绝酒不淫。而今之奉者，秽慢阿尼，酒色是耽……"这个来自会稽郡的许荣，冒着被杀头的危险向皇帝进献箴言，言辞犀利尖锐，指出东晋王朝酒色天下、朝纲混乱，再这样下去很快会覆亡。舍生取义何等肝胆和尽忠，好在晋朝的言论环境还算宽松，让许荣躲过一劫。

东晋晚期，自从司马道子接掌了谢安的辅政大权，视酒色如生命的司马曜就越发变成了一个酒鬼，他把朝政大事都甩给了司马道子，自己日日笙歌，夜夜酒色。这司马道子跟他哥司马曜一个德行，一样都爱好喝酒，把狂饮高歌作为人生的重要任务。作为皇帝每天沉湎酒色不理朝政，作为辅政每日酗酒昏昏沉沉，这都是作死的节奏。这哥俩还爱好佛教，当时正是佛教自东汉传入中国以来的一个快速发展时期，哥俩一方面酒肉穿肠过，一方面崇拜六根清净的佛教，亲近的人都是三姑六婆、和尚尼姑。

酒色之下的司马道子还借佛教之名大搞奢侈浪费，将宫中搞得香烟缭绕、酒气熏天。司马道子近小人，远君子，已是"势倾天下"，从中央到地方，不仅任用了王国宝等奸佞之臣为其股肱，各地郡守长吏也"多为道子所树立"。本是一名捕贼的小吏茹千秋，"因赂谄进"，由一个小警员一跃而为骠骑谘议参军。官既是买来的，得到的权力自然也可以再卖，茹千

五十三、东晋灭亡的征兆：酒色天下、朝纲混乱

秋卖官贩爵，聚敛了过亿钱财。类似他这样的人很多。

许荣目睹了这一切，上疏警告说，在这种酒色的带动下，朝廷上下一片乌烟瘴气，千奇百怪的现象层出不穷。一是"凡所幸接，皆出自小竖"。中央朝廷的一些属吏，值卫的武官以及奴仆官婢儿子，本来都是一些奴婢、刑徒，没有乡籍府第，都当了郡守、县令，或者得了官职却不去赴任而仍在京城，把政务委派给小吏去办；二是"僧尼乳母"也都借机"窃弄其权"，个个"竞进亲党，又受货赂，辄临官领众"。意思是和尚、尼姑、奶妈，争着引进自己的亲朋党属，又接受贿赂，常常以官员身份率领士兵。

都说上梁不正下梁歪。"过去，陛下也曾下令命臣属们知无不言，尽可以规劝讽谏，但是等大家把建议提出来集中到一起呈给陛下时，却没有一个建议被采用。佛是一个清淡、玄妙虚旷的神祇，但是现在的这些和尚尼姑往往虽穿着僧服，却连佛义中最粗浅的教义不淫、不盗、不杀、不说谎、不酗酒这五戒也还不能遵守，更何况精妙的佛法了！而那些受流行的歪风迷惑的人，更是一方面纷纷争相拜佛，一方面又欺凌搜刮黎民百姓，以掠夺来的财产作为实惠，这也不符合佛家布施的道理。"许荣觉得不可思议，这哪里是一个朗朗乾坤下的国家秩序，分明是个小孩子过家家的把戏玩笑。跟许荣有共鸣的是尚书令陆纳，他多次遥望着皇宫叹息着说道："这么好的一个家，小孩子要把它折腾坏呀！"

奏章呈上之后，没有回音。面对如此猛烈抨击的文字，当权者居然无动于衷，任尔东南西北风，吾自岿然不动。司马曜、司马道子听不进忠良的苦口良言，不修行当政道德，开始了葬送自己和晋朝的掘墓之行。朝廷的昏庸腐败，很快激起了孙恩的起义、桓玄的叛乱、北府兵将领的一方坐大，朝廷失去了最后的控制能力。

事实上，前期的晋孝武帝还是个比较有作为的皇帝，他想改变东晋的

门阀政治,加强中央集权稳固江山。但中后期的表现却是晋朝皇帝中"酒色财气"的典型,尤其在贪财好色上,更是晋朝乃至整个中国古代皇帝中臭名昭著的代表。晋朝的灭亡当然因素很多,不过跟孝武帝的酒色有直接的关系。

由许荣的进谏奏疏,想到当今社会"酒色财气"祸害领导干部健康成长,我们不妨以从政道德的视角,看清"痴迷酒色财气"的危害,从中获得借鉴。

其一,"酒色财气"会冲淡从政信仰。信仰在很多人眼中是虚无缥缈的事物,可是对于从政者而言,信仰是大海中的灯塔、旅途中的路标、轨道上的信号灯。必须拥有理想信念上的追求,才能在大千世界的万千诱惑中保持坚定的政治理想,不追名逐利、不以权谋私、不贪污腐化,常念"权大而不忘责任重、位尊而不移公仆心"之语,常为"宁可无得,不可无德"之举。当今社会"酒色财气"仍然是客观存在,经常被别有用心的人,将它与领导干部手中权力搓揉到一起,就演变成一个个美丽的"诱惑"、"陷阱",不知不觉让领导干部身陷其中,不能自拔。人们现在经受的"吃喝风"、"红包风"、"赌博风"、"跑官要官"、"以权谋私"等等,不正是许荣当年劝谏过的吗?领导干部修好从政之德,慎防掉进"酒色财气"的陷阱,这是一个终生的命题。

其二,领导干部要防备"酒色财气"之害。领导干部要以立党为公、执政为民作为使命,就必须常修从政之德,修好从政之德,就必须坚持以爱民为根本,以造福于民为责任,必须坚持和发扬艰苦奋斗的作风,崇尚简朴的生活,崇尚清廉人生。"酒色财气"损害身体机体和削弱意志尚不须说,试想,一个热衷并身陷于酒场欢宴的人,一个迷恋并身陷于情场纠葛的人,一个崇拜物教爱财如命的人,一个专注于争官斗气的人,能有多少时间和精力学习和升华,更何谈修炼从政之德?只要身陷"酒场"、"情

五十三、东晋灭亡的征兆：酒色天下、朝纲混乱

场"、"赌场"，最终连人性善良的本能也会丧失殆尽。

其三，领导干部要自觉践行从政道德。从政者何以守德？洁身自爱、公廉秉正、严于律己，深明"德者，得也"之义，不以个人得失论成败的自律节操，是领导干部置身社会大染缸中，不被浸润侵蚀的最佳防护罩。从政者只有自身清正廉洁，珍惜权力，以一颗敬畏之心对待权力，以一颗敬畏之心对待作为，才能在思想和行动上保持一致，不触及底线、不触摸红线、不触动高压线，不为所欲为，高筑从政道德防线，耐清贫、抵诱惑、拒腐蚀，正确使用手中的权力，能看到权力越大，责任越重。古往今来，有多少官员面对权力都不能正确把握自己，或者一开始就将其作为私器而滥用、乱用，或者经历了从清醒到混沌的阶段，逐渐失去了对权力的正确控制，让其脱离了既定的轨道运行，最终腐化堕落，害人害己。

殷鉴不远，在夏后之世。东晋晚期的政局值得深思。

五十四、不是那么好玩的，走得太近是一场灾难

"悲人道兮，悲人道之实难。哀人道之多险。"押往京师的官道上，残红的夕阳残光轻抚荆州刺史谢晦凌乱的须发，澎湃胸腔的哀伤随着《悲人道》喷薄而出……

风光一时的朝廷顾命大臣一夜之间沦为阶下囚，弹指一挥间，落尽繁华，洗尽铅华，这一切源自他始终不明白"走得太近是一场灾难"这个道理。

想当初，谢晦是那么快速地崭露头角显示能力。这个被后人誉为南北朝第一美男子的人，"晦美风姿，善言笑，眉目分明，鬓发如墨。涉猎文义，博赡多通"。刘裕受封太尉、中书监时，谢晦被举荐为太尉参军。一次偶然的机会让他脱颖而出，负责刑狱的参军生病请假，谢晦代替他处理讼案，结果把积压如山的案件，随审随断，处理迅速，公正公平，没有一丝问题。后来朝廷推行土断，谢晦将侨置郡县的人口分到扬、豫二州，处理得公平允当，民心稳定。年纪轻轻就显示出很不一般的能力和水平。

想当初，谢晦跟主子结下了革命友谊。刘裕受封宋公时，任命谢晦为右卫将军，加授侍中。刘裕听说咸阳陷落，打算再次北伐。谢晦以"士马疲怠"为由进行劝谏，刘裕这才作罢。刘裕讨伐荆州刺史司马休之，命振威将军徐逵之为前锋，谢晦也随军出征。结果，徐逵之战死。刘裕大怒，要亲自披甲作战，被谢晦死命抱住。气得刘裕想杀谢晦，谢晦毫不动摇地说："天下可以没有谢晦，但不可没有刘公，我死又何足轻重！"

想当初，刘裕是那么爱赏地对谢晦委以重任。刘裕让谢晦跟从征讨关

五十四、不是那么好玩的，走得太近是一场灾难

中和洛阳，内外要任都交给谢晦，谢晦成了刘裕身边顶级的红人。到了刘裕篡位建立南朝宋，谢晦以佐命之功历任侍中书令、卫将军、中领军、散骑常侍等职。位极人臣，俨然一人之下，万人之上。

自谢玄之后，谢家在政治上呈下坡之势，年轻的谢晦凭自己的聪明才智和政治机遇却逆袭而上，登上了权力的顶峰。这一切让谢晦的哥哥、中书侍郎谢瞻看在眼里、忧在心里。当时，弟弟谢晦担任右卫将军，恩遇宠厚，权势显赫。谢晦从彭城回到京城接取家眷，一时宾客车马辐辏，填咽门巷。此时谢瞻正在家中，见到这种情景，很是惊骇，他对谢晦说："你的名位还不高，而士人归趋竟到了这种地步。我们家一向以清淡谦退为家风，不愿干预政事，交游的人不过是亲戚朋友，而你竟然势倾朝野，这难道是家门之福吗？"谢瞻于是用竹篱隔开门院，并且说："我不愿意见到这种场面。"

事后，出于对弟弟的不放心，谢瞻就向刘裕苦谏说："我本来是寒素之士，父亲、祖父的官位也都没有超过二千石之职。我弟弟谢晦年纪刚刚三十岁，德行浅薄，能力平庸，但在台府荣显居于首位，职任清显重要，只怕福过灾生，不久就会应验。我特地请求你把他降职贬官，以求保住我们这衰微的家门。"刘裕没答应。

谢晦辅佐刘裕登基立了功，因此职位更高，权势更重了，谢瞻却因此更加忧虑担心。敏锐的谢瞻已然认清了时代的轨迹。他的弟弟谢晦想要重现东晋主弱臣强、大臣控制朝廷的局面，但恐怕终是一江春水，决绝地东逝而去，再不复返。

公元421年，谢瞻在豫章郡任上患病，谢晦听到消息后急忙赶去，谢瞻见到他，对他说："你是国家大臣，又掌管军机大事，老远地到我这里来，一定会招致怀疑，产生流言。"当时果然有人密告谢晦企图反叛。

谢瞻临终的时候，留下遗书给谢晦说："我侥幸能够四体保全，死于

晋诤：解读晋王朝那些决定国运民生的话语

正寝，归埋家乡，葬于山麓，哪里还有什么更多的遗憾呢？弟弟你要勉励自己，既为国，也为家。"但是谢晦被一时的权力光芒所笼罩，对哥哥的话置若罔闻。

紧跟刘裕的谢晦没有想到，跟领导走得太近好处是熟悉，坏处是太熟悉。这个世界，唯一能最熟悉的人，只有自己。否则，无论谁在对方面前城门四开，都是一种大忌。人类的所有美感，其实是一种陌生感和遥远感。一览无余了，只会徒生厌倦。人还有一种德行就是：你陌生一些，他还敬畏你，稍熟悉一点，他就拿捏你。因为，你的七寸，已袒露在那里。

谢晦对权欲太过明显，加上他又聪慧能干，很有政治心思，刘裕看似重用，实则对谢晦有着戒备之心。未篡位前，宁愿将谢晦禁锢在身边，也不能将其留任建康。篡位后，刘裕也从未让谢晦真正执掌过军权。为什么这么做？刘裕看穿不说穿，直到他去世前留遗言告诫太子："晦有反骨！"史书上的原话是这样："谢晦数从征伐，颇识机变，若有同异，必此人也。"

公元422年，刘裕病重，谢晦获赐仪仗武士二十人，并与长沙王刘道怜、徐羡之、傅亮、檀道济一起侍奉汤药。太子刘义符亲近小人，谢晦对刘裕表示，刘义符不是能让江山流传万世的君主。刘裕便问道："庐陵王刘义真怎么样？"谢晦通过观察后，回答道："庐陵王德行比不上才能，并不是当君主的人。"刘裕驾崩后，太子刘义符继位，谢晦受遗诏辅政，被加封为中书令。

直接替皇帝参谋谁能做、谁不能做继承人，谢晦跟核心权力走得不是一般的近，这样一来，本来你得费尽心力去对付别人的心思，江湖越险恶，活得越费心。但谢晦似乎是看透了，已知道该来的总会来，于是淡化了身边无时不在的危机和险象。

不知是谢晦历史读得不多，还是实在是有些忘乎所以。皇帝身边的宠臣，被砍了头的数不胜数。领导身边的红人，瞬间臭了的数不胜数。好得

五十四、不是那么好玩的，走得太近是一场灾难

一塌糊涂的朋友，分崩离析的数不胜数。前一刻看到的全是好，后一刻看到的便全是坏。好，好在距离上，坏，坏在距离上。

导致谢晦最终走上不归路的是他主导了皇帝的废立。424年，因刘义符在位时居丧无礼，又好为游狎之事，成了德行有失的皇帝，谢晦与徐羡之、傅亮一起密谋废黜皇帝，并将最有资格继承皇位的刘义真废为庶人。不久，檀道济与徐羡之领兵入宫，与谢晦内外呼应，以皇太后的名义废刘义符为营阳王，并遣人迎接宜都王刘义隆到建康继位。

废黜了一个只知玩乐不图国事的不称职不合格的皇帝，拥立有作为的君主，对国家对社会来说是个福音是件好事。至少谢晦是这么认为的。这个世界，必须有好人，也必然有坏人，其他人夹杂其间，左是温暖，右是荒寒。人世间，有人雪中送炭，就有人落井下石，有人唱赞歌，就有人找麻烦。比如随后继位的刘义隆，他就并不这么看。我感激你的作为，使我上位荣登九五之尊，但我更担心功高震主的你会不会像对待我哥哥一样随时废了我。这个有想法也有做法、"元嘉草草，封狼居胥"的刘义隆又岂会甘心做谢晦等人的傀儡！

公元424年，刘义隆任命谢晦为都督荆湘雍益宁南北秦七州诸军事、抚军将军、护南蛮校尉、荆州刺史。人在没有波澜的生活里，是看不见命运的。只有在人生的最顶点与最低处，强烈的命运感才会袭来。

谢晦在赴任荆州刺史前，非常得意，特地去与堂叔谢澹（谢安之孙）辞别。谢澹问谢晦有多大年纪了，谢晦回答说："三十五岁。"谢澹笑道："从前荀羡（东晋大臣）二十七岁便当上北府都督，你与他相比，已算是老了。"谢晦听后脸上露出惭愧的神色。

刘义隆看似委以重任，实则乃赤裸裸地麻痹谢晦。426年，刘义隆坐稳了龙椅后终于重拳出击，一举诛杀尚留京师的辅政大臣徐羡之和傅亮。既而诈称北伐北魏，由檀道济率大军西进荆州，征讨谢晦。谢晦举兵应

战，倾巢而出，声势浩大，途中谢晦不禁感叹道："可惜不是勤王的军队。"善于纸上谈兵的他最终为檀道济所败，全军溃败。在北上逃窜途中，为地方官擒获。

谢晦被用囚车押送到建康后，与弟弟谢嚼、谢遯、侄子谢世基、谢世猷等人等候被审。佐命大臣，阶下之囚，奈何命途莫测，堂堂东山才俊，沦落到幽暗的囚室与鼠虫为伍，眼看落得个凌籍于都市的悲惨下场。这时，他才想起哥哥谢瞻说的那番话。

可惜太迟了！临行刑前，谢世基赋诗道："伟哉横海鳞，壮矣垂天翼，一旦失风水，翻为蝼蚁食。"谢晦为其续道："功遂侔昔人，保退无智力。既涉太行险，斯路信难陟。"活到最好的时候，喜欢把一切推给命运，不过是想去神化自己有福气。活到最倒霉的时候，也愿意把所有归咎于命运，只是想暗示自己这一切必然要来。

谢晦的女儿彭城王妃，前来诀别时哭道："父亲！大丈夫应该死在战场上，怎么在闹市被杀？"说完哭晕过去，行人无不落泪。谢晦死时，年仅三十七岁。唉！权力不是那么好玩的，走得太近就是一场灾难。可他的堂哥谢灵运并未从他的身上汲取教训，还极力想向权力靠近。

谢晦之后，谢氏家族的军权全部丧失，从此在南北朝再没有真正执掌过方镇，铅华褪尽，终究湮没于红尘……

五十五、谢灵运为何会被"生活不只是苟且，还有诗和远方"所误导

在经历一番纠结之后，诗人谢灵运最终还是踏上了返回京城的路。此前发生的宫廷政变，让年轻有为的刘义隆登基做了皇帝，刘义隆多次召回被朝中大臣排挤的谢灵运。

生于世家大族、长于权贵豪门的谢灵运，一向在政治上十分自负，对权势极为热衷，"自谓才能宜参权要"，不甘寂寞，一心想成就一番功业。

尤其数年前被贬来到了京口，想起了祖父谢玄在这里奉命创立了北府兵，为朝廷建立丰功伟绩，而自己呢，虽很早就踏入仕途，但十多年下来，仍是惨淡经营，权不过幕府参军，位不过黄门侍郎，直到晋宋鼎革，也没有太大的建树。于是不禁感慨万千。

这次进京，他将面临什么样的机会？会有什么样的事业平台和空间等着他？

他觉得他有这个把握，他觉得自己的影响力远不是一般人所想象的，因为在一些领域他还是领袖人物。平日里，他引领时尚风流，车子的装潢鲜艳而美丽，穿的玩的用的东西，无不改变以往的旧样式，世人都学他的样子跟着变。平日里，他每写的一首诗被传到京城，无论贵贱竞相抄写，一夜之间，官吏百姓便知晓熟悉了，远近四方的人非常仰慕他。

风流和文章都属于他，他的全部又不仅仅是这些。

到了京城，刘义隆很客气，亲自接见了他，随后安排他到秘书监工作，秘书监相当于国家图书馆，谢灵运负责整理藏书、撰写晋史。为什么不是尚书令、仆射、中书监、中书令这是重要的官职呢？谢灵运感到很失

晋诤：解读晋王朝那些决定国运民生的话语

望，当然他也无法开口问皇帝，因为他明白刘义隆不过是把他当作标榜风雅的工具而已。如此一来，何谈政治抱负？更让谢灵运郁闷的是，刘义隆居然提拔一些名望地位都不如他的人当朝廷要员，参与国策。

尽管后来皇帝又让他担任侍中。侍中是一个要臣，但他这个侍中却不是要臣，他觉得自己只是一个陪侍。皇帝只是喜欢他的文章和墨迹"二宝"而已，自己会成为一个弄臣，专门来为皇帝消烦解闷的人？他再次郁闷着。

于是，谢灵运不再安坐在秘阁中翻翻故纸堆，动动笔墨撰写《晋书》了，而且轮到他入宫值日，他也不去，甚至连朝会也不参加了，而去寻找诗和远方去了。有时候，他驱使着数百个童仆在自家占地数十亩的花园里，挖池塘筑篱笆，栽竹子植堇花，忙得不亦乐乎；有时候，他又和族侄谢惠连等人一道，带着童仆出城游玩，远至二百多里，十多天不回京。

在外出游玩期间，谢灵运既不上表禀告，又不按例请假，全然是一个逍遥自在的诗人了。他以拒不上朝作为对抗皇帝的手段，说轻了是近于小孩子的负气，说重了就是漠视朝廷制度。这时候，负责纠察朝廷官员的御史中丞开始履行其职责了，一份弹劾谢灵运身为朝廷大臣竟然目无纲纪的奏章放在了刘义隆的御案上。

刘义隆不想伤害大臣，尤其是诗人谢灵运，于是他叫来中书舍人，吩咐他去找谢灵运。中书舍人婉转地转告了皇上的意旨，希望诗人能主动提出辞呈，这样面子上也好看些。于是谢灵运只好上表，陈说自己疾病缠身，请求辞去所任职务。

递上辞呈后，谢灵运长叹一声：真是天不遂人愿，理想很丰满，现实太骨感。

成为皇帝的股肱之臣，参与朝廷决策，为国家奉献自己的聪明才智，光宗耀祖，重新振兴自己的家族，这是他为自己设计的。但是刘宋两任皇

五十五、谢灵运为何会被"生活不只是苟且,还有诗和远方"所误导

帝(刘裕和刘义隆)都不认可;

留在朝廷担任一些清显的文职,为朝廷撰写一些歌功颂德的诗文辞赋,陪皇帝赏玩文学,这是皇帝给他设计的。但他自己无法忍受;

这样,在现实中他只有一条路可走:离开朝廷,回到谢氏庄园,过隐居生活。这是一条无可奈何的路,也是一条别无选择的路。

元嘉五年的春天,春暖花开,但谢灵运的心情却异常沉重,他即将离开京都,去真正寻找属于自己的诗和远方了。临行前,他给皇帝上了一道著名的奏疏《劝伐河北书》,像是为自己缓和一下与皇帝的关系,又像是向皇帝证明自己其实是有治国理政的本领。

在这份奏疏里,他表明了自己的政治态度,自觉地站在皇帝一边,完全支持北伐大业。刘义隆是南朝最有北伐壮志的君主。他首先分析了北伐的必要性,北伐是先帝的未竟事业,作为先帝的继承人不应该让他含恨九泉。

"五胡乱华,至今已经有一百多年了。中原地区,一直沦没在魏虏的铁骑下。先皇聪明神武,哀济群生,灭了姚泓以后,准备踏平北方,统一天下,使久困之民归于正化,但最终事与愿违,天下之人,只能仰德抱悲。少帝景平初年,先帝陵土未干,魏虏乘丧南犯,侵占我黄河以南大片土地,有识之士,谁不扼腕。但是景平时当政者徐、傅等人,所任并非其才,大敌当前,却只顾纷扰京都,无暇顾及先皇托付,终致孤城沦陷,徐、傅等却不肯救助,致使忠烈之士,囚于荒漠,长河三千,反落寇手。河南之地,一战沦亡,此国耻宜雪,朝野同心。而河南自落入敌手,百姓备受蹂躏,征调赋税,没有终了;若征求不得,魏虏则滥杀百姓,河南之民,家破人亡。这也是仁者所切齿痛心的!"

他接着分析了北伐的时机,北方正在互相厮杀,正好可以乘虚而入。

"愚臣以为,今贼魏拓跋焘又出兵西征夏。频繁征战,使魏虏师老于

外，国内空虚，此时北伐，机不可失。若失此北伐良机，大宋将与魏相持下去；而魏虏屡经征战，势力范围将扩大，力量将得以增强。等到那时，大宋即使兵多食众，再想取魏，则非易事。"

这场战争应该怎么打？划不划算？谢灵运这么说：

"古人有这样的话：'既见天殃，又见人灾，乃可以谋。'过去曹魏虽强，但平定荆、冀二州，都是乘袁绍、刘表弱小；晋氏虽盛，但开拓吴、蜀之地，也乘葛、陆衰落。这都是前世成事，今见于史册的。当年先帝平定姚泓之时，长驱滑台，席卷下城，魏虏失气丧魄，指日就尽，天下之人都以为魏虏当随姚氏而灭。可惜王镇恶、沈田子、王修诸将相互残杀，加以长安违律，潼关失守，这样使魏虏得以延缓岁月，时至今日，十多年了。如今魏虏攻夏，大宋两取其困，其势必如卞庄刺虎，一举两得！至于今日国家府藏，的确并不丰足，但是凡举大事，不必坐等国富兵强，贵在天时。现在兵器充满，兵力粗足，粮食无忧，和先帝时相比，条件更好。群臣中有人认为北伐之举得不偿失，这是不能成立的：中原人口，百万有余，田赋之沃，著自《贡》典，澄流引源，桑麻蔽野，强富之实，昭然可知。得中原，国力将大增。为国家长久计，怎能计较一战之费呢！"

那么，北伐有多少胜算？

"鉴于长安之败，陛下自然会担心河北难守。但依臣看来，长安与河北形势不同：关西百姓杂居，种族不一，加之远戍之军，处于新旧交替之际；而河北则不同：河北之民都是汉家旧户，几乎无杂人，况且那里地理形势连山阻隔，又有三关之险，守军若游骑长驱，则沙漠风靡；若驻军守塞，则安如山固！"

另外，他还称颂了当今英明的皇帝，那个曾经统一中国的晋武帝也没办法跟他比。

"晋武帝，不过一普通的君主罢了，但恰逢吴后主孙皓暴虐荒乱，天

五十五、谢灵运为何会被"生活不只是苟且,还有诗和远方"所误导

授其福,加之谋臣献策,武将扬威,故能建功当年,天下一统。而今陛下聪明圣哲,天下归仁,文德与武功并振,霜威与素风俱举,加之宰辅贤明,诸王出众,州郡齐心,虎臣满朝,而天威远命,何敌不灭!魏虏拓跋氏,不过是苟延残喘罢了。臣见识肤浅,愿陛下早定大计。"

最后,他还以退为进的方式,表明了自己的去向:尽管皇帝如同雄才大略的汉武帝,自己则愿意和朝廷告别的司马相如一样,在隐居中祝愿早日实现太平之道和岱宗之封。他说自己"消渴十年,常虑朝露",此番"蒙赐恩假,暂违禁省"之后,将"窜景岩穴"做一个山居之士。

奏疏里,让人不明白的是,谢灵运想缓和君臣矛盾,却没有对自身任性的行为做检查,向皇帝道歉;谢灵运想参与北伐,却没有主动请缨、驰骋沙场的言语;谢灵运想参与政治,却表明了自己要归隐林泉,不再过问政治。

不过有一点是明显的:谢灵运自始至终,没有卑躬屈节、自我贬损,始终保持了傲岸的人格。

几天后,谢灵运见皇帝并没有因为自己的一番建言而流露出什么挽留的意思,心中涌上一片怅然。

五十六、做人可以不聪明，但不能太聪明

再来说说北方的北魏王朝。

公元450年夏日里的一天，北方平城，北魏皇宫，崔浩刚一踏进殿堂，大吃一惊，门臼的响声，传入他的耳朵，就和末日审判的号角那样洪亮骇人。

北魏皇帝拓跋焘朝崔浩两眼一瞪，大声喝道："你可知罪？"崔浩一脸的茫然，但很快转过神来，吓得面无血色，平时大道理一套一套、金点子一个接一个的，口若悬河滔滔不绝的，靠给皇帝出谋划策起家的大臣，此时居然什么也答不上来，双手不知道该放在哪里，也不知道什么是时候开始，手心直冒着冷汗。

昨日谋臣的翩翩风度此时荡然无存。从皇帝信赖的座上宾到可悲的阶下囚，就在转眼一刹那；从一人之下万人之上的重臣到被诛灭九族的罪人，也就在转眼一刹那。这一切，源自崔浩自己给自己挖坑，自己让自己往下跳。做人可以不聪明，但不能太聪明。

这起被后人称为"国史之狱"的惨案，主角崔浩的罪名是暴扬国恶，就是把负面的事情写进国史里，倒了鲜卑族的霉，引起了公愤。

拓跋焘的祖父拓跋珪率领鲜卑族人建立北魏之后，历经三代，终于统一北方。于是在439年，盛世修史，拓跋焘命司徒崔浩总牵头，中书侍郎高允等人配合大修国史。

拓跋焘一再叮嘱他们，写国史一定要根据实录。这绝对是官话，或者是场面上的话。崔浩不知是太不知变通了还是太听话了，按照这个要求，

五十六、做人可以不聪明，但不能太聪明

采集了魏国上代的资料，竟把鲜卑族先族不管是好事还是坏事一齐写了上去，编写了一本魏国的国史《国书》，当时，拓跋焘要编国史的目的，本来只是留给皇室后代看的。可是要写进国史里，用来让后世瞻仰和吸取教训的，就不能不慎重筛选了。写进历史的一定要真实，而不是所有真实的都要写进历史。

《国书》修好后，参与编写的著作令史闵湛、郗标建议把《国书》刊刻在石上，以彰直笔。这两个家伙巧言令色，平时以谄事崔浩而获得崔浩的欢心。他们的建议被崔浩采纳。于是，在天坛东三里处，营造了一个碑林，方圆一百三十步，费资三百万才告完成。由于《国书》秉笔直书，尽述鲜卑族的历史，详备而无所避讳，其中直书了鲜卑族一些不愿人知的早期历史。

石碑树立在通衢大路旁，这对于皇族来说无异于把自家的丑事昭告天下，引起了往来行人议论纷纷。鲜卑贵族看到后，无不愤怒，先后到拓跋焘前告状，指控崔浩有意暴扬国恶。拓跋焘怒了，命令收捕崔浩及秘书郎吏，审查罪状。墙倒众人推，很多大臣和贵族参奏崔浩讥讽皇室，纷纷弹劾他其他方面的徇私舞弊，要治他的罪。

崔浩是北方汉人，先祖一直到父辈都是官居高位，世代显赫。他从小博览经史，遍涉百家，长大后博才多学，口若悬河，是典型的儒士。到了拓跋焘时，他已是三朝元老。他早年侍奉拓跋珪，拓跋珪脾气不好，其他人都惧他躲他，唯独崔浩忠心耿耿，毫无惧色，深得拓跋珪器重。

在拓跋嗣当皇帝期间，刘裕北伐借道北魏时，所有人都认为是假途灭虢之计，崔浩却建议隔岸观火，坐山观虎斗，拓跋嗣没有听从，后来损失惨重，后悔不已；攻灭北凉前，有人说北凉没有水草，只靠雪水作水源，不宜出兵，而崔浩却根据事实推断北凉遍地水草，后来拓跋嗣听取他的意见，果然见到北凉水草丰盛。他的计谋屡屡奏效，终于使他走向了辉煌。

此外，崔浩在平息薛永宗，盖吴暴乱，征讨吐没骨部落，吐谷浑以及南征刘宋等战争中屡献奇谋，屡建奇功，当之无愧是北朝第一谋臣。他也得意扬扬，自称是当代张良，甚至有过之而无不及。这时候，他已经官居司徒，一人之下万人之上，不免有些飘飘然了。

拓跋焘曾经跟他说过掏心窝的话："卿才智渊博，事朕祖考，忠著三世，朕故延卿自近。其思尽规谏，匡予弼予，勿有隐怀。"意思是，你才智渊博，历事我的祖父与我父亲，尽忠三世，因此我对你特别看重。希望你凡有所思，直言相告，助我治世。我有时脾气不好，也许不能采纳你的建议，但过后静思，却总觉得你说得很有道理。皇帝的宠信加上他的自满，到后来他专制朝政，不把任何人放在眼里。造就他成功的才学与性格也使他一步步走入毁灭。

闵谌、郗标为了讨好他，建议把国史作成碑林彪炳千秋，当局者迷旁观者清，他已经不是当初那个在拓跋珪时候忠心耿耿的崔浩了，他是一个偏离自我愈来愈远的自以为是者。高处不胜寒，自古身居高位的人，名利与危机同在。他还很高调，根本看不出宠幸与谄媚的浮云之后，是重重危机。

他的同事高允显得就没那么聪明。在国史案发生后，高允面对拓跋焘的审问，诚实地交代大部分内容是自己写的，责任要比崔浩大得多。拓跋焘念他诚实，竟然赦免了他。拓跋焘要他起草对崔浩的诛罪诏书，他当面不反驳，回家想想又来和拓跋焘说："我不认为崔浩犯这个罪要被诛九族。"结果，负责内容的高允毫发无伤，而只抓个写纲要的崔浩，却被诛了九族，何况他还是三朝功臣呢？的确耐人寻味。

其实，崔浩的死肯定另有原因，国史案仅仅是个导火线。

太聪明的人往往会听不进别人的意见。崔浩善于提建议，但很反感人家给他提建议。431年时，他"欲大整流品，明辨士族"。表弟卢玄劝他三

五十六、做人可以不聪明，但不能太聪明

思，他不听从，得罪许多人；还有一次他把自己挑选的人担任各地郡守，太子拓拔晃建议他启用之前征诏的人，让挑选的这批人先做小官，崔浩仍然不从。可见，他的固执已经到了无以复加的地步。

太聪明的人往往会把权力当成乐趣。有两件事足以说明问题。一是死于佛道之争。他曾极力倡导废佛，使北魏佛学备受打击，在打击中充分感受到权力带来的乐趣。而朝中许多人是支持佛学的，这引起了很多人的不满。二是崔浩主张"齐整人伦，分明世族"，以儒学和家世取士，他代表的是北方士族的利益。因此，他又得罪了一批人。结果有人就告他与河东大族密谋造反。

太聪明的人往往会认识别人容易，认识自己难。一个汉人如此受到鲜卑族的重用，不论是谁，都不免引以为傲。在这样的政治环境中取得很高的地位，固然应该得意，可是也不能不如履薄冰。皇帝的信任、自己的才能，让崔浩变得固执己见、自以为是，常常以为"举世皆蒙我独明"。崔浩就是这样落入坑中。

先前皇帝对崔浩言听计从、充分信任，但当皇帝觉得崔浩没有多少利用价值，而且和大多数鲜卑族利益冲突时，没有永远的功臣，只有永远的利益。什么时候做什么事，至少在这一点上，自比张良的崔浩已被张良甩出一条街了。

国史之祸让崔浩作茧自缚，另一当事人高允由于低调，知道什么该做什么不该做，所以比他幸运得多，一生清廉，老实本分，自是老实人自有福分，结果平平淡淡活到九十八岁。

当崔浩把权力当成乐趣时，却根本没意识到权力的背后是什么。苏联部长会议主席雷日科夫曾说过："权力应当成为一种负担。当它是负担时就会稳如泰山，而当权力变成一种乐趣时，那么一切也就完了。"对照崔浩，还真是那么回事。

晋诤：解读晋王朝那些决定国运民生的话语

公元450年7月5日，拓跋焘下令诛杀崔浩。在送往城南行刑时，"卫士数十人溲（撒尿）其上，呼声嗷嗷，闻于行路。自宰司之被戮，未有如浩者"。崔浩临刑前却遭到尿淋，辉煌一生落得如此悲惨下场，后人无不感叹。

五十七、老实人的大智慧大境界，二十七年未晋升，没喊一声委屈

（一）

崔浩的国史案发生后，北魏太武帝拓跋焘要问罪修史的主力成员高允。高允是太子拓跋晃的恩师。拓跋晃首先得知消息，赶紧把高允接到东宫，吩咐他说："明天随我去见皇上，假若皇上问你什么，你就顺着我的意思答话，听明白了么？"

拓跋焘召见高允，一见面就问他："《国书》都是崔浩写的吧？"

高允依实回答："不是的，是多人一起写的，《太祖记》部分为邓渊撰写，《先帝记》和《今记》是微臣与崔浩合写，不过崔浩管得多，只抓总体的事务。至于注疏方面的文字，微臣多于崔浩。"

拓跋焘大怒，对拓跋晃说："怎么搞的，高允的罪责比崔浩还重，叫我如何饶恕他呢？"

太子暗暗叫苦，心说：这个高允怎么榆木脑袋，不听我言，忙解释说："高允小臣，初见父皇天威，语无伦次。儿臣刚刚还问他来着，他说全是崔浩干的。"

拓跋焘转脸问高允："太子说的，可是实情？"

高允答道："微臣罪当灭族，不敢妄言。太子是因为微臣侍讲日久，同情我的遭遇，想要救我一命而已。其实他并没有问过我，我也没说过那

样的话。"

拓跋焘倒吸一口冷气,居然还有这样的臣子,感叹道:"果真耿直啊!世上少有人能为之,而高允竟能做到!死到临头,还能面不改色不说假话,此乃信;身为大臣,而能坚持真理不欺君,此乃贞。既信又贞,让人佩服,好吧,我就赦免他了。"

高允就是这样一个人,为人正直淳朴,宽厚笃实,为人忠诚,不说假话,甚至不顾自己的生死。

(二)

事后,拓跋晃很不高兴,埋怨高允:"识时务者为俊杰。我替你求情,你怎么反倒去激怒皇上呢?我每次想到这事,还是心有余悸呢。"

高允从容答道:"所谓历史,就是要如实记载帝王的举止,以为后来者鉴,如此才能让今天的人知道过去的事,将来的人知道今天的事。同时,这样的写史笔法,也能使君主们有所顾忌,言行谨慎。崔浩主持修史,私心很重,的确有罪,但书中写到朝廷起居、国家得失,乃是史法之大体,并无过错。我与崔浩一同编书,自当同生共死,不能独免。承蒙太子殿下出面保我,高允感激不尽;但若要我为了活命说违心的话,我可做不出来。"

拓跋晃听后为之动容,从此更将高允带在身边,咨以要事。

坚持说实话,自己这样做,也用言行向周围亲近他的人强调这样做,即使得罪人也在所不惜。这是高允的主张,也成就了高允一生别人难以企及的从容。

辽东公翟黑子得到太武帝拓跋焘的宠信,出使并州,得到了千匹绢帛的贿赂,不久事发。翟黑子向高允请教说:"皇上问我,是汇报真实情况

五十七、老实人的大智慧大境界，二十七年未晋升，没喊一声委屈

还是说假话？"

高允说："公是皇上宠臣，回答时可据实以报，你又可自表忠诚，必然会没什么事的。"中书侍郎崔览、公孙质等人都说自首后罪不可赦，应该说假话。翟黑子以崔览等人为知己，反而对高允发脾气说："你的说法，是引诱我去死，那太不值得了！"于是与高允断交。结果翟黑子在拓跋焘面前说了假话，终被拓跋焘疏远，最终获罪被杀。

（三）

高允是北魏渤海人。渤海高氏是北方望族，高允从小有志气，为人大度。但他对仕途并不感兴趣，年轻的时候还出家做了和尚，后还俗。直到四十多岁才进入朝廷做官，担任从事中郎的小官。后任著作郎，参与国书的编写工作。尽管职务不高，但他同时兼任太子的老师，所以经常接触到皇帝。

高允历事五朝，分别是明元帝拓跋嗣、太武帝拓跋焘、文成帝拓跋濬、献文帝拓跋弘和孝文帝拓跋宏，很关心国计民生，对政事多有谏言。在拓跋焘时候，皇帝问高允，"万机之务，何者为先？"高允说："臣少也贱，所知唯田，请言农事。"献文帝拓跋弘时，他谏言国家不仅在京城要办学，还应当在地方州郡办学，所谓"郡国立学，自此始也"。到了孝文帝拓跋宏，高允又鉴于国家饮酒之风颇盛，作《酒训》以警示天下。

有好事之徒劝文成帝拓跋濬建造宫殿。高允劝谏说："我听说道武帝（指拓跋珪，拓跋濬的祖辈）平定天下后才开始兴修都邑。他一旦有所修造，不是农闲之季，绝不兴工。现在建国已经很久，宫室也已经完备。永安前殿完全可以用来接受万国的朝贺，西堂的温室也可以用来让圣上休息，紫楼台高可以用来观望远近。如果要再修更壮丽的宫室，也应当慢慢

地准备，不可急于求成。估计砍材运土以及各种杂役就需两万多人，成年人做工，老少供饭，就合四万人半年才成。古人言：一夫不耕就有人会挨饿，一妇不织就有人会受冻。何况是数万之众无法从事耕织生产，他们所要耗费花销，实在太多了。往古时推论再来验证现在，必然有借鉴之效啊，希望皇上认真思考。"拓跋濬认为高允说的有道理，接纳了他的意见。

高允敢言，不怕触怒皇帝，皇帝对他也始终很尊重。高允曾就婚娶丧葬存在的陋习，向拓跋濬上表劝谏，这次言辞比较激烈，拓跋濬从容听着他的话，最后不想听了就让左右将他扶出去。当然，高允也讲究方式方法，遇有不便当朝说的，高允就请求私下相见。拓跋濬知道高允的意思，把左右摒退后再等待他，对他十分敬重，有时早晨进宫晚上出来，有时几日在宫里，朝臣都不知他和皇帝说了什么。

（四）

高允一直为朝廷出谋划策，为国家呕心沥血，也是几代下来的老臣了，就凭他跟时任皇帝拓跋濬的非同一般关系这一点，仕途上飞黄腾达不在话下，但是拓跋濬不知为何一直没有给他升官，估计是高允只想做事不在意职位，高允也缄口不言，还做他的中书侍郎。

最初和高允同时被征召的游雅等人，均官运亨通并且到了封侯的地步；苦劳功劳跟高允不相上下的陆丽还做到了顶级的司徒了，并受到皇帝重赏，而高允既不蒙褒扬，又终身不发一言，真是淡定得可以。

倒是有一次，有人上书批评高允这样劝谏的方式有些过激，会让皇帝下不了台，要予以批评教育。结果这封书刺激了拓跋濬，他看后对群臣说，高允的做法没什么不对，像高允这样的人，才是忠臣。于是提拔中书侍郎的高允为中书令。

五十七、老实人的大智慧大境界，二十七年未晋升，没喊一声委屈

此时高允在中书侍郎的位置上已经待了二十七年。而他的好多部下都官至封疆的刺史了。

见拓跋濬要提拔高允，这时司徒陆丽道："高允虽然深蒙陛下宠待，但他家境贫寒，妻子儿女都无以为生。"

拓跋濬生气地说："你怎么不早说，今天看朕提拔他了才说是吧！"当时就带领群臣一同前往高允家中探视。任何一个时代，都不缺势利的人。

皇帝突然造访，高允毫无准备，拓跋濬几乎不敢相信眼前的景象，这位朝廷官员的住宅居然只是茅草盖顶、几间平房，再无其他漂亮的建筑了。走进屋中，只见炕上堆的是麻布被子、粗陋棉袄，厨房里也只剩一些咸菜。生活条件比县衙的衙役还差。拓跋濬对众人叹道："自古以来清贫之人，恐也莫过于此啊！"

北魏实行百官无薪制，一般官吏有家产的还好办，否则就必须另找谋生手段，才能养家糊口。高允家里穷，所以一直让自己的儿子们上山砍柴，用以自给。这样一位清到根子上的官员，没有人会不肃然起敬。

皇帝万般惭愧，便赐他丝帛五百匹、粮食一千斛，并任命他的长子为绥远将军，长乐太守，即刻上任。高允拒绝了，但拓跋濬根本不理他，并且更加重视高允。

（五）

北魏法纪严明，朝臣多受过惩罚，高允虽为五朝元老，竟未有过过失。这得益于他不仅老实、清廉，而且还处事公正。

高允审理案件一向以公正著称。有一次，孝文帝拓跋宏命以御马车接高允去西郊，马忽然受惊奔跑，致使翻车，高允眉毛部位受了三处伤，孝文帝要严惩车夫，高允说小伤没什么妨碍，为车夫说情。又有一次，黄门

官苏兴寿搀扶高允在雪地行走，遇到一只狗，受惊摔倒，苏兴寿害怕受罚，高允却和颜悦色地安慰他。苏兴寿说，在高允身边三年，从未见他发过脾气。

他很珍视对故人的友谊，虽居于显赫地位，仍不忘贫贱之交。当初尚书窦瑾因罪被杀，儿子窦遵亡命在外，窦遵的母亲收监坐牢。后来老人家因年老出狱，窦遵的亲朋没有一个去照顾老人的，高允将老人接到家中奉养，直到六年以后遇大赦，窦遵回来。

晚年的高允德高望重，皇帝允许其"乘车入殿，朝贺不拜"，又多有赏赐，高允却将这些恩赏全都分给亲朋，皇帝对高允赏赐甚厚，每天供给膳食，月中月末给牛酒，每月还给衣服。但是这些高允并没有独享，全都分给那些亲朋故旧。

（六）

高允为官五十多年，深得皇帝的倚重，后因年事已高，屡次告老还乡而不得，享寿九十八岁而终，在南北朝时期是寿命极长的一位。

高允一生的所作所为，即使在北魏这样法律苛刻的王朝，险恶的官场，一样做得很好，虽屡处险境，终无恙，堪称是为官者的楷模。其实，他的一生充分验证了"大智若愚"的格言，满足了人生的最高理想：有大德、享高寿、秉奇才、居显位。

更难能可贵的是，很多政治家纵然有很多利国利民的政绩，或过于强势，得罪一些人，或过于显赫，遭人羡慕嫉妒恨，或贪污腐败，被世人所诟病，从而影响对他的评价。高允是个特例，北魏历代皇帝、鲜卑贵族、汉人豪强、平民百姓没有一个人说他坏话，均倚为栋梁，这恐怕不是一个憨厚诚实可以解释的。

五十七、老实人的大智慧大境界，二十七年未晋升，没喊一声委屈

做人有做人的原则，做官有做官的原则。站队并不是很重要的事，世事变化无常，今儿站对了，明儿站对了，谁能保后天、大后天还能站得准？但做官必须做到为民无私，如果为了荣华富贵，这个官不做也罢。有私心，会患得患失，从而招来灾祸。

高允这艘小船在惊涛骇浪般的北魏王朝的朝局中，向着唯一目标稳稳航行而不覆，自有他为人处世做官的奥妙。据《魏书》记载："初，允每谓人曰：'吾在中书时有阴德，济救民命。若阳报不差，吾寿应享百年矣。'"意思是说，当初高允常对人说，我在中书省这么多年，一直帮助与解救百姓的生活、性命，积有阴德。如果阳世的报应不出差错的话，我的寿命应当百年。

这才是他的大智慧大境界。

五十八、一代能臣之死：就在那一念之间

每个人在不同的时期都会扮演不同的角色。扮演得好，你就会风生水起；扮演不好，则厄运难逃。

南北朝宋的颜竣就是一个典型例子。做过谏臣的他认为臣子提的建议皇帝一定要接受，不管是什么场合，也不管是什么时候。其实，史书上那些谏臣与皇帝的经典故事，不乏表演的成分。皇帝往往为了突出自己的宽容大度，所以大力宣扬臣子如何劝谏自己，自己如何接受劝谏。臣子为了配合皇帝，也就得做着种种似是而非的表演。

而在现实中，对于谏言皇上采纳不采纳，取决于皇帝的个人喜好、自身素养以及皇帝对国家的通盘考虑。

然而颜竣偏不信这个邪，结果招致杀身之祸。

说颜竣之前先提另一个人，就是宋孝武帝刘骏。刘骏是宋文帝第三个儿子。那年太子刘劭怕他父亲废掉他，于是急于抢班夺权，发动政变，率东宫兵入宫杀死宋文帝，自立为帝。刘骏得到父亲被杀的消息后，就传檄州镇，声讨刘劭，结果夺得帝位。

颜竣就是刘骏的主簿，相当于秘书长。刘骏的成功上位，很大程度归功于颜竣，由颜竣起草的讨伐刘劭的战斗檄文，犹如滚滚长江之水势不可挡，起到了巨大的宣传鼓动作用。《资治通鉴》是这样记载的：这篇檄文发布后各地后，"州郡承檄，翕然响应"。《宋书》上也说："檄至，辄布之京邑，朝野同欣，里颂涂歌，室家相庆，莫不望景耸魂，瞻之伫足。"可见颜竣的笔力之雄壮，文章气势之磅礴，因而足以动民心，振士气，可谓

五十八、一代能臣之死：就在那一念之间

一纸檄文胜过千军万马。

在公元453年刘骏做皇帝前的近十年时间里，颜竣一直担任他的主簿。他俩的关系相当和谐融洽，感情非常深厚，刘骏非常喜欢颜竣，颜竣也尽心尽意辅佐刘骏，堪称南朝好基友。

刘骏做了皇帝后，也很善待并重用他。颜竣先是被任命为侍中、左卫将军，封建城县侯，食邑二千户。半年后，又改任吏部尚书，领骁骑将军。吏部是负责官吏考察和任免的重要部门，相当于中组部，刘骏让颜竣来把持这个要害部门，显然是一种心腹之寄。颜竣担任吏部尚书后，"留心选举，自强不息"，没有辜负刘骏对他的期望，工作是相当出色的。

但后来的关系为什么会弄得如此糟糕呢？他们之间的裂痕，是由颜竣多次进言和谏诤引起的。

宋孝武帝这个人是个暴君，更是个衣冠禽兽，"上闱门无礼，不择亲疏、尊卑，流闻民间，无所不至"。就是说，宋孝武帝为了满足自己的淫欲，连伦理也不顾，兽性大发时，自己的亲属也要奸淫。同时他又是奢欲无度的家伙，奢侈浪费得惊人。"大修宫室，土木被锦绣；嬖妾幸臣，赏赐倾府藏"。不仅如此，还贪财好利。州郡两级的地方官吏，卸了职回到京城，本来都要向皇帝贡献财物，孝武帝却不满足，还要强迫他们赌博，不掏光这些人的口袋，他就不罢休。

上梁不正下梁歪，皇帝腐败，社会沉沦，百姓受苦，怎么办？作为孝武帝心腹大臣的颜竣，自然不忍看着皇帝这种不成器的样子，不忍看着这个社会就这样腐败下去，于是"极陈得失"，"数恳切谏诤，无所回避"。

但沉浸享乐之中的皇帝根本听不进去，"上意甚不悦，多不见从"。加上颜竣死脑筋，你越不听，我越喜欢劝谏，而且自恃关系在，所以在劝谏时也没有什么避讳。结果，皇帝不但没采纳忠正谠言，反而十分恼恨颜竣。

这种情况下，颜竣顾虑重重，忧愁满腹。他原来认为，凭着自己和刘骏的老关系，自己又"才足干时，恩旧莫比"，皇帝应该是信任和器重他的。但当自己的直言大多被皇帝拒绝后，他觉得从此要被疏远。一念之间，为了试探一下皇帝的真实想法，他便向孝武帝打了一个报告，要求离开京城到地方上去任职。颜竣是这样想的：如果孝武帝同意了他的请求，就说明他对自己已有疑忌，要疏远自己了；如果不放他下去，则说明孝武帝对自己并无疏远的意思。谁知这个报告打上去后，孝武帝竟然很爽快地就答应了，把他调出了中央政府，赴任东扬州刺史。

皇帝虽然把颜竣调出了中央政府，但颜竣的级别、地位依然与从前一样，仅仅是与皇帝在空间上疏远了，仅仅是从中央到了地方。

到了地方，颜竣一念之间，觉得自己很委屈，对孝武帝也产生了满腹的怨愤和牢骚，于是到处诉说皇帝的不是，说自己没有功劳也有苦劳，但皇帝对他如此薄情寡义，并且公开指责朝政的违失和谬误，逢人便说，唠唠叨叨，很像一个怨臣。在封建专制时代，这显然是很犯忌的。

为何他会有这种转变？因为颜竣太过于计较名利，有严重的患得患失思想。

来到地方之前，朝廷对颜竣的任用不可谓不重，但他并不感到满足，而是一味地想"宜居重大"，"永执朝政"。这个愿望一旦没有实现，就牢骚满腹，口出怨言，甚至把怨气发泄到同事朋友身上去。可见颜竣对刘骏老早就感到不满，并不完全是皇帝不采纳他的谏诤才"讪讦怨愤"的。

在几个重要岗位上，颜竣生活上都不大检点，为人也是颇为倨傲的。他外出讲排场，摆威风，每次都是让仪仗队开路，威势赫赫，他父亲、当过永嘉太守的颜延之见了这种场面都十分反感，每次遇到颜竣的仪仗队，都是不屑一顾地躲到一边去。他常对颜竣说："我平生不喜见要人，不幸见到你！"

五十八、一代能臣之死：就在那一念之间

颜竣家里经常宾客盈门，有一天早上，颜延之到颜竣那儿去，等候在门外求见颜竣的人成堆，颜竣却安然高卧，还没有起床。颜延之见状，勃然大怒说："你是出身于粪土之中的人，好不容易升到了云霄之上，就立刻骄横傲慢到如此地步，你怎么能够持久呢？"

如今，当孝武帝突然得知，颜竣成天在背后说自己的不是时，会表现出一种怎样的愤怒？事情来了，公元458年8月，中书令王僧达因他人谋反入狱。王僧达和颜竣有嫌怨，便以为是颜竣诬陷了他，在临刑之前，就把颜竣说过的种种怨愤之言都向孝武帝报告了。皇帝十分生气，颜竣被银铛下狱。但皇帝还不想杀掉颜竣，只是打算把他的职务免掉算了。

这才发现伴君的确如伴虎，下狱后的颜竣吓得丧魂落魄，接二连三地给皇帝写信谢罪，并请求不要杀掉他。想不到颜竣的请求更激怒了孝武帝，他批示："宪司所奏，非宿昔所以相期。卿受荣遇，政当极此。讪讦怨愤，已孤本望，乃复过烦思虑，惧不全立，岂为下事上诚节之至邪！"

言下之意是，我把你当作朋友，你却成天在背后说我坏话，这已让我够失望了；现在你想的最多的事，竟然就是怕我杀了你。你从前劝谏我时，大道理总是一套一套的，现在用你那些大道理看看你的表现吧，你不觉得你太虚伪了吗？

每读到这段话，我都无语了，原来大道理都是说给别人听的。颜竣是有些虚伪，但孝武帝你不接受人家的大道理，却也不能拿这点来讽刺人吧，你也够无耻的。孝武帝的确无耻，史书记载，公元459年5月，颜竣被赐死，甚至连同他的妻儿都被杀害。

《宋书》的作者沈约对颜竣的取败之由做出这样的评价："为人臣者，若能事主而捐其私，立功而忘其报，虽求颠陷，不可得也。"意思是说，做臣子的人，若能忠心事主而捐弃私心，立功不求报答，即使请求别人颠

覆陷害自己，也是得不到的。

颜竣从良臣到诤臣，再到怨臣，就在一念之间。人生源于一念，也止于一念，这一念，变化莫测；这一念，不可捉摸；这一念，最好为善。下回说的王僧达也犯了同样的错误，成为另一个典型。

五十九、狂人王僧达：
跑官要官不成，却死在自己的毒舌之下

年轻人有目标有追求本是好事，但不切实际，而且狂妄自大就不见得是好事了。论背景、论水平、论颜值，王僧达在南朝宋都是个一等一的人物，他是东晋名相王导的玄孙、司徒王珣之孙、太保王弘之子，父祖辈都是国务院总理这个级别的。王僧达"少善学，好作文"，宋文帝很欣赏，在德阳殿召见了他，问他的书法、读过的书和家庭等事，王僧达回答得从容闲雅，宋文帝非常喜欢，让他娶了临川王刘义庆的女儿，成了皇亲国戚。按理说，照这样的规划设计，王僧达应该会有个很好的发展空间和人生平台。

不过，天不遂人愿，这个才华横溢的文人，欲望膨胀，作茧自缚，最后却死在自己的毒舌之下。

需要说明的是这个老兄品行欠妥，从小就表现出来了。他喜欢追鹰走狗，常常和左邻右舍的小孩子共同骑马游玩，又亲自屠杀耕牛，完全是一副纨绔子弟的做派，还跟他的亲哥哥争夺财产。不过，因为背景和才华，年纪不到二十被担任始兴王刘浚的参军，后又很快又升为太子舍人。

太子舍人是太子的属官，理理文书做做记录什么的，级别不高但机会很多。太子一旦做了皇帝，他身边的人一般都有随之大红大紫的机会。

然而王僧达不甘心眼前的平庸，想去当一郡的太守，对皇上说自己家里非常贫困，快揭不开锅了，想到地方任职改善生活。估计地方有实权油水多，趁机可以捞一把。

宋文帝同意了，想让他到秦郡当太守，但遭到吏部官员的反对："王弘的儿子不宜当郡太守，王僧达也不能治理人民。"官场上本是你好我好大家好，再说又是皇帝的意思，吏部还是毅然阻止，估计要么王僧达的能力水平实在太差劲，要么为人处世实在太糟糕。

后来他还是当上了宣城太守。果然，他在任上喜欢游览和打猎，不治郡事，任意驰骋，东游西逛，有时三五天不回郡，接受百姓的诉讼多半在打猎的地方，有时与他不认识的老百姓相遇，百姓问他太守在哪儿，王僧达指指旁边说："就在后面附近。"然后就脚底抹油溜走了。

在转任义兴太守期间，南朝宋发生一件大事，就是宋文帝的长子刘劭杀了宋文帝，自立为皇帝。宋文帝的三儿子刘骏起军讨伐，给各州各郡下了檄文。王僧达因正确站队，支持刘骏杀死了大逆不道的刘劭，使刘骏成功登基成为孝武帝。

刘骏刚做皇帝，需要琅琊王氏为代表的豪门贵族的支持，加上王僧达确实有功，让他当尚书右仆射，不久又外出为使持节，南蛮校尉，加号征虏将军。王僧达凭着他的家庭出身和自己的才能，认为自己当世无双。于是他得意地给自己做了规划，只需数年，帝国执政官的职务非他莫属了，自己先祖王导的辉煌恢复在即。

其实他错了，这只是他的一种幻觉。因为此时的江南地区，皇权已崛起，寒门势力也崛起，而豪门贵族却逐渐在削弱。后因故没有到任南蛮校尉，只当护军将军，王僧达非常不满意，于是他请调任徐州当刺史，写了一篇上奏。

他说自己任职当官已有十一年了，凭自己的经验判断，认为当今最需做的是解决朝廷重官、藩镇大将的任用问题，因为这关系到朝政的好坏、社会风气的健康正常与否，以及国家的安危。有些人应该撤换，有些人应该任用。天下到处都有有本领的人，关键在于怎样用他们。

五十九、狂人王僧达：跑官要官不成，却死在自己的毒舌之下

"我每日要想几遍，常想怎样报答国家，不论大小，只要有机会，哪怕是偏远的地方，如果能有用武之地，则必定尽力而为。我不要求宰相的职务，只想当一州刺史，则我一定安心，愿陛下明白我的心，一定同意我的请求，那么里外都很满意，我将永远铭记皇上的恩德。"

见王僧达跑官要官，孝武帝不同意。后来王僧达又连续三次上疏，孝武帝更不高兴了，便把他降为吴郡太守。等于又回到了起点。

在吴郡任上，因南北朝时，佛教大盛，僧侣们一个比一个有钱。吴郡当地西台寺内的和尚也不例外，多富有资财，王僧达便派遣手下，威逼强取寺内建寺的资财，合计数百万之多。

荆州和江州反叛时，朝廷允许王僧达增加手下士兵一千人，但王僧达却擅自增到两千四百人。又在吴郡建立自己的豪华住宅，多次使用当地公家壮丁。被朝廷发现后，王僧达上疏为自己辩解："这些都是因为我不能依顺陛下左右的人，谄媚当权人物所致。"意思是人家诬陷他的。孝武帝更加愤怒了。

公元456年，他调任太常官职，掌礼乐郊庙社稷之事。王僧达感觉被边缘化了，一气之下上疏请解除职务，以退为进。

他说自己没功劳也有苦劳，对朝廷是做出过巨大贡献的。又说皇上和他君臣之间的关系，简直如父子一般，他诚然无知少能，但和草木相比却要有情得多，知道什么叫感恩戴德。

"然而皇帝却怀疑我的能力，觉得我水平低下，那我就低下吧。太常是朝廷显要官职，像我这样的人去担任，定然要辜负期望。"

奏疏还怨气十足地说："我深深希望皇上能成人之美，趁我狂乱还未显露的时候，让我能光荣隐退。又加上妻子儿女们和我住在一起，再没其他的累赘，婢女仆从十来人，每年有些收入，饿还是饿不死的。"

王僧达文章有怨气，孝武帝下诏书把它送给门下省，大家因他的文

章不恭敬，请求送他到南台御史处理，所以王僧达又被免除了官职。后又复出。

在孝武帝最初争夺皇位时，自然对以王僧达为代表的豪门贵族代表极尽拉拢之能。但当孝武帝坐稳皇位后，一个个皇帝的旧僚友身居高位，一个个出身寒门的中书舍人权倾朝野；而他堂堂的琅琊王氏代表人物王僧达，竟然好像没有啥事了。复出后的王僧达对此又气又恨，于是又是公开非议政府，又是公开嘲讽皇帝。

有一天，路琼之（路太后的弟弟路庆之的孙子）去拜访王僧达。王僧达看到路琼之一副想与自己平起平坐的样子，就问路琼之："我们家从前有个马夫叫路庆之，不知道和你是什么关系？"听到这种话，路琼之顿时沮丧极了。

在当时，直呼对方祖父、父亲的名字是一件非常不礼貌的事；至于直呼对方祖父、父亲的名字，公然揭露对方不光彩的往事，那就更是一件无礼之极的事了。

王僧达这样做，也许只是告诉路琼之："你不要以你姑奶奶是皇太后，你因此有了点地位，就好像是什么贵族了，你充其量也就是个暴发户。想和我平起平坐，你实在在差得太远了。"路琼之刚起身，王僧达就叫人把路琼之坐过的胡床烧掉了，以此来发泄自己对现实社会的不满。

面对王僧达的毒舌挖苦，路太后生气地对儿子孝武帝说："我活着的时候，我们路家人就这样受气，我死了以后，我们路家人还不得上街要饭去？总而言之，今天有我没他；如果你不治王僧达的罪，我是绝不会善罢甘休的。"

对此，孝武帝也只能无奈地说："这是琼之不懂事，他没事跑到王僧达那里干什么？我怎能因此治王僧达的罪呢？"

得罪了皇帝，王僧达也不在意，继续发挥着自己的毒舌本色，逮谁就

五十九、狂人王僧达：跑官要官不成，却死在自己的毒舌之下

损谁，发泄不满。大臣何尚之先是告老还乡，后又被朝廷起用，于是宴请同僚。向王僧达敬酒时，何尚之出于真情，劝王僧达"且放鹰犬，勿复游猎"。王僧达喜欢游猎，家中自然养了一些鹰犬，作为游猎时的助手，以致玩物丧志，荒废了正事。王僧达把好心当作驴肝肺，于是反唇相讥道："可不是，我前阵子把一条老狗放了，可那老狗没处去，又乖乖回来了！"这何尚之一听，这不就是讽刺自己告老还乡又重回朝廷的事吗？气得差点当场吐血。

后来南朝宋发生一起谋划反叛案，事机泄漏，孝武帝因王僧达屡次触犯忤逆意旨，因此故意诬陷他与叛党同谋的罪名，赐他在狱中自杀身死，当时三十六岁。王僧达死前还不忘拉个垫背的，就是上文提到的颜竣。

孝武帝对王僧达家人亲戚，却一律不予追究。这样做显然想表明，只是针对王僧达，与王氏家族无关，更与贵族无关。

王僧达之死，表面上看是他的狂妄和毒舌使然，其背后有其深层次的原因，那就是南朝宋正在改变东晋皇权、贵族、地方藩镇三权平衡的格局，豪门贵族虽然还占据着统治地位，但它已被皇权牢牢控制住了。王僧达之死，同时也意味着豪门贵族试图复兴的愿望彻底落空了。

同时期的虞愿跟王僧达则不同，他笃信无须观望别人，自己就是风景。

六十、无须观望别人，自己就是风景

很多皇帝估计对犯颜直谏是比较反感的，皇帝因臣子冒犯至高无上的权威而往往下不了台。隋炀帝曾经公开说过，我不喜欢别人提出批评的意见，那些地位高还想借此批评我来博取清名的家伙，我是很看不惯的。至于地位低的人批评我，我虽然可以稍微原谅，但最后也不会放过他。不仅隋炀帝如此，就连以"兼听则明"著称的唐太宗也不例外，他气呼呼地说，总有一天我要杀掉魏征这个"乡巴佬"，因为魏征总让他尴尬。

在这方面，我很佩服南朝宋的皇帝宋明帝刘彧。

历史上的宋明帝不是个好人，他为了防范宋孝武帝刘骏诸子夺取皇位，杀尽诸侄子，致使刘骏绝后；生性多忌讳，文书奏折不得出现讳字，犯禁者一律诛杀。朝廷内外常常担忧触犯忌讳，人人不能自保。北宋的司马光这么评论他："帝猜忍奢侈，宋道益衰"、"夫以孝武之骄淫、明帝之猜忍，得保首领以没于牖下，幸矣，其何后之有？"

但，他对待劝谏，而且是那种挖苦式的，显示出无比的宽容大度。主要体现在对谏臣虞愿的态度上。

虞愿出身于官宦人家，他好像没什么私心，打小就这样。他家庭院中的橘树冬天果实成熟了，子孙辈都争着来摘取。虞愿年仅数岁，却独独不来摘取，家里人对此都感到奇怪。

成年后，虞愿的仕途比较顺利。先是就读于国子监，这是个专门培养后备干部的机构，后又迁任湘东王刘彧的常侍，后又转到其他地方任职。

六十、无须观望别人，自己就是风景

湘东王刘彧即位后，认为虞愿对儒学和吏治都有研究，再加上在封国时的往日恩情，所以任命虞愿为近臣，待遇十分优厚。

由于这重关系，加上虞愿平时少有私心，所以尽管皇帝生性猜疑，但对他还是很信任的。对于星象天文的灾异变化，宋明帝不相信掌管推算历法的太史官，也不听外面大臣奏告，只相信虞愿，于是命令把观察星象的两个人交给虞愿，让两人常年在内省当班，有灾异情况就预先禀告虞愿，以便检验审查。

那时期建康盛行佛教，晚唐诗人杜牧在题为《江南春》写道，"千里莺啼绿映红，水村山郭酒旗风。南朝四百八十寺，多少楼台烟雨中"，说的就是这种情景。

宋明帝紧跟形势，用旧宅的地皮建造湘宫寺，费用极其奢侈。由于宋孝武帝的庄严刹有七层，宋明帝不甘落后，要建造十层。十层太高难以建立，便分为两刹，各有五层。一天，新安太守巢尚之离任回京都，拜见皇帝，皇帝沾沾自喜地说："你去了湘宫寺没有？我建造这座寺院，是一个大功德。"还没等巢尚之回答，在一旁的虞愿冷冷地说："陛下建造此寺，用的都是老百姓卖儿卖女典当老婆的钱，佛如果有知，就应当悲哭哀愍，罪孽和佛塔一样高，哪有什么功德？"几个大臣当时也在座，听了这话都大惊失色。如此毫不避讳毫不遮掩的冷嘲热讽，致使皇帝大怒，马上叫人把虞愿驱赶下殿。

谁知虞愿从容离去，神色不变。因为有旧日的恩情，所以几天后就又被召进去了。

宋明帝喜爱围棋，但水平实在很差，根本上不了台面，可他偏要和当时最好的棋手王抗对局。王抗诚惶诚恐，除了让子之外，还不时地吹捧皇上："皇帝飞棋，臣抗不能断。"宋明帝居然就信以为真了，自以为天下第一，对围棋更着迷了，还特别为围棋手们设置了一种专门的官署，叫作

"围棋州邑"。据说这是历史上第一次为围棋手们设立的官署。

虞愿很看不惯，又对皇帝说："尧曾经用围棋教他的不肖子丹朱，这不是人主所应喜好的东西。"劝皇帝放弃这一爱好，应该把精力放在治国理政上。

围棋遭到恶评是有来历的。晋朝的张华在《博物志》中说："尧造围棋，以教子丹朱。或云舜以子商均愚，故作围棋以教之，其法非智者不能也。"后人在反对下围棋时，常常会引用这个起源传说。东晋的陶侃曾没收部下的围棋和博具，全部扔到长江里，并且声言："围棋，尧舜以教愚子……诸君并国器，何以此为！"

虞愿的劝谏，对宋明帝到底有没有发挥作用，史书上并没记载。不过他并没有恼怒而去责罚虞愿。

虽然多次触犯皇帝的意旨，但不知怎么搞的，虞愿蒙受的赏赐，还是超过其他人。后迁职兼任中书郎。

这点跟上回的颜竣享受的待遇完全不一样。服务于宋孝武帝喜欢劝谏的颜竣以被杀告终，服务于孝武帝弟弟宋明帝的虞愿则同样喜欢直谏却屡屡受赏。各种原因，我认为无非一点：私心重重和大公无私的区别。

其实，虞愿除了没有私心外，为官也很淡泊，尽量不去扰民。后来的事实证明了这点。

虞愿在出任晋平太守时，史书记载了他的几件事：

第一，在郡中不经营家产。在地方任一把手期间，他没有趁机谋点福利，更没有假公济私中饱私囊；

第二，关爱民众。前任官吏与一平民有纠葛，将他的儿媳妇抓去做人质。虞愿派人在半路上将她夺下并放回家；

第三，在郡中设立学堂进行教育。

除此之外，很少见他有什么大动作了。对虞愿的无为而治，后人称

六十、无须观望别人，自己就是风景

他为循吏，循吏是清官的一种。司马迁说循吏是"奉法循理之吏，不伐功矜能，百姓无称，亦无过行"。循吏尊重法治，讲究理性；所谋在于长远，不追求当下的效果，不作浅薄的政治秀，所以没有耸动视听的效果。

果然，琅琊人王秀之后来继任晋平太守，在写给朝中士人的信中说："此郡承蒙虞公治理之后，善政仍然存在，遗风易于遵守，我几乎清净无事了。"

史书上还记载了关于他的两个传说。当地出产一种蚺蛇，蛇胆可以入药。有一人就把这种蛇抓来送给虞愿。虞愿收受了，并把蛇放到二十里以外的山里面。可是一夜工夫，那条蛇仍旧回到虞愿的床下来。虞愿又把那条蛇送到四十里远的地方。过了一个晚上，那条蛇仍旧回到原地方来了。当地的人都认为这是他的仁爱之心所致。

海边有一块叫作越王石的神秘石头，一年四季常常隐在云雾里。百姓们相传只有廉洁奉公的太守官才能够看得见。虞愿去看的时候，那块石头很清爽、没有任何遮蔽地被他看见了。

为此，有人作诗为他点赞："虞愿晋平为太守，蚺蛇放返情依依。常人难见越王石，唯独清官现妙姿。"

再后来，虞愿因母亲年老辞去官职，后来又被任命为后军将军。好友褚渊曾经去拜访虞愿，虞愿不在，只见他的卧床上积满了尘埃，家里没有别的东西，只堆有好几卷书籍。褚渊感叹说："虞君清廉，竟至于此。"他叫人为他扫地拂床，然后离去。

前几天我刚游玩过苏州，我发现虞愿的为政之道犹如苏州古城里的巷子，大多是风雨不惊的，就像睡着了一样，安静又淡定。它不经意地把自己藏起来，又惊世骇俗地被发现后，继续着它的淡泊。这种淡泊与安定的气质与日日夜夜生活在这里的人相融，成为一种让人羡慕的生活状态。

　　人到无求品自高,心底无私天地宽。这样无欲望无野心又能很好地治理地方的官员,皇帝怎能不喜欢?

　　无须观望别人,你虞愿自己就是风景。

六十一、笑死了,看皇帝是怎么为腐败辩解的

公元502年,南朝齐国大司马、梁王萧衍自编自导自演了一出禅让大戏,从十岁的齐和帝手中夺取皇位,改国号为梁,是为梁武帝。

梁武帝即位之初,还蛮励精图治有所作为的,尤其在广泛听取民意上,汲收民智,接受监督都很到位。他在皇宫门前设了两个盒子,一个叫谤木函,一个叫肺石函。其中谤木函是给百姓用的,谁觉得官府有什么不公正的地方,可以往里投书。肺石函是给功臣官员们用的,谁觉得奖惩不公或者怀才不遇,都可以来这里投诉。

但开头好并不代表永远都好。后来的梁武帝变了,远贤臣近小人,大肆兴建寺庙,使公家和私人都破费损耗。地方官员鱼肉百姓,生活奢侈,沿袭了魏晋南北朝时期的奢侈之风,而且愈演愈烈,相当惊人,与当时农民饥寒交迫、家徒四壁的生活形成了鲜明的对比……

公元545年,散骑常侍贺琛实在看不下去了,针砭时弊向梁武帝上了份直言奏疏,涉及四个问题,语气之严厉,内容之深刻,可谓字字珠玑,鞭辟入里。

"其一,皇上,地方官员横征暴敛,鱼肉百姓,您知道吗?现在北方已经降服,该是让百姓繁衍后代、积蓄物资的时候了,而天下的户口却在减少。郡不堪忍受州的催逼,县不堪忍受郡的搜刮,千方百计地互相骚扰,只知道横征暴敛,百姓不堪重压,纷纷流离失所。东部地区户口空虚,都是由于国家政令太繁多引起的,即使是偏僻边远的地方,也无所不至。每次来一位使者,所属地区便受到骚扰,那些无能的地方官员,就只

好拱手听命，让他们渔猎搜刮。强暴狡诈的地方长官，又趁机更加贪婪地剥削。'纵有廉平，郡犹掣肘。'即使偶尔遇到廉洁正直的官员，郡守还要加以阻挠。

"其二，皇上，官场风气奢靡，胡吃海塞，您知道吗？'今天下之所以贪残，良由风俗侈靡使之然也。今之燕喜，相竞夸豪，积果如丘陵，列肴同绮绣，露台之产，不周一燕之资……其余淫侈，著之凡百，习以成俗，日见滋甚，欲使人守廉白，安可得邪！'"

用今天的话来讲就是说：现在天下之所以出现贪官酷吏，实在是由于风俗奢侈所造成的。现在举行的宴会，互相攀比夸耀豪富，宴会上堆积的果品好像小山，陈设的菜肴像一幅织锦那样华丽，一百两白银，还不够一桌宴席的费用……其他过分奢侈的事情，还可以举出上百条，这种习气已经形成风俗，而且日见发展，想使人廉洁自守，怎么能办得到呢！

"其三，皇上，朝廷所用非人，奸佞得宠，您知道吗？您忧国忧民，挂念天下，不畏辛劳，以至于各部门官员都直接向您奏事。但是那些才短识浅气量狭小的人，靠近您，向您启奏，用尽伎俩骗得您的信任，争相升官发财，而不顾国家大局，不能心存宽恕，只一味地吹毛求疵，擘肌分理，过分苛细，以严酷为能干，把纠举别人过错并且呵斥驱逐人看成是自己的任务。他们的作为，表面上似乎在奉公办事，实际上是实现了他作威作福的本来面目。

"其四，皇上，国家财政开支太大，老百姓负担太重，您知道吗？现在天下太平无事，但仍没有一点空闲时间，应该马上精简事务，节省掉一些花费。减少了事务，百姓就能休养生息，节省一些开销，国家就可以聚集资财。各机构应该自己对照职责范围，分别检查下属部门：凡是京师的官府、衙门、官邸、市肆以及朝廷仪仗、武事装备，地方上的屯戍、驿传、地方官衙等，有应该革除的，就要革除它，有应该削减的，就要削减

六十一、笑死了，看皇帝是怎么为腐败辩解的

掉它。不急需兴建的工程，可以暂缓征收的赋税劳役，都应该叫停，以节约开销，让百姓得到休息。"

好一份直言不讳的奏疏，从地方到中央，从吏治到财政，说的都是急需引起皇帝高度重视，马上予以解决的问题。

贺琛心系天下苍生，如履薄冰地上奏，本想引起皇帝的共鸣以获得点赞。谁知，梁武帝看到这份奏表，雷霆大怒，这个兄弟太不了解我啦。他马上叫来有关官员，亲自口授一份回复，逐条引用批驳，成就了一篇为反腐辩解的千古奇文。

梁武帝先给贺琛定性，说他有借此出名、沽钓直名之嫌。"朕坐江山已四十多年，别以为下面什么情况朕不知道。每天都耳闻目睹许多从公车官署中转来的臣民直言不讳的上书，他们所陈述的事情，与你所说的没有什么不同。兄弟你不该把自己和才能低下的人混同在一起，也想图个虚名，回头到处跟人吹嘘说：'我跟皇上直言相劝，可惜朝廷不肯听。'"

然后开始了一连串气势汹汹的反问和批驳：

"其一，你为什么不一一指明人名？

"到底是哪位刺史横征暴敛，哪位太守贪婪残酷，哪位尚书、兰台奸诈虚滑；鱼肉百姓的皇差姓什么叫什么？从谁那里夺取？给了谁？如果你能明白地指出这些，朕就能杀掉、罢免他们，再选择好的人才。

"其二，你凭什么说官员们都是奢侈的？

"你说官吏百姓的饮食豪华过度，如果要严格禁止，去检查官员，他们在密室里，你又怎么发现呢？倘若挨家挨户搜查，恐怕更增加了对百姓的骚扰。如果你指的是朝廷中生活奢侈，朕是没有这种情况的。以前饲养祭祀用的牲畜，很久没有宰杀了。朝廷如有朝会，也只是吃一些蔬菜罢了。如果再削减这些蔬菜，一定会被认为是《诗经·蟋蟀》中所讽刺的晋僖公那样的人。

"其三，你凭什么说我所用非人？

"兄弟你又说，官员们没有不凡事都向朕禀奏的，一些人用尽伎俩想升官。要是不让外人奏报事情，那么谁来担负这个责任呢？委托管理国事的专人，怎么能够得到呢？古人说：只听一方面的话就会出现奸佞小人，专任一人必定要出祸乱。秦二世把国家大事委托给了赵高，孝元皇后把一切托付给了王莽，结果赵高指鹿为马，颠倒是非，我们怎么能效法他们呢！

"其四，你凭什么说国家管理有问题？

"你说的'吹毛求疵'，又是指谁？'擘肌分理'，又是指哪件事？官府、衙门、官邸、市肆等等，哪个应该革除，哪些该削减？哪些地方兴建的工程不急？哪些征收的赋税可以迟缓？你要分别举出具体事实，详细启奏给朕听！"

一口气下来，梁武帝甚至还试图用自己过去的作为掩盖当下官员的腐败。

"你说应该以节俭引导百姓，兄弟啊，我已经三十多年没有房事，至于居住，不过只有能放下一张床的地方，宫中没有雕梁画栋；我平生不爱饮酒，不喜好声色。因此，朝廷中设宴，不曾演奏过乐曲，这些都是诸位贤臣们所看到的。我三更便起，治理国家大事，处理政务的时间依据国家事务的多少来定，事务不多时，中午之前就能把它们处理完，事务繁忙时太阳偏西时才能吃饭，常常每天只吃一顿饭，既像在过白天，又像在过黑夜。往日，我的腰和腹超过了十围，现在瘦得才只有二尺多点，我以前围的腰带还保存着，不是乱说。兄弟啊，你说我这是为了谁工作？还不是为了拯救万民！"

批了半天，梁武帝喘口气，为这篇文章写了个十分好玩的结尾：

"富国强兵之术，息民省役之宜，并宜具列！若不具列，则是欺罔朝

六十一、笑死了，看皇帝是怎么为腐败辩解的

廷。"兄弟啊，你光是批评有什么用，有没有解决方案？拿出来！如果没有解决方案，空发牢骚，就是欺骗朝廷！

在皇帝暴风骤雨般的批判下，贺琛被指斥是在"妄说"，于是他"但谢过而已，不敢复言"，灰溜溜地退走了。

贺琛提到的四个问题，由于篇幅关系，我们就看其中一个，官员的奢靡之风到底是怎么样的。

梁武帝有个六弟叫萧宏，他的侍妾足有一千多人，为了装下这么多人，王府建得如同皇宫一般。光是库房就多达一百余间，里面装满了金银财宝各地奇珍。有一天梁武帝以做客的名义去他家检查，只见整屋都是金银财物。梁武帝粗略一算，光现钱就有三亿多，其他财物更不计其数。正当萧宏担心梁武帝追究他贪赃受贿之罪时，梁武帝却突然开怀大笑，说："六弟，你这生计，可真是会经营啊！"

还有一位地方官员，叫鱼弘，号称四尽，所到之处，要将水里的鱼鳖吃尽，将山里的獐鹿等野味猎光吃尽，将地里的米谷勒索尽，将村里的百姓敲诈得死尽逃光。当时还有一位叫徐君蒨的，在奢靡浪费上和鱼弘齐名，并称"北路鱼，南路徐"。

对梁武帝袒护短处、夸耀长处的反驳，宋朝的司马光不禁扼腕长叹："由是奸佞居前而不见，大谋颠错而不知，名辱身危，覆邦绝祀，为千古所闵笑，岂不哀哉！"意思是说，奸佞小人在眼前也视而不见，重大决策颠倒错误也不知道，声名受辱，自身危亡，国家颠覆，祭祀断绝，被千古人怜悯讥笑，难道不很悲哀吗？

疽痈总有破裂的时候。

就在贺琛上书的三年后，也就是公元548年，叛军侯景突袭建康城，早已腐败不堪的梁朝不堪一击，叛军幽禁梁武帝于净居殿。面对奇耻大辱，梁武帝竟以"自我得之，自我失之，亦复何恨"为自己宽慰。顺便提

一下，与侯景内外勾结，打开城门迎叛军入建康的萧正德，正是腐败六弟萧宏的儿子！而留守建康死拒叛军，之后又暗中寻找忠义之士起兵反抗叛军的，正是上奏疏的贺琛！

次年，忧愤成疾、又饥又渴的梁武帝索蜜不得，终于被活活饿死。这个在位长达四十八年却晚景凄惨的梁武帝，临死之际，不知是否会想起当年对着贺琛的那一声声怒气冲天的驳斥？

参考文献

［1］房玄龄等. 晋书［M］. 北京：中华书局，1974.

［2］司马光. 资治通鉴［M］. 太原：北岳文艺出版社，1995.

［3］严可均. 全晋文［M］. 北京：商务印书馆，1999.

［4］习凿齿. 汉晋春秋通释［M］. 北京：人民出版社，2015.

［5］穆克宏、郭丹. 魏晋南北朝文论全编(修订本)［M］. 南京：江苏教育出版社，2004.

［6］刘义庆. 世说新语［M］. 北京：中华书局，2009.

［7］周一良. 魏晋南北朝论集［M］. 北京：北京大学出版社，2010.

［8］尼采. 论道德的谱系［M］. 北京：生活·读书·新知三联书店，1992.

［9］蒙思明. 魏晋南北朝的社会［M］. 上海：上海世纪出版集团，2007.

［10］万绳楠. 陈寅恪魏晋南北朝史讲演录［M］. 贵阳：贵州人民出版社，2008.

［11］田余庆. 东晋门阀政治［M］. 北京：北京大学出版社，2012.

［12］孙立群. 从司马到司马［M］. 北京：中华书局，2011.

［13］白玉林. 晋书解读［M］. 昆明：云南出版集团，2011.

［14］唐长儒. 魏晋南北朝史论丛［M］. 北京：商务印书馆，2010.

［15］陈琳国，陈群. 可汗的子孙与魏晋乱世［M］. 北京：北京时代华文书局，2013.

[16] 干宝. 搜神记 [M]. 扬州：江苏广陵书社有限公司，2012.

[17] 尹剑翔. 燃烧的两晋 [M]. 哈尔滨：黑龙江教育出版社，2014.

[18] 陈锋，王翰. 治国宰相 [M]. 武汉：长江文艺出版社，1999.

[19] 吕思勉. 两晋南北朝史 [M]. 上海：上海古籍出版社，1983.

[20] 川本芳昭. 中华的崩溃与扩大 [M]. 桂林：广西师范大学出版社，2014.

[21] 戚速. 晋鉴——司马王朝兴衰的个性解读 [M]. 北京：当代世界出版社，2016.

[22] 戚速. 晋风——魏晋风度现象的另类解读 [M]. 北京：当代世界出版社，2017.